XUESHUCHUBAN 'ZOUCHUQU' YANJIU
—JIYU XIFANG ZHONGGUOXUE DE SIKAO

学术出版“走出去”研究

——基于西方中国学的思考

刘海涛　著

民族出版社

目　录

第一章　绪　论

第一节　学术出版“走出去”概述

一、学术出版“走出去”的含义

（一）学术出版

人类社会的信息传播活动大致经历了口语传播、文字传播、印刷传播、电子传播四个时期。最早的出版活动萌芽于文字传播时代，因为文字的出现不仅丰富了人类传递信息和交流想法的方式，而且突破了人类信息交流时间和空间方面的限制，是出版活动产生的基础。

关于最早的文字起源于何时，至今尚无统一的结论。有专家认为，最早的书写制度发源于人类刚刚开始从流动的狩猎和采集的生活转向以农业为主的定居生活的新石器时代，“最早的一批文件是在公元前3400年写成，来自美索不达米亚[①]的乌鲁克城（Uruk），它们用刻在黏土板上的简单形象和记号记录了面包和啤酒的配给、税款的交付，以及其他的交易”[②]。也有人认为：“1988年，河南舞阳贾湖新石器时代遗址内，出土了一批甲骨，其上所刻的符号，个别的形体与河南殷墟甲骨文的某些字形相似，似应一脉相承……这批甲骨的时代距今约8000年。”[③] 不过，可以肯定的是，文字不止起源于一个地方，是在绘画经验中逐渐形成的。[④]

可见，人类的出版历史源远流长。中国是世界上出版活动出现最早、最发达的国家之一。诚如美国学者钱存训所说：

> 在世界文明史中，中国文字纪录的多产、连续和普遍性最为突出。中国典籍数量的庞大、时间的久远、传播的广泛和纪录的详细，在15世纪结束以前，都可以说是举世无双的。自远古以来，中国文献大量流传，史籍的创作从未间断，而百万字的著作所在多有。在东亚文化圈的范围以内，用中国文字著述的书籍，不仅在中国境内流传，亦为中国以外其他民族所共同使用和分享。[⑤]

① 美索不达米亚，是古希腊对两河流域的称谓，意为“（两条）河流之间的地方”，这两条河指的是幼发拉底河和底格里斯河，主要在今伊拉克境内。

② 汤姆·斯丹迪奇：《从莎草纸到互联网——社交媒体2000年》，林华译，23页，北京，中信出版社，2015。

③ 肖东发、于文主编：《中外出版史》，4页，北京，中国人民大学出版社，2010。

④ 威尔伯·施拉姆、威廉·波特：《传播学概论》（第二版），何道宽译，9页，北京，中国人民大学出版社，2010。

⑤ 钱存训：《印刷术在中国传统文化中的作用》，载《文献》，1991（2）。

不过，“出版”一词是日本人用了汉语中的“出”和“版”组成“出版”来翻译了英文中的“publish”，然后中国人又于19世纪下半叶从日本借用的。① 因此，收词止于1840年的《辞源》中并没有收入，但有“刊行”“板本”“印板”“雕版”等与“出版”相关的词。依据“《德川幕府时代书籍考》（1912年版）所载资料表明，‘出板’一词在1756年已见于日本文献。日本《世界大百科事典》（平凡社1957年版）‘出版’条解释，在木版印刷时代使用的是板木，所以当时写作‘出板’，而不用‘版’字。后来随着西方活版印刷术在日本推广，‘出板’的写法逐渐为‘出版’所取代”②。

关于出版概念的含义，古往今来的解释是多样的。英语publish一词源自拉丁语动词publicare。《牛津英语大词典》1989年第2版第12卷publish条的解释是：“发行或向公众提供用抄写、印刷或任何其他方法复制的书籍、地图、版画、照片、歌篇或其他作品。”该词1450年前后即开始用来表示“出版”。《英汉双解出版印刷词典》（第2版）的释义为：拥有一份文件（如目录、书、杂志、报纸），并将其书写和印刷，然后销售或分发给公众。③

《现代汉语词典》这样解释“出版”：“把书刊、图画、音像制

---

① 据考证，清朝末年思想家黄遵宪在1879年同日本友人龟谷省轩的笔谈中使用了“出版”一词。1895年，黄遵宪耗时8年写就的《日本国志》得以刊行，书中谈及日本的出版活动时再次使用了“出版”一词。于翠玲：《“出版”溯源与中国出版活动的演变》，载《延安大学学报》（哲学社会科学版），2008（1）；王益：《“出版”再探源》，载《出版发行研究》，1999（6）。

② 林穗芳：《明确“出版”概念，加强出版学研究》，载《出版发行研究》，1990（6）。

③ 科林：《英汉双解出版印刷词典》，韩闽红等译，31页，北京，外语教学与研究出版社，2002。

品等编印或制作出来，向公众发行。”①

依据《辞海》，出版是：“编辑、复制作品并向公众发行的活动。一般包括三个阶段：编辑阶段是以完善、提高精神文化产品的内容质量为目的，策划、组织、审读、选择和加工作品，在出版活动中居于中心地位；复制阶段是用印刷、电磁转换、光电转换、模压等技术手段，依据经过编辑的作品原稿制作成一份或多份与其内容信息相同的出版物；发行阶段是通过商品交换将出版物传送给消费者。狭义仅指将作品编辑后转化成出版物。中国很早就有出版活动，但古时一般称为‘梓行’、‘雕印’、‘版印’。据现有资料，汉语‘出版’一词于1833年出现。”② 在中国古代，版是指上面刻有文字或图形以供印刷的木片，五代时有刻印板、镂板，宋代有开板、刻板、雕版（板与版在古代意通）等词。用雕版印刷的书籍，称雕版书。

另外，很多国家在关于出版的相关法律、法规中对“出版”作出了更为严谨与规范的界定。如日本1887年颁布的《出版条例》规定：凡以机械、化学或任何其他方法印刷之文书图画予以发售或散布者，均为出版。1906年清政府颁布的《大清印刷物专律》，是我国第一个使用“出版”这一术语的法律文件，从“记载物件”（出版物）角度进行了界定：“所谓记载物件者，或定期出版或不定期出版，即新闻丛录等，依本律名目谓之记载物件。”1991年颁布的《中华人民共和国著作权法实施条例》第五条第六款将“出版”界定为：指将作品编辑加工后，经过复制向公众发行。该条例同时在该条第五款对“发行”概念做出了规定：“为满足公众的合

① 《现代汉语词典》（第7版），187~188页，北京，商务印书馆，2016。

② 《辞海》（第六版缩印版），250页，上海，上海辞书出版社，2015。

理需求，通过出售、出租等方式向公众提供一定数量的作品复制件。”2010年修订的《中华人民共和国著作权法》，延续了2001年修订后对出版的规定，其附则第五十八条指出：本法第二条所称的出版，指作品的复制、发行。该法总则第三条对作品进行了解释：本法所称的作品，包括以下列形式创作的文学、艺术和自然科学、社会科学、工程技术等作品：（一）文字作品；（二）口述作品；（三）音乐、戏剧、曲艺、舞蹈、杂技艺术作品；（四）美术、建筑作品；（五）摄影作品；（六）电影作品和以类似摄制电影的方法创作的作品；（七）工程设计图、产品设计图、地图、示意图等图形作品和模型作品；（八）计算机软件；（九）法律、行政法规规定的其他作品。

国际上较为认同的出版定义则为1952年通过、1971年修订的《世界版权公约》中的规定：“可供阅读或视觉可以感知的著作以有形的形式复制并向公众普遍发行的行为。”

当然，也有众多的学者从不同的角度对出版进行了界定，如认为出版是“将文字、图像或其他内容进行加工、整理，通过印刷等方式复制后向社会广泛传播的一种社会活动”①。

① 张志强：《现代出版学》，10页，苏州，苏州大学出版社，2003。其他界定可参考：罗紫初：《出版学导论》，4页，武汉，武汉大学出版社，2014；师曾志：《现代出版学》，28页，北京，北京大学出版社，2006；赵晓恩：《出版词典》，3页，北京，中国书籍出版社，1991；斯坦利·昂温：《出版概论》，151~155页，北京，中国书籍出版社，1989。董琦琦、刘益：《数字环境下对“出版”定义的再认识》，载《今传媒》，2017（10）；阎晓宏：《关于出版、数字出版与版权的几个问题》，载《新华文摘》，2013（15）；李新祥：《出版定义的类型分析与出版本质的界定》，载《浙江传媒学院学报》，2006（2）；杨晓鸣：《出版是什么》，载《出版科学》，2001（3）；施勇勤：《出版构成要素分析》，载《编辑学刊》，2001（2）；林穗芳：《明确“出版”概念，加强出版学研究》，载《出版发行研究》，1990（6），等等。

但是，综合看来，大家对出版含义的理解基本一致，就是将一定的内容加工整理后，通过适当的方式公之于众。出版工作的任务是记录、传承、传播。

《现代汉语词典》对学术的定义是：有系统的、较专门的学问。[①] 学术出版、大众出版、教育出版是出版产业的三大版块。学术出版作为出版领域的一个相对独立范畴，居于出版业的顶端，主要反映学者的学问研究成果，也意味着具有特定的阅读定位和受众对象。[②] 学术出版在本书中是指以学术研究成果为内容的出版活动。

第二次世界大战以后，学术出版，再也不是少数文化人、科研工作者思想交流的工具，而是变成了一个庞大的产业。目前，学术出版的总份额占世界出版的32%，是整个出版业当中市场最稳定、利润率最高、回报最可靠的产业部门。[③]

学术出版是一个国家学术成果与世界学人对话的平台，是推动世界学术交流的桥梁与纽带。学术出版是一个国家思想创新、科技创新、文化传承的最直接的体现，学术出版的实力和水准是一个国家经济与文化发展水平的重要标志，集中反映了一个国家的文化软实力和文化影响力。[④]

从某种意义上说，学术出版是以科研成果和重大文化建设工程为基础的，一流的学术出版必定需要一流的科研和文化建设成果。但有一流的科研、文化建设成果，未必有一流的学术出版。如果学

---

① 《现代汉语词典》(第7版)，1489页，北京，商务印书馆，2017。

② 孙玮：《传播中国声音：谈学术与主题出版的“走出去”路径》，载《出版广角》，2016(1)。

③ 李英整理：《学术出版“走出去”，任重道远》，载《出版广角》，2013(1)。

④ 邬书林：《打牢中华民族伟大复兴的知识根基》，载《文汇报》，2013年8月16日。

术出版人不去发现、不去组织、不去催化、不努力开拓、不作为，恐难有一流的学术出版成果。①

（二）“走出去”

走出去战略是21世纪之初我国订立的新世纪四大战略之一，是我国对外开放基本国策的重要内容。2000年3月，全国人大九届三次会议正式提出走出去战略，指出要把引进来和走出去紧密结合起来，更好地利用国内、国际两种资源、两个市场。同年召开的党的十五届五中全会最终将走出去战略作为实行对外开放基本国策的一项重要内容，并在“十一五”时期国民经济各领域、各行业全面铺开。近年来，“一带一路”倡议的提出，使得走出去战略得以进一步深化。“政府主导，企业主体”一直是走出去战略的重要原则。

国际经济学理论认为，走出去是中国政府或者企业利用自身比较优势和竞争优势，使自己的产品、服务、资本、技术、劳动力、自然人和管理经验以及企业自身走向国际市场，参与全球化市场竞争和国际化经营的一种形象化的表述方式。②

一般情况下，走出去可分商品输出和资本输出两个阶段。商品输出阶段指货物、技术、服务和管理等商品与要素的输出，主要涉及货物贸易、技术贸易、服务贸易和劳务承包等；资本输出阶段也就是对外直接投资，主要涉及海外投资建厂和投资建店。如果企业的海外投资规模达到一定的程度（在两个或两个以上国家拥有企

① 庄智象：《学术出版与学术走出去的若干问题》，载《编辑学刊》，2014（1）。
② 邓洪波：《中国企业“走出去”的产业分析》，2页，北京，人民出版社，2004。

业），那么该企业就变成了跨国公司。①

可见，简单说走出去就是企业或者其他部门单位走向世界，进行国际性的经营、展示活动，一方面提升自我，一方面影响世界。

伴随全球化的推进和信息技术的发展，世界出版业正经历着有史以来最为广泛、深刻的变化，其最直接的体现就是不可逆转的全球化趋势。最近二十多年来，国际出版商纷纷进入中国市场，而中国出版社在与其合作和竞争中逐渐获得了国际化的视野，初步具备了进入国际市场、参与国际竞争的能力。

（三）学术出版"走出去"

学术出版走出去是中国出版走出去的有机组成部分，中国出版走出去是：中国出版从产业（文化产业的经济和文化属性）和产品（出版物）两个视角，以及出版作为出版物内容传播的方式的角度向世界传播中国内容和中国文化并获取和建立有效的传播效力和效果。② 简言之，中国出版走出去是指国内出版企业利用自身比较优势和竞争优势，把图书商品或版权通过不同途径直接或间接推向国际图书市场的一种过程。

出版走出去，既有物理层面的走出去，即出版人员、图书、期刊、报纸、数据库的走出去，又有出版文化、出版渠道等的走出去，还有独立运作、合作运作等模式的走出去。③

中国出版走出去的最主要目的是推动中国文化走出去。中国文

① 刘英奎：《中国企业实施"走出去"战略研究》，42页，沈阳，辽海出版社，2005。

② 张宏：《中国出版走出去的话语权和传播力构建》，11页，苏州，苏州大学出版社，2015。

③ 关燕云：《对高校出版社"走出去"模式的探究》，载《新闻传播》，2017（6）。

化走出去是通过文化和传媒产业（如出版、影视、广播、网络）的国际传播渠道（如国际贸易等），将中国文化（包括历史、传统、社会、政治、经济、民族、艺术等所有关于中国内容的方面）向国外公众传播。①

中国出版走出去实质是中国出版的一种国际化经营，目的是实现中外文化之间、出版产业之间的共融与共生，进而扩大中国文化的国际影响，塑造国家文化形象，提升国家文化“软实力”。可见，中国出版走出去本身也是中国文化的一种海外传播活动。

学术出版走出去，指的是学术出版走出国门，迈向世界，以提升出版水平，增强竞争能力，推动中国学术的国际交流与传播。

二、学术出版“走出去”的必要性

（一）提升国家软实力的战略需求

自大航海时代以来，汹涌澎湃的全球化浪潮越来越猛烈地拍打着每一个国家。这一浪潮以经济为核心，伴随着政治全球化和以生活方式、文化理念、价值观念、意识形态等为基本内涵的精神力量的跨越国界的扩张、碰撞、冲突与融合。但是，人们对此一直“日用而不知”。五百年后的1990年，随着冷战的结束，曾在美国克林顿政府时期担任国家情报委员会主席和助理国防部长的哈佛大学肯尼迪政治学院教授约瑟夫·奈（Joseph S. Nye，Jr.），在《注定领

① 张宏：《中国出版走出去的话语权和传播力构建》，11页，苏州，苏州大学出版社，2015。

导：美国力量本质的演变》[1] 一书和同年发表在《外交政策》上的一篇名为《软实力》[2] 的文章中，第一次提出了“软实力”的概念。他指出，一个国家的综合国力通常包括“硬实力”和“软实力”两部分。“硬实力”由经济、科技、军事实力等体现出来；“软实力”则由文化、价值观念、社会制度、生活方式等的吸引力体现出来，它是一种“间接运用力量的方式”，是“同化式力量”，它能“不战而屈人之兵”“使人随我欲”，是制胜的最高境界，也是国家战略之精髓，主要存在于文化、政治价值观和外交政策三种资源之中。[3]

“软实力”概念一经提出，立即风靡全球，引起众多国家及理论研究机构的关注。它深刻地影响了人们对国际关系的看法，使人们从关心科技进步、经济发展、地域扩张、军事打击等有形的“硬实力”，转向关注价值观、影响力、道德准则、文化感召力等无形的“软实力”。世界各国纷纷研究并认真谋划提升自己的“软实力”。一个国家以自身的国土资源、经济、科技、军事实力去影响他国时，难免被冠以强权、霸权的名号，被影响的国家和民众往往是无奈和被动地接受而不会真正认同。相反，以文化的渗透力、吸引力和影响力去感染他人并获得认同的方式要柔软和见效得多。图书贸易逆差的背后实际是“文化逆差”。

文化“软实力”是国家“软实力”的核心因素，主要指一个国家或地区文化的影响力、凝聚力和感召力，是现代社会发展的精

---

① Joseph S. Nye, *Bound to Lead: The Changing Nature of American Power*, New York: Basic Books, 1990, p. 101.

② Joseph S. Nye, Soft Power, *Foreign Policy*, No. 80 (Fall 1990), pp. 153-172.

③ Joseph S. Nye, *Bound to Lead: The Changing Nature of American Power*, New York: Basic Books, 1990.

神动力、智力支持和思想保证，是一个民族凝聚力和创造力的重要源泉，是一个国家综合国力竞争的重要因素。

但是，与中国政治大国地位日益巩固、综合经济实力不断增强的现实状况极不相称的是，中国图书的国际传播和海外影响力极其有限。这不仅制约了中国文化国际影响力的发挥，影响了我国的大国形象，阻碍了国家综合实力的提升，而且在西方文化通过各种途径和方式大量涌入中国的形势下，更是直接威胁到国家的文化安全。英国前首相撒切尔夫人在《治国方略》一书中曾谈道：中国没有具有国际感召力的学说来提高自己的力量并削弱我们西方世界，今天的中国出口的是电视机，而不是思想。① 美国人将图书看作“一切宣传工具中最为持久的一种”，是最有效的“思想战争武器”。二战时期，在诺曼底登陆的不仅有大量的军事武装，还有无数箱图书，这是美国图书出版业与美国政府之间展开的一项重要合作，目的是利用这些突出美国历史和价值观的图书对那些深受纳粹影响的人进行“解毒”，从而获得他们的友谊。图书被赋予了前所未有的责任和意义。② 恩格斯说：“一个民族要站在科学理论的高峰，就一刻也不能没有理论的思维。”③ 而“具有传染性的学说”“思想观念”“理论思维”就体现和凝聚在学术作品之中，其体现着一个民族的思维发展水平和精神状态，是一个国家“软实力”的核心。学术出版走出去是打破西方出版机构话语权垄断、实现中国

---

① Margaret Thatcher, 2002, *Statecraft*, New York, HarperCollins Publishers, pp. 178-179.

② 约翰·B. 亨奇（John B. Hench）：《作为武器的图书》，蓝胤淇译，北京，商务印书馆，2016。

③ 《马克思恩格斯全集》（第3卷），467页，北京，人民出版社，1971。

话语国际传播不可或缺的渠道。①

（二）学术发展的需要

自改革开放以来，我国的学术研究取得了长足的发展。目前，中国的期刊论文发表数量与学术著作出版数量在世界上都名列前茅，已经是学术大国了，但是，我们距离学术强国的目标还有很长的一段路要走，有很多工作要做。有效开展国际交流，推动学术研究的国际化发展，是提升我国学术研究水平的重要途径。

学术出版走出去，可以让更多的外国学者了解中国的学术研究成果，有利于推进国际学术交流与合作，提升中国学者的国际知名度和影响力，拓宽国际学术合作与交流渠道，搭建国际学术合作与交流平台。

（三）出版单位发展的必然选择

我国出版业实施走出去战略是顺应出版全球化趋势和对外开放政策，实现出版强国之梦的必然选择。文化产业作为当代人类社会新的财富创造形态及其所产生的巨大的乘数效应，已成为世界各国竞相争抢的战略高地，并对世界格局产生前所未有的战略性影响。新的国际文化秩序的建立和文化力量格局的重组，正沿着文化产业这条中轴线展开，因而，这成为我国加入世界贸易组织后调整文化战略的一项重大内容。《中共中央关于制定国民经济和社会发展第十个五年计划的建议》中就曾提出，要进一步对外开放，发展外向型经济，必须“实施‘走出去’的战略，努力在利用国内外两种

---

① 李旦：《学术出版“走出去”与对外话语体育建设》，载《出版广角》，2017（9）。

资源、两个市场方面有新的突破”。这就为我国文化产业在加入WTO后的战略调整提供了一种全新的发展思路：走出去，不仅经济要走出去，文化也要走出去，出版自然不例外。

其实，早在我国正式实施出版走出去战略的前十年间，很多国际著名出版集团就纷纷进军中国市场，如西蒙·舒斯特国际出版公司（Simon & Schuster）北京代表处（1995年建立，下面的年代数也为该机构的建立时间）、培生教育（Pearson Education）中国有限公司（1999）、剑桥大学出版社（Cambridge University Press）中国代表处（2000）、励德·爱思唯尔出版集团（Elsevier）北京代表处（2004）、麦克米伦有限公司（Macmillan Publishers Limited）北京代表处（2004）、讲谈社（北京）文化有限公司（2005）等。

目前，越来越多的国外出版公司以不同名义和方式在我国内地设立分支机构和代理机构，并且制定了相应的战略。它们与我国出版界的合作不再限于输出版权、推销影印书，而进入到深入开发和利用我国出版资源阶段。

外资出版机构进入我国，虽然可以在一定程度上提高我国出版国际化的程度，但从一定意义上说，它们也是目前我国出版业最大的威胁。因为，它们不仅具备资金、技术、人才、管理和品牌方面的优势，而且具有先进的理念和成熟的市场运作机制。很多大型公司进入国外市场最先想的不是赚钱，而是以赔钱的方式先占领市场，进而再寻求垄断。其投资实力更不可小觑。跨国出版公司的进入，将进一步提高市场集中度，改变竞争结构，导致激烈竞争，威胁到国内出版企业的生存与发展。因此，走出去是中国出版业的必然选择。

出版走出去有利于中国出版业从全球获取资金、技术、市场等①，是提升中国出版业国际竞争力的必然选择。中国出版业只有拥有国际化视野，主动参与国际合作和竞争，进入国际出版的大循环中，才能形成世界知名的出版品牌，提升出版业的国际竞争力。②

（四）各种文明交流与对话的需要

各种文明之间的交流与对话自古以来就存在，比如在古希腊、罗马的著作中就有关于中国的记载。尤其是自大航海时代以来，世界各种文明之间的交流与交融的范围、程度更是空前的。但是，我们也应该看到，今天，文明之间交流的需要是史无前例的、迫切的，任务也是艰巨的，原因主要有二：

一是人类社会有史以来，从没有像今天这样，各种文明孕育出的不同族裔，如此紧密地生活在一起。换言之，在通讯、交通如此发达的情况下，地球村村民之间交流与对话的重要性无论如何强调都不为过。因为，缺乏交流的后果是非常可怕的。例如，我们都知道，康有为是清末中最能够接受新思想的先驱级人物，他的代表性著作之一《大同书》从起笔到完成历时近 20 年，主要是表达建立一个“无邦国，无帝王”，人人平等，天下为公的“大同社会”的理想。可是，他对黑人这样描述道：“然黑人之身，腥不可闻。故大同之世，白人黄人，才能形状，相去不远，可以平等。其黑人之形状也，铁面银牙，斜颔若猪，直视如牛，满胸长毛，手足深黑，蠢若羊豕，望之生畏。”主张“人人平等”的康有为，怎么也无法

① 黎强：《谈谈中国出版业“走出去”的难点问题》，载《编辑之友》，2007（6）。

② 姚永春、马清燕：《“走出去”战略视域下中国出版业国际化发展研究综述》，载《出版科学》，2010（5）。

想象如何与黑人“平等共处”，于是，想出了一个比奴役更加可怕的解决办法，“其棕黑人有性情太恶，或有疾者，医者饮其断嗣之药，以绝其传种”。据此，我们完全可以把他定性成一个种族灭绝的法西斯分子，斥责他的“大同世界”的伪善。可是，如果想想这是他第一次遇到黑人时目瞪口呆，手足无措，在震惊之余被吓坏了的想法，也就释然了。

二是各文明之间的交流还有很长的路要走。在人类已步入21世纪的今天，我们看到的是，民族矛盾、种族差异、地区分离、文化对抗在全世界各个角落里顽固地生存。即使在文化发达、法制健全的程度都相对较高，且在国内各项举措中高举宽容大旗的美国，人们间的宽容度是否足以消除巨大的文化差异所带来的冲突仍是一个疑问，不断爆发的黑人反对白人歧视的群体性行为就是明证。其中，最为重要的原因是，人们在交流、融合过程中，虽然各种文化之间能够相互取长补短，刺激、滋生出新的文化，但是，也几乎所有的文化，都面临在融合中逐渐消失自己部分甚至全部特色的危机。因此，处于如此强大的融合力量之中的任何一个民族，无论是多数还是少数民族，都有忧虑的充分理由。建立一个融洽并且多元、宽容并且相互了解的世界并非易事。可能也正是因此，美国著名学者塞缪尔·亨廷顿（Samuel Huntington）的“文明冲突论”一经提出，就在世界上掀起了轩然大波，其影响远远超出了学者与政界的范围。虽然其主张不一定完全正确，但是人们的高度关注至少说明他说出了很多人心里的焦虑。从一定意义上说，如何面对人与人、地区与地区、民族与民族间肤色、信仰、文化、政治理念乃至风俗习惯的差别和矛盾，是每个个人、团体、地区、国家乃至全人类所必须面对的挑战。没有人能回避。

在这种情况下，学术出版作为文明之间深层交流的重要媒介与组成部分，自然应该走出国门，承担责任，完成使命。

三、学术出版“走出去”的现实性

（一）国际社会的需求

从国际环境来看，相较于普通民众，专家学者、专业人员、商政人士出于研究兴趣或现实需求，往往更需要阅读与中国相关的内容材料。① 他们虽然不一定都是特别专业的人士，但往往在一些对中国相关政策的制定与实施上有相当影响力和话语权的部门或智库工作。他们对中国文学、建筑艺术、哲学历史、经济理论等人文社科领域的研究成果感兴趣。② 因此，国际知名学术出版商敏锐地察觉到这一重要需求，纷纷来中国寻求学术出版的优质内容资源。

中国学术出版走出去，面向的读者群主要是国外研究中国的学者、高层知识分子以及在校大学生，目的是潜移默化地影响国外精英阶层关于中国的学术话语、知识框架和思维方式，推动国际社会逐步形成对于中国比较全面、客观、友善的学术舆论氛围。因此，可以说，推动学术出版走出去，是实现中华民族伟大复兴中国梦的客观要求，是建设文化强国的重要任务，也是实现中国出版走出去的关键。而且，这对于改变我国引进版权图书中，反映西方学术思想、人生观、价值观的图书比例高达70%—80%，并对我国国民的

① 谢娜：《浅谈全球化背景下的中国学术出版“走出去”》，载《出版广角》，2014（10）。

② 孙玮：《传播中国声音：谈学术与主题出版的“走出去”路径》，载《出版广角》，2016（1）。

价值观、思维方式、行为方式产生了不容低估影响[1]之现实的一种回应。

（二）国家的支持

生活在地球村中的我们，今天可能还在和黄皮肤黑眼睛的中国人推杯换盏，明天就可能和白皮肤蓝眼睛的欧洲人、美洲人坐在了谈判桌旁，后天又可能和黑皮肤黑眼睛的非洲人飞奔在跑道上，“我们生活在一个多元化的世界，为了和谐相处、共谋幸福，我们需要彼此理解、相互尊重；这种理解和尊重的前提就是对其他文化的了解和熟悉”[2]。随着中国国际地位日益提升，让世界更直观、清晰、准确地了解中国的历史、现状与发展成为主观需要和客观趋势。

2000 年 3 月，全国人大九届三次会议正式提出走出去战略后，中国出版业发展过程中出现的进出口严重不平衡等现象引起新闻出版管理部门的高度重视，较早地响应国家走出去的战略部署，提出了中国出版走出去战略，并陆续出台了一系列推动出版走出去的重大举措，使得政策推动与项目支持成为新闻出版企业走出去的动力之一。

2003 年 1 月 15 日在北京召开的全国新闻出版局长会议上，时任新闻出版总署署长的石宗源同志在报告中提出了推动我国新闻出版业发展的“五大战略”：精品战略、集约化战略、科技兴业战略、

① 和龑：《对“中国出版走出去”若干问题的思考》，载《中国编辑》，2010（6）；冯文礼：《创新增活力　阔步走世界——我国新闻出版业走出去成效显著》，载《中国新闻出版报》，2013 年 11 月 1 日。

② 刘锋：《中国文化“走出去”：为什么？如何“走”？》，载《民主》，2011（7）。

走出去战略和人才战略。这是国家主管部门首次将走出去战略作为新闻出版的重大战略之一，标志着走出去成为我国新闻出版的国家战略之一。同年，我国还全面启动了扶持中国图书走出去的“金水桥计划”，资助海外出版机构翻译和出版中国图书。

2004年为“中法文化年”。同年3月，中国作为主宾国参加了第24届法国图书沙龙。期间，国务院新闻办公室参照法国的“傅雷计划”资助法国出版机构翻译出版的70种法文版中国图书，在沙龙上展出并销售。这是法国出版机构首次大规模地翻译出版中国图书，并进入主流销售渠道销售。短短6天中，约三分之一被售出。

在此经验基础上，2004年下半年，国务院新闻办公室与新闻出版总署共同启动了“中国图书对外推广计划”，主要以资助翻译费的方式鼓励海外出版机构翻译、出版中国图书。这是中国政府第一次资助中国图书的对外推广。

可是，走出去并非易事，最初几年，主要是处于探索之中。2006年初，时任新闻出版总署副署长的于永湛同志还专门撰文分析了中国出版走出去的体制、机制、人才、内容、渠道的不适应情况。①

2006年底，新闻出版总署公布《新闻出版业“十一五”发展规划》，提出了推动中国新闻出版业“十一五”期间发展的八大战略。其中第七大战略是积极实施中国出版业走出去战略。内容包括：以海外的汉文化圈和西方主流文化市场为重点，推动出版物、版权、新闻业务及资本走出去；明确提出加强宣传、展示、推广、

① 于永湛：《关于出版走出去的思考》，载《出版科学》，2006（2）。

销售工作，改变只管出版、不问营销的状况；实现2010年的实物出口量比2000年翻一番；鼓励和支持国内的单位和个人，灵活运用合资、合作、参股、控股等方式，到海外创立合法的出版、发行和印刷机构等。

2007年4月，新闻出版总署出台扶持新闻出版走出去的8项政策措施，对走出去的相关工作在资金、出版资源、信息与平台服务、财税政策等方面给予支持。

2007年4月11日，文化部、商务部、外交部、新闻出版总署、广电总局及国务院新闻办共同发布《文化产品和服务出口指导目录》，支持和鼓励文化企业积极参与国际竞争，带动中国文化产品和服务的出口。

2007年10月，胡锦涛同志在中共十七大报告中首次明确提出了"提高国家文化'软实力'"的战略思想，表明我们党和国家已经把提升国家文化"软实力"作为实现中华民族伟大复兴的新的战略着眼点。

从2009年开始，国家在"中国图书对外推广计划"的基础上又全面推动"中国文化著作翻译出版工程"，以政府资助、联合翻译出版、商业运作发行等方式，资助书稿的翻译费用和图书的出版及推广费用，资助系列图书产品走出去。

2009年10月，新闻出版总署正式启动"经典中国国际出版工程"，主要资助中国经典传统文化和反映当代中国政治、经济、文化、科技和社会等方面发展变化为主要内容的精品图书，重点资助"中国学术名著系列"和"名家名译系列"两大子项目工程。

2010年12月9日，为了贯彻、落实国务院制定的《文化产业振兴规划》，使中国图书更快捷地走向世界，新闻出版总署正式实施“中国出版物国际营销渠道拓展工程”，包括“国际主流营销渠道合作计划”“全球百家华文书店中国图书联展”“跨国网络书店培育计划”三个子项目，以在“十二五”期间建构一个包括国际主流营销渠道、海外主要华文书店和重要国际网络书店在内的中国出版物海外立体营销网络体系。

2011年，新闻出版总署专门制定了《新闻出版业“十二五”时期走出去发展规划》，不仅系统阐述了走出去面临的机遇与挑战，而且进一步细化了《新闻出版业“十二五”时期发展规划》中提出的任务目标，第一次将新闻出版业走出去的内容具体地分为五个方面：版权贸易、数字出版产品出口、实物产品出口、印刷服务出口、新闻出版企业走出去，并强调拓展国际营销网络、构建走出去人才体系和优化走出去格局的重要性，还提出了加强财政金融税收支持、优化资源配置、实施重点工程等10项切实可行的保障措施。

2012年，为贯彻第十七届中央委员会第六次会议上通过的《中共中央关于深化文化体制改革　推动社会主义文化大发展大繁荣若干重大问题的决定》精神，针对当时我国新闻出版社走出去面临的新形势和新要求，新闻出版总署以年度一号文件的形式发布《关于加快我国新闻出版业走出去的若干意见》。这是对《新闻出版业“十二五”时期走出去发展规划》的进一步具体化，特别是将规划中的指导性、原则性、纲领性内容细化为可操作的政策措施。

“十二五”末期，随着“一带一路”倡议的提出，国家新闻出版广电总局通过细化布局分工方案、订立主要任务、建设支持项目等方式，大力推动我国出版产品在“一带一路”国家的市场份额和影响力，发挥新闻出版在促进与这些国家文化交流、民心相通中的独特作用。

2017 年，《“十三五”时期新闻出版走出去专项规划》正式印发，对当前和今后一段时期图书走出去内容生产、渠道拓展、本土化运作等各项任务作出系统安排。

在上述政策指导下，除中国图书对外推广计划、经典中国国际出版工程外，中国政府启动的出版内容翻译方面的工程主要有：2008 年，新闻出版广电总局启动的中外图书互译计划（签署政府间互译协议，双方互译重点作品）；2010 年，中宣部、国家社科基金启动中华学术外译项目（图书翻译资助，先期资助）；2013 年，中宣部启动了中国当代作品翻译出版工程（图书翻译资助，先期资助）；2014 年，中宣部、国家新闻出版广电总局启动了丝路书香工程重点翻译资助项目（图书翻译资助，先期资助）；2014 年，国家新闻出版广电总局、中国新闻出版研究院启动了国家版权输出奖励计划（纸质图书版权输出，后期奖励）；2015 年，国家新闻出版广电总局启动了图书走出去基础书目库项目（重点资助入库图书的多语种翻译）。其中，考虑中国学术图书地位重要，但从目前看市场有限的实际情况，中华学术外译项目专门立足于学术层面，直接定向资助我国哲学社会科学研究的优秀成果以外文形式在国外权威出版机构出版。经典中国国际出版工程的一个重点子工程就是“中国学术名著系列”。

此外，发行渠道拓展、宣传平台建设方面，图书、报刊可借助文化部 1988 年开始设立的海外文化中心、教育部 2004 年开始建立的孔子学院进入与中华文化接触频繁的国外人群，通过国际大型出版发行企业、国际中盘商准确定位国际主要人群和目标读者，通过国家新闻出版广电总局 2005 年设立的中华图书特殊贡献奖获奖的海外友人快速地与海外出版机构、译者建立联系，通过中宣部、文化部开办的中国译言网、中国文化网获取、发布资讯。

随着新闻出版业走出去工作的深入开展，越来越多的企业尝试版权贸易、实物贸易之外的海外市场拓展方式，加强人员交流与培训、设立海外机构、建设数字化内容海外推广平台、经营海外作者等成为近期走出去企业尝试较多的方向。对此，中宣部、财政部、商务部、文化部、国家新闻出版广电总局 2006 年启动的国家文化出口重点企业和重点项目，中宣部、国家新闻出版广电总局 2014 年启动的丝路书香工程重点项目，中宣部 2016 年启动的国际合作出版工程 3 个国家级项目可对此给予支持。国家文化出口重点企业和重点项目以目录形式每两年公布一次，丝路书香工程重点项目以年度为申报周期。①

总之，走出去战略提出后，随着新闻出版走出去工作的深入展开，相关政策不断细化，各部门联动的工作机制得以建立，具有指导和示范作用的走出去项目不断增加，已经构建了内容生产、翻译出版、发行推广和资本运营等全流程、全领域的走出去格局。

（三）学术水平的提高

从国内学术界的研究情况看，2013 年中国发表的 SCI 论文 23.14 万篇，位居世界第二；从质量上看，中国 SCI 论文被引用次数也快速增长，2000—2010 年，中国 SCI 论文共被引用 423 万次。我国不少学者具有用英文著书立说的动力与能力，愿与全球同行分

① 王珺：《加强顶层设计　推动出版走出去——新闻出版走出去政策、项目情况综述》，载《出版参考》，2017（8）。

享自己的研究心得。①

（四）出版事业的发展

自2003年全国新闻出版局长会议正式将中国出版走出去列为我国新闻出版业发展的五大战略之一以来，我国出版业走向国际图书市场的步伐不断加快，成绩斐然。如版权输出数量从2003年的1427种增加到2012年的9365种②，版权贸易逆差从2003年的15：1缩小到2012年的1.91：1。③ 2013年的版权输出更是创下了10076项的历史新高，自此，年输出图书版权超万种已成为常态。④与此相应，全国版权引进与输出比降至2014年的1.66：1，逆差不断缩小。⑤ 尤其是一批承载中国当代价值观念的中国优秀精品图书，在欧美市场获得了经济效益与社会效益的双丰收。如2012年对美、英、日、德、法、韩等6个发达国家的版权输出总量为3064种，2013—2015年则维持在3500种以上。特别是对英、德、法、韩等

① 李旦、赵斌玮：《打造中国学术出版“走出去”桥头堡——以上海交通大学出版社为例》，载《出版广角》，2015（7）。

② 国家版权局网站 . http：//www. ncac. gov. cn/chinacopyright/channels/3890. html；2012年中国版权管理与版权贸易情况分析 http：//www. askci. com/news/201307/29/29141232797. shtml

③ 冯文礼：《创新增活力　阔步走世界——我国新闻出版业走出去成效显著》，载《中国新闻出版报》，2013年11月1日。

④ 不过，与全国图书的出版数量相较，版权输出的数量仍然是比较少的。依据历年《全国新闻出版业基本情况》的统计，2013年，全国共有出版社582家，出版图书444427种，比上年增长7.35%。2014年，全国共有出版社583家，出版图书448431种，比上年增长0.90%。2015年，全国共有出版社584家，共出版图书475768种，比上年增长6.10%。2016年全国共出版图书499884种，比上年增长5.07%。http：//www. chinaxwcb. com/2017-07/25/content_ 358637. htm。

⑤ 张贺：《中国出版大步往外走　图书年输出版权超万种》，http：//media. people. com. cn/n/2015/0522/c40606-27039020. html。

国版权输出数量增长显著。

另外，2012 年以前，中国出版企业海外投资的主要方式是设立海外分支机构，经营范围有限。党的十八大以来，中国出版企业海外投资活动不仅更加频繁，而且资金投入多、投资方式多元。根据 2012—2016 年中外媒体的新闻报道，中国出版企业海外投资项目已经上升至 98 件。①

可见，我国的出版走出去已经取得了不错的进步与成绩，为进一步的走出去工作打下了良好的基础。

（五）学术出版的客观严肃

传播学史上，最早提出传播过程模式的是美国学者 H. 拉斯韦尔，他首次提出传播过程的五个基本要素：传者、受者、讯息、媒介和效果。在传播过程中，传者相对受者更具强势地位。说什么、怎么说，深刻影响着中国对外传播交流的效果。

根据传播学原理，人只愿意获取自己关心、能够影响自身的信息。普通大众在内容需求上更偏向了解中国的自然风光、美食等内容。而早期走出去主要输出美食、风水、建筑、武术等图书。普通大众的需求，与早期中国图书出版走出去的输出特征是相吻合的。

但仅仅向世界宣传中国的自然风光、悠久的传统文化是不够的，也不应该成为今天中国对外传播的主旨，不应该成为中国图书对外传播的主要内容。中国更需要让世界了解中国，让世界知道中国。中国的国家形象近一个世纪以来数经变化，从 19 世纪的“黄祸论”“睡狮论”到 20 世纪的“威胁论”“文化冲突论”，中国的

① 钱风强、刘叶华：《“十三五”时期我国图书走出去提质增效路径分析》，载《中国出版》，2017（7）。

国家形象不断遭到丑化。这与中西文化之间的巨大差距有关。在《跨文化传播概论》一书中，弗雷德·简特（Fred Edmund Jandt）在分析“不同文化群体之间传播的难度”时，将西方人与亚洲人之间的文化差异列为首位。[①] 当然，更与中国未能清晰、全面地对外进行文化传播有关。在进行对外传播时，要本着真实客观的原则，不带有预设立场，从而确保传播效果。

学术图书不仅具有严肃性和权威性，而且由于学术研究的话语体系相似以及学术的客观性追求，文化差异带来的障碍相对较小。学术语言基本上没有国界，是世界语言。[②] 况且，通过学术出版走出去，让中国文化为更多的西方知识分子所了解，进而由他们向本国民众传播中国文化，不啻为让中国文化真正走入西方世界的最佳选择。而且，中国文化走出去的终极目的，是与世界文化和谐共处[③]，那么，价值观层面的交流就非常必要而且紧要。于此，学术出版走出去的作用不容低估，学术出版从一定意义上说居于出版业的顶端，因为很多中国学术著作含括着中华文化的精神内核，是一个国家思想创新、科技创新、文化传承的最直接体现。也诚如《出版参考》杂志常务副社长李建红先生所说：“不能准确反映中国科技文化发展水平，不能准确阐述中国核心价值观，不能准确论述中国社会发展现状，不能真正进入国外读者视野的图书，走出去的再多，也不会有很大的价值。这样的走出去能否持久，也值得怀疑。”[④]

---

① 转引自周蔚华、钟悠天：《中国出版走出去要有六个转向》，载《中国出版》，2014（7）。

② 高靖：《中国出版“走出去”的学术之路》，载《出版广角》，2014（17）。

③ 刘锋：《中国文化“走出去”：为什么？如何“走”?》，载《民主》，2011（7）。

④ 李建红：《做好出版走出去工作需要厘清三个问题》，载《出版参考》，2014（9）。

从国际出版现状看，目前，学术出版的总份额已经占到世界出版业的32%，可以说学术出版是整个出版业中市场最为稳定、利润率最高的产业。[①] 同时，学术出版也是最能实现经济效益和社会效益相统一的出版活动。

四、学术出版“走出去”的主要方式

出版走出去主要是三个方面的走出去，即图书出口（产品走出去）、版权输出（版权走出去）和直接投资（实体或资本走出去）。学术出版走出去也不例外。[②]

（一）图书出口

图书出口即国内图书出版企业把在国内编辑、印制的成品图书以商品的方式输出到国外的图书馆、中文书店及驻外外交机构等。这是中国图书走向世界的一种最直接的方式，是国内企业初涉海外市场的首选。走出去出版物的生产有两种方式：一是把国内市场的中文图书输出到海外懂中文的读者手中；二是定制外销型产品，即为海外特定市场生产定制的产品。目前，我国出版物出口的国家主要是美国、加拿大、日本、韩国、新加坡、马来西亚、英国、德国、法国、荷兰、澳大利亚、新西兰，还有我国港台地区。[③] 从输出形式来看，可分为间接出口和直接出口两种基本类型。

---

① 关燕云：《对高校出版社“走出去”模式的探究》，载《新闻传播》，2017（6）。
② 聂震宁：《“文化走出去”：出版人的责任和使命》，载《出版广角》，2016（12）。
③ 焦国瑛：《中国图书如何“走出去”》，载《出版参考》，2005（7）。

1. 间接出口

图书的间接出口是指国内出版企业通过本国图书进出口公司或其他中间商，把国内出版的图书销往海外市场。目前，国内主要的图书进出口公司有：中国图书进出口总公司、中国国际图书贸易总公司、中国出版对外贸易总公司、中国教育图书进出口总公司以及部分省市经营图书进出口业务的公司。

这种出口形式优点是，出版企业可以借助专业性很强的图书进出口公司的海外图书市场信息、操作经验和广泛的销售渠道，在短时间内迅速把自己的图书推向海外市场。不过，这种形式存在出版企业严重依赖图书进出口公司的缺陷。

2. 直接出口

图书的直接出口是指国内出版企业把国内出版的图书通过国外分公司或子公司、书店等直接销售给国外读者。

这种方式的优点是可以准确获取市场信息，有针对性地进行选题策划，有利于进行品牌营销和营销控制、国际化经营经验的获取和积累以及国际经营人才的培养等。当然，利润空间也比较大。缺点是需要支付渠道开辟、市场调研等费用，承担海外市场风险，需要国内出版企业须在产品的内容、形制、价格等方面具有独特的竞争优势，才能有效进入海外市场。

（二）版权输出

图书版权输出就是国内出版企业通过签订许可合同或转让合同把自己拥有的图书版权授予海外目标国或地区的出版机构，允许其在支付相应报酬的情况下，在一定的时间和范围内使用自己的版权，从事相应图书的出版经营活动。

图书版权输出分为版权许可和版权转让两种基本形式。版权许可是指，图书版权持有人通过签订合同的方式把版权中的一项或多项经济权利让渡给引进方的版权贸易过程。版权转让是图书版权持有人将其拥有的版权中的经济权利的部分或全部转让与他人或机构的一种贸易行为，很多国家规定被转让作品作者的人身权不可以转让。版权许可是“版权贸易中最基本、最重要的交易方式”[①]，版权转让则“在现实生活中则并不十分普遍”[②]。

版权输出有利于国内出版企业有效地规避国际化经营的政治、经济、技术等各方面的风险，实现对海外图书市场的快速渗透和大面积占领。但是，出版企业通过这种方式获得的经济利益非常有限，也不能及时获得相关的市场反馈信息。当国内出版企业不太了解目标国或地区的图书市场，又十分渴望打入目标国或地区图书市场时，可以采用这种模式收集相关信息，同时学习新的编辑技术和理念、经营理念和管理方法。

（三）直接投资

从长远看，海外直接投资是实现中国出版走出去可持续发展的主要形式，是经济全球化、出版国际化环境下中国出版业走出去的一种必然选择，但投资者面对完全陌生的环境，要承受比较大的风险，而“投资模式的选择是企业最关键的国际市场战略决策之一”[③]，决定着国内出版企业海外经营的成败。

中国出版业走出去在海外市场进行的直接投资主要有新建式投

① 徐建华：《版权贸易新论》，14页，苏州，苏州大学出版社，2005。

② 徐建华：《版权贸易新论》，16页，苏州，苏州大学出版社，2005。

③ 唐晓华、丁伟光：《现代国际化经营》，74页，北京，经济管理出版社，2006。

资和并购式投资两种基本类型。

新建式投资是指国内出版企业在海外直接投资新建出版分公司，进行从图书选题策划到发行营销的真正意义上的本土化运作的一种投资模式。在刚开始涉及海外直接投资时，“早期的跨国公司大都倾向于选择新建投资方式”①。

并购式投资是指国内具备一定实力的出版企业，通过投入资金或其他资源的方式兼并或收购海外现有出版企业以拥有其控制权的一种投资模式。20 世纪 80 年代中期以后，跨国并购成为国外直接投资的主流形式和西方大型出版集团海外扩张的主要途径。进入 21 世纪以后，国外大型出版集团之间的并购更是此起彼伏，一浪高过一浪。目前，中国也有少数出版企业涉足这种海外市场的投资模式。其中，江苏凤凰传媒集团下属公司江苏教育出版社以 8500 万美元收购世界最大的儿童图书出版商 PIL 及其相关产品，是目前中国出版行业最大的一次跨国并购。② 通常情况下，当具备一定的经济实力和相应的海外市场经营管理经验时，国内出版企业并购一个海外出版公司要比投资新建一家新的海外出版分公司更具有战略意义和经济意义。

直接投资使国内出版企业可以充分利用目标国地区的人才资源、出版资源和先进的经营管理经验，也可以使产品进入当地主流的销售渠道，但同时也面临着管理成本高、管理难度大以及货币、市场甚至政治等各种经营风险。

---

① 卢汉林：《国际投资学》，51 页，武汉，武汉大学出版社，2005。

② 聂震宁：《“文化走出去”：出版人的责任和使命》，载《出版广角》，2016（12）。

第二节　关于“中国学”

一、“中国学”的概念界定

何为“中国学”？从字面意思看，即研究中国的学问或者学术。不过，由于历史原因，“中国学”一般指国外学术界研究中国的学问。对此，目前学术界存在若干意思相近、由不同人群倡导和使用的称谓，如汉学、国际汉学、海外汉学、域外汉学、中国学、海外中国学、国际中国学、世界中国学、中国学研究、海外中国学研究、国际中国学研究、中国研究等，不下十余种，令人眼花缭乱。不过，有的称谓在内涵与外延上基本一致，只是表述遣词方面略有差异，如海外汉学、域外汉学、国际汉学等。因此，学界对于国外学者研究中国的学问在称谓主张方面，主要可以归纳为以下三类：

（1）主张用“汉学”。代表性的学者为李学勤教授，他多次谈到这个问题：“‘汉学’，英语是 Sinology，意思是对中国历史文化和语言文学等方面的研究。在国内学术界，‘汉学’一词主要是指外国人对中国历史文化等的研究。有的学者主张把它改译为‘中国学’，不过‘汉学’沿用已久，在国外普遍流行，谈外国人这方面的研究，用‘汉学’比较方便。”① 任继愈先生也持这种观点。② 阎

① 李学勤主编：《国际汉学漫步·序》，石家庄，河北教育出版社，1997。

② 任继愈：《汉学发展前景无限》，见任继愈主编：《国际汉学》，第 8 辑，郑州，大象出版社，2003。

纯德教授亦有类似的论述。[①]

（2）主张用“中国学”。最早的代表人物是这个学科的奠基者孙越生先生，例如，孙先生在《世界中国学家名录》中指出：“Sinology，旧译汉学，系指海外的中国研究（Chinese Studies[②]）。这是一门以汉族的语言文学、中国的古代哲学、伦理思想、典章制度和文化风习等为主要研究对象的综合性学问，也指关于中国的学问……随着时间的推移，‘汉学’的内容日益扩大，涉及的学科愈来愈多，名实矛盾更加突出。编者认为，除非历史文献中已然使用和国外机构自译名之外，一般不宜再沿用‘汉学’这一旧译，而宜定译为‘中国学’。”[③] 之后，支持这一观点的代表性学者有朱政慧、何培忠等人。相关论述较多，代表性的如《美国中国学史研究：海外中国学探索的理论与实践》（上海古籍出版社，2004）、《当代国外中国学研究》（商务印书馆，2006）等。

（3）主张区别对待，也就是“汉学”与“中国学”各有所指。但在此基础上，又有不同的意见。如北京大学比较文学与比较文化研究所所长严绍璗教授也赞同先期将“Sinology”译为“汉学”，近代以来应改译为“中国学”，但他同时指出“汉学”和“中国学”并不是一回事，“应该把‘中国学’作为世界近代文化中对‘中国文化研究’的核心和统摄。‘汉学’是它的历史承传，而诸如现在进行的‘蒙古学’、‘满洲学’、‘西藏学’即‘藏学’、‘西域学’、‘西夏学’、‘突厥学’乃至‘渤海学’等，都是它的‘分支层

① 阎纯德：《汉学之辨——汉学及其研究五题》，载《中国文化研究》，2017 年秋之卷。

② 用 China Study 更为合适，但是这里是引文，故保留。下同。

③ 何培忠：《当代国外中国学研究》，14 页，北京，商务印书馆，2006。

面'，即它们是'中国学'的'分支学科'，而不能与'中国学'并列为同一等级的学科”。[①] 也就是说，欧美日等国在工业文明建立之前所进行的对中国文化的研究，称为“汉学”；之后对中国文化进行的研究，称为“中国学”，但仅限于对中国文学、历史、哲学、宗教、艺术、考古等经典人文学科的研究，近代国外对中国政治、经济进行的社会学性质的研究不属于“中国学”范畴，属于“现代中国的研究”（Chinese Studies）。[②] 侯且岸教授则认为应该以研究方式为划分中国学与汉学的标准，即以传统人文学科进行研究的为汉学，以地域研究为主要特征的社会科学各学科相互渗透而形成的研究为中国学。[③] 张西平教授倾向以研究对象为汉学与中国学划界，认为国外对历史中国之研究，称为“汉学”，或者说国外对中国传统的人文学科（文学、历史、哲学、宗教、艺术、考古等）的研究，我们称为汉学（Sinology），国外对当代中国之研究，我们称为中国学（Chinese Studies）。[④] 可见，第三种观点所作的区分虽然看起来比较详细，但有的在理论上尚未界定清楚；即使在理论上较为清楚，在实际工作中也很难把握，如对当代中国文学的研究，属于汉学还是中国学。

基于以上认识，笔者认为，“中国学”（China Studies）是比

① 严绍璗：《关于“国际中国学”学术的人文本质与“汉学主义”的思考》，见何培忠主编：《国际视野中的中国研究——历史与现在》，10页，北京，中国社会科学出版社，2013。

② 严绍璗：《我对国际中国学（汉学）的认识》，见任继愈主编：《国际汉学》，第5辑，8页，郑州，大象出版社，2000。

③ 侯且岸：《从学术史看汉学、中国学应有的学科定位》，见任继愈主编：《国际汉学》，第10辑，郑州，大象出版社，2004。

④ 张西平主编：《西方汉学十六讲》，9页，北京，外语教学与研究出版社，2011。

较准确的称呼，指外部世界关于中国历史、现状及未来的分析、解释和预测，具体讲是外国人研究中国历史、语言、哲学、文学、艺术、宗教、考古及社会、经济、政治、法律、科技等人文和社会科学及自然科学领域的学问。但考虑传统习惯等因素，在讲述历史的时候，可以与“汉学”通用，是比较恰当的。理由主要有四：

一是抓住了各种称谓的实质与核心。遍观所有的称呼，其核心所指都是中国研究，解决的是如何看待中国的问题，最终目的是形成中国观，没有任何一种观点否认这一点。“中国学”这一称谓简单明了，直指重点。对此，主张用“汉学”的李学勤教授说：“‘汉学’的‘汉’是用历史上的名称来指中国，就像Sinology的语根Sino-来源于‘秦’，不是指一代一族，这是希望读者注意的。”① 阎纯德教授也曾经指出，实际上，这些不同的学术“符号”，其所指均为同一种文化现象或实体。正如一些法国学者认为的，无论是汉学（Sinology），还是中国研究（Chinese Studies），两者表达的意思是一样的。② 总之，主张用“汉学”的最重要的理由是尊重与延续传统，但有时传统需要变革，需要与时俱进。

二是与英文单词的原意相符，便于国际交流。与“汉学”对应

① 李学勤主编：《国际汉学漫步·序》，石家庄，河北教育出版社，1997。

② 阎纯德：《异名共体之汉学与中国学》，见阎纯德主编：《汉学研究》，第十三集，北京，学苑出版社，2011。

的英文单词是“Sinology”①。Sinology 一词源自拉丁词语“Sina”（这一词根的词根 Sin 源于秦朝的“秦”，指的是中国，China）和希腊词语“logia”（意为科学，或含有考古学或哲学的部分意思），前者所示是“中国”，后者所示是“科学”或“研究”，两者相加就是关于“中国的科学研究”（Sinology）。这也符合世界最权威的《牛津英文辞典》的解释，认为 Sinology 是汉学，即中国学，而 Chinese Studies（中国学）也就是汉学。

不过，需要指出的是，在西方历史上传统的东方学中，“Sinology”曾一度仅仅指研究汉族传统文化的学问，藏学和蒙古学放在中亚学之中，因为在当时西方人的概念中，中国的范围局限于汉族居住的区域。所以，在欧洲，汉学在传统上以文献研究和古典研究为中心，而在研究历史较短的美国人看来，Sinology 一词似乎有点过时的味道，一般称之为 China Studies。

对此，阎纯德教授指出，汉学是指外国人研究中国历史、语言、哲学、文学、艺术、宗教、考古及社会、经济、政治、法律、科技等人文和社会科学及自然科学领域的学问，是国际学术界几百年来的习惯称谓。研究中国学问的造诣深厚的学者则被称为汉学家。可见，汉学的“汉”不是指汉代的“汉”，也不是指汉族的“汉”，不指一代一族。不过，第一个将英文 Sinology 译成“汉学”

---

① Sinology 一词最早在学术中使用应该始于利玛窦（Matteo Ricci，1552—1610 年）时期，出自某个传教士的智慧。从那时起，西方传教士就将对中国文化的研究称为 Sinology（汉学），研究者称为 Sinologist（汉学家）。见阎纯德：《汉学之辨——汉学及其研究五题》，载《中国文化研究》，2017（3）。德国汉学家傅海波（Herbert Franke，1914—2011）说：直到 1860—1880 年间，希腊文和拉丁文杂交的“汉学”一词才转化为通常意义上的词汇，这个时期，中国研究和中国本身才逐渐凸显出来，成为学术上一个专门的课题。见莫东寅：《汉学发达史》，郑州，大象出版社，2006。

的，不管是外国人还是中国人，译者确实借用了汉代“汉学”之名，因为汉代之“汉学”涵盖的内容是中国文化最经典最核心的部分。今天看来，如果当初将其译成“中国学”，其实也恰如其分。[①]

三是便于与中国传统上的汉学相区分。在传统中国学术历史上，“汉学”指汉代的经学，即在两汉经学中先后发展出的两种类型的解经学：分别以今、古文经学为代表的经世之学与考据之学。后来，“宋明理学代魏晋玄学、隋唐佛学而起，它同后二者的关系是孔与老、释的对抗，势难两立。而在儒学内部，其对立面则是两汉经学。在理学看来，两汉经学无论经世还是训诂，都不得圣人真传，所以才导致道统中断，释老流行。事实上，正是由于道、佛的刺激，才使宋学兴起并决定了宋学与汉学的分歧”[②]。这里，汉学不仅代表着一代之学问，也代表一种学问的方法，即重考据而轻义理的治学之道。但清初的学问家认识到宋学到晚明已沉醉于义理之辨，学问日益空疏。由此，乾嘉学派自觉恢复汉学传统，将其治学方法定为“实事求是”“无征不信”。其研究范围，以经学为中心，而衍及小学、音韵、史学、天算、水地、典章制度、金石、校勘、辑佚，等等。而引证取材，多汲于两汉。这就是中国思想史上著名的“宋汉轮回”之说。因此，汉学在中国学问中既是指一代之学问，无论是汉代还是清代；也是指一种治学之方法，其代表就是清代的乾嘉考据之学。

晚清时为应对西学兴起，章太炎等人提出“国学”以同传入的“西学”相抗衡，维护中国传统的学问。这里的国学泛指中国本身

---

① 阎纯德：《异名共体之汉学与中国学》，见阎纯德主编：《汉学研究》，第十三集，北京，学苑出版社，2011。

② 陈少明：《汉宋学术与现代思想》，30页，广州，广东人民出版社，1995。

的传统学问，比清代汉学的含义扩大了，但也有学者认为“汉学”和“国学”都可以指称中国传统学问。

民国时期，出现了“新汉学”的学术概念，可参阅王学典的《新史学和新汉学：中国现代史学的两种形态及其起伏》（《史学月刊》2008年第6期）一文的梳理。概括说，所谓新汉学，是一种既与乾嘉汉学、西方汉学有紧密联系又有区别的学术研究形态，是中国现代文史之学的第一个典范。之所以冠以“新”，是要与乾嘉汉学和西方汉学有所区别。与传统汉学相较，它具有新的观念意识、新的治学精神、新的治学方法、新的研究领域，并能产生超越传统意识束缚的新观点；与西方汉学相较，其研究隐藏着深切的民族认同感，可视为是“自我”对“自我”的审视，而西方汉学研究则是“他者”对“他者”的审视。这一形态的形成路径可总结为：在批判继承乾嘉汉学的治学方法与精神基础上，借鉴西方汉学的方法和精神，将利用音韵学、金石学进行经学考据的乾嘉汉学，改造成与现代语言学、考古学相结合的现代文史研究。这一典范的初次尝试，是胡适等人在北大国学门与清华国学院等机构中进行的。经过数年努力，虽然典范已经初步形成，但是由于种种原因，这些机构的运转并不长久，典范的确立也受到了挫折。直到南京国民政府统一中国之后，傅斯年领导的史语所以及北大历史系、燕大历史系等运转良好的机构出现，新汉学才不断完善成熟。①

四是与中国研究的发展方向相符。在不同的发展阶段，有不同的研究对象与研究方法，这是任何一个学科都需要经历的，中国学也不例外。

① 姜萌：《“把汉学中心夺回中国”——20世纪20年代中国现代文史之学的形成历程》，载《史学月刊》，2017（1）。

历史上，汉学与中国学对中国学问的研究方法和目的曾经有着不同的侧重。如果说利玛窦是“汉学之父”，那么费正清就是“中国学之父”了。利玛窦虽然不是第一个进入中国的耶稣会士，但是他开创了一个汉学生成和中西文化交流的时代，亦即西学东渐和中学西传的时代。第二次世界大战，则使汉学在美国发生了变异，这个变异就是对中国学问的研究从古代转到现代和当代，即非常实用主义地厚今薄古，不再重点关心中国传统文化，开始以社会学的方法来研究中国，所关注的是传统汉学曾经忽略、忽视的那部分中国学问。美国的中国学强调现代和当代，强调对中国社会、政治、经济、教育、人口甚至心理的研究等。汉学和中国学，当初都各自关注自己喜爱的那一部分学问，彼此忽略自己兴趣较小或没有兴趣的那部分中国学问。这种差异，既表现在“研究目的”上，也表现在“研究方法”上。但是，任何事物都是发展的，世界上没有一成不变的事物，尤其是人类思想文化这样深层的领域，更会随着时空的演进而变化。到了 20 世纪中期之后，中国国情的变迁和递进，世界格局的变异与演进，都为汉学和中国学日渐走到一起创造了一条“全球化”的道路，它们的融合已经不是什么趋势，而是真正达到了融合为一，或者说它们就是一种“异名共体”的关于中国的学问。这种状况，尤其到了世纪末之后，欧洲传统汉学和美国、日本的中国学，汉学家或中国学家，他们对中国学问所做的研究，再也无法区分什么差异了。在汉学发展、演进的过程中，以法国为“盟主”的“传统汉学”和以美国为首的“现代汉学”，到了 20 世纪中叶之后，研究内容、理念和方法，已经形成相互兼容并包之状态，就是说 Sinology 已经准确而全面地包含了 China Studies 的内容和理念。

对此，徐中玉先生这样论说：

“汉学”，虽尚无一致的定义，大概是指外国学者对古老中国历史、文物、制度、文学、语言、风俗民情之类学问、问题、现象的研究……其中包括外国华裔学者移居外国后的这种情况的研究。时代基本重在古代的中国，方法基本用的西方研究方法，观点也基本是西方的。“汉”大概当指用古代中国汉族语言文学表达的资料，“汉学”实即指古代中国之学。国外的“汉学”之称虽因沿用已久至今仍在，但自“二战”以后，不少学者受时代潮流和新中国国际地位提高的影响，其研究中国的领域和视野都已大为扩展，专门或趋向探讨现当代中国的问题与现象。不少学者已称这种研究为“中国学”了。估计今后很可能将研究古代中国与现当代中国的学问逐渐都改称为“中国学”。当然，名称并不是十分重要的问题。但称为“中国学”，重要的是意味着，今后的“中国学”，将越来越不是固守彼此某种本土的意识观念，更不是研究中国好像只在研究一种古老文明的化石，中国只有古老文明才值得研究，或无须具有全球视野也能真正清楚中国现当代问题的意义与价值。研究中国古代文明也是为了更便于深刻认识和理解中国现当代发展的变化、趋向，任何自限于狭窄的地域或区域问题的视野研究，已不能显示出中国学的普遍学术意义。把传统的“汉学”改称为“中国学”，其较深的意蕴就在这里。①

当今世界，科技迅猛发展，各国间的文化交流也日益频繁，其他国家对中国的研究也会更加多元化。而且，随着国家实力的增强和国际地位的提高，中国日益成为世界各国学术研究关注的对象。当代中国的经济、政治、文化、社会、生态等都进入国外汉学家的研究视野，用“中国学”代替传统的“汉学”，更契合这一趋势。此外，中国学者对国外中国学的专业研究至今只有三十多年的历史，统一概念的难度不是很大，宜及早进行。

至于“中国学研究”或曰“海外中国学研究/国外中国学研究”，是与海外中国学等相对应而存在的，是对海外中国学的再研究。正如何培忠先生所说：“‘国外中国学研究’（或曰‘海外中国学研究’）是一门以海外的中国研究为关注对象的学术研究……是中国学者为了回应‘严重的挑战’而创立的学科。”②“世界中国学”（World China Studies）则是上海社会科学院世界中国学研究所试图推动建立的一门新兴学科的称谓。在该所《世界中国学学科建设的初步探索》的讨论稿中指出：“世界中国学”是在国内带有“海外”“域外”“国外”“国际”等各种前定形容词的“中国学研究”基础上，促进中国本土的中国研究与域外中国学的真正互动，突破西方现代化话语主导的中国知识体系，推动从中国经验中形成本土的问题意识、分析话语和原创性理论。严格地讲，这仅是一种

① 何寅、许光华主编：《国外汉学史》，序，3页，上海，上海外语教育出版社，2002。

② 何培忠：《“国外中国学研究”学科创立初期回顾》，载《国外社会科学》，2013（4）。

学术表达，而不是一个严谨的学术概念。

二、西方中国学的产生与发展

虽然，古代希腊罗马时期的著作中就有关于中国的记载，《马可·波罗游记》中生动的中国见闻在西方也曾引起极大反响；16世纪开始，西班牙、意大利、法国等国传教士的中国典籍翻译等在欧洲引起了较广泛的注意，并使伏尔泰、狄德罗、卢梭、孟德斯鸠、莱布尼兹、歌德等著名学者都对中国产生了浓厚的兴趣，这曾被称为"18世纪的中国热"。但中国学作为一门学科得到学术界承认的标志则是：1814年，法兰西学院决定开设汉语讲座，并聘请雷慕沙担任教授。从此，中国学进入"近代学院式研究"。

中国学的真正发展是在19世纪后期和20世纪初。在法国，继法兰西学院之后，东方语言学院、法兰西远东学院先后开设汉语课程。1837年，俄国喀山大学开设汉语课，接着彼得堡和海参崴大学也开设汉语课。1876年，英国牛津大学开设中国语讲座，剑桥大学紧随其后。20世纪初期，德国汉堡大学、柏林大学等先后开设有汉语课或中国语言文化系。荷兰、瑞典等国家自19世纪后期起，也先后开设汉语课。美国的中国学起步较晚，但随着1842年东方学会的建立，也得到确立。

第一次世界大战后，随着"西方中心论"的衰落，东方文明再次受到重视。第二次世界大战后，东方古老的直觉主义、神秘主义的吸引力更加增强，加上中国的巨大变化，都促使中国学发生深刻变化。

第二次世界大战前，以研究中国古典文化为主的欧洲中国学一直处于领先地位，但战后美国一批年轻学者主张重视当前中国研究，并在费正清领导下组织了远东协会，扩大了队伍。美国中国学家不“重视理论”，但注意规范研究“模式”，从跨学科角度出发，吸取社会科学诸多学科养分，以丰富自己的研究模式和内容。

美国的中国研究直接影响了欧洲的年轻一代，于是以四书五经陶冶成器的老一代汉学家与年轻一代拉开了一场“古今之争”，结果是诞生了一种为更多中国学家所接受的古今兼顾的研究模式。

总之，20世纪的中国学虽然风云多变，但发展迅速。由于现代理论和方法的介入，开阔了中国学家的思路，出现了跨学科研究当代中国的趋势，加上国际间的合作，教学和研究人员的增多、图书资料的更加丰富等，中国学的前景非常广阔。

三、汉学[①]与国学

（一）汉学与国学的差异

汉学的历史是中国文化与异质文化交流的历史，是外国学者阅读、理解、研究、诠释中国文化的结晶，是中国文化和外国文化撞击后派生出来的学问。关于汉学和国学，许嘉璐教授比喻说，它们是“一根藤上的两个瓜”[②]。对此，阎纯德先生认为，这两个瓜一个是“东瓜”，一个是“西瓜”，或者说，这个“西瓜”实际上是一个嫁接来的“瓜”，是中外文化的混血儿，是可以照见“中国文化”的镜子，是可以攻玉的“他山之石”。严绍璗教授则对汉学作过这样的阐释：“‘Sinology’是一门在国际文化中涉及双边或多边

① 为尊重历史习惯及原论述者，这里采用“汉学”这一称谓。

② 许嘉璐：《国学，汉学，交流，兴盛——在第二届世界汉学大会闭幕式上的讲演》，载《世界汉语教学学会通讯》，2009（3）。

文化关系的近代边缘性的学术，它以‘中国文化’作为研究的‘客体’，以研究者各自的‘本土文化语境’作为观察‘客体’的基点，在‘跨文化’的层面上各自表述其研究的结果，它具有‘泛比较文化研究’的性质。”① 以上两种表述虽有不同，但学理一致，都切中了汉学的学术肌理与灵魂。

“汉学”的学术意义之关键，在于汉学家以自己的本土文化语境作为观察中国文化的基点，而所得出的结论或观点，有别于中国学者的研究结论是最常见不过的结果。国学与汉学这两个“瓜”，先有“东瓜”，后有“西瓜”，就是说，有了“国学”才有“汉学”。我们所以要强调国学与汉学是两种不同的文化，是因为中国学者与外国学者由于文化素养的来源和文化背景的差异，其研究的出发点、切入点、方法、理念与目的就会不同，因此所得的结果往往差异很大，甚至大相径庭。② 汉学对外国人来说是他们的“中学”，对中国人来说又是西学，但它的思想观念和理论体系都属于“西学”。

关于中西之说，由来已久。早在清朝末年，中国学术界已经明白无误地将“中学”和“西学”截然分开。“中学”系指“国学”，乃一国核心文化之学，即很大程度上指中国长期积淀下来的“传统文化”，但是其中一部分也深受“西学”的浸染，这主要是

① 严绍璗：《我对 Sinology 的理解和思考》，载《世界汉学》，2006（4）。

② 阎纯德：《异名共体之汉学与中国学》，见阎纯德主编：《汉学研究》，第十三集，北京，学苑出版社，2011。

指“五四”之后发展起来的新文化。[①] 如今，“中学”与“西学”之含义已经发生了变迁，因为人类社会的发展趋势是地球村的人们彼此越走越近，“中”与“西”越来越多地互相影响，互相借鉴，但它们在可见的将来只能彼此平行着蜿蜒着发展，有着自己的边界。

不过，对于黄家城、杜维明、叶嘉莹等这些长期或一辈子都生活在国外的中国人，他们中国学问如何界定？对此，阎纯德教授将其定义为“华裔汉学家”。但“华裔汉学家”有三个条件：其一，必须是20世纪50年代之前留学、生活在国外、从事中国文化教学与研究且已加入所在国国籍的华裔学者或近百年出生在外国的华裔学者；其二，他们必须是在所在国的汉学界具有影响和贡献的中国学者；其三，这也是最重要的一点，就是他们所受文化的主要影响不仅是中国的，而更是西方的，这一点可能是最重要的，因为他们的文化观和文化思维非常靠近西方。[②]

（二）汉学与国学的联系

汉学从其诞生之日起就同中国学术界有着千丝万缕的关系，从一定意义上讲，中国近现代学术的产生和近现代西方汉学的发展，

---

① 实际上，西学对国学的大规模影响是五四以后，但开始的阶段远不止五四，也不限于鸦片战争后的晚清。张西平教授认为，中国人对西学的接受从晚明就开始了。明清之际的来华传教士笔耕之勤是今天我们无法想象的，根据其近年来的研究，这些来华的传教士和入教文人大约写下了近千部中文著作和手稿，如果加上那些反教儒生所写的著作就是一个更大的数量。明清之际的传教士汉学和今天专业汉学的重大不同是，前者生活在中国，用中文写作。从方以智到刘献庭，从王夫之到黄宗羲，明清之际的中国文人很多都受到他们中文著作的影响。见张西平：《国学与汉学三题》，载《清华大学学报》（哲学社会科学版），2010（6）。

② 阎纯德：《汉学之辨——汉学及其研究五题》，载《中国文化研究》，2017（秋之卷）。

就是中国近现代学者与汉学家互动的结果。

汉学家与中国学界交往的例子不胜枚举：利玛窦与徐光启，理雅各与王韬，伯希和与罗振玉、张元济，胡适与夏德、钢和泰，戴密微在厦门大学任教，卫礼贤执教于北大讲坛，陈寅恪受聘于牛津、剑桥等。正是在这种交往中，双方的学术互为影响，相互推动。就中国来说，正是在这种交往中中国学术逐步向现代化形态发展。

20世纪二三十年代，海外汉学对中国学界的冲击非常之大，以致陈垣先生说：“现在中外学者谈论汉学，不是说巴黎如何，就是说日本如何，没有提到中国的，我们应当把汉学中心夺回中国，夺回北京。”① 其实，中国近代学术从传统的注经转变为现代社会科学的方法，一个重要因素是受启于海外汉学。②

20世纪80年代，我国对海外汉学的研究从翻译西方学术著作开始，开启这项工作的是中国社会科学院情报所的孙越生先生。

20世纪90年代以来，对海外汉学的研究受到了诸多学者的关注，出现了“汉学热”，涌现出一批有学术价值和社会影响的著作，如王元化主编的《海外汉学丛书》直到今天仍是学者的案头必备书；刘东所主编的《海外中国学丛书》实质是美国中国学丛书；由北京外国语大学汉学研究中心主办，任继愈主编的《国际汉学书系》侧重汉学史，全部为西方汉学的奠基之作，在学术界的影响日见扩大。现在几乎在中国学术的任何一个学科的主要研究方向，都可以找到相关的海外汉学的译作。

① 转引自姜萌：《把汉学中心夺回中国——20世纪20年代中国现代文史文学的形成历程》，载《史学月刊》，2017（1）。

② 伍义林、严绍璗、张西平、侯且岸：《汉学400年》，载《北京日报》，2004年11月29日。

第二章　我国学术出版“走出去”的现状与特点

第一节　学术出版“走出去”的现状

在搜集相关文献及数据资料时，笔者发现我国目前关于学术出版走出去现状的研究文献基本为零。统计数据方面，国家版权局网站及《中国新闻出版年鉴》中可以查询历年我国图书版权输出和引进的数据、输出地分布的数据，而品种内容、国内各出版单位历年的图书版权输出数据则非常零碎，无法进行连续性分析研究。

出版社是出版活动的行为主体，也是出版走出去的主要践行者，学术出版社则是学术出版走出去的最重要的推动者。我国学术出版社主要可以分为三种类型：一是依托高等院校的大学出版社，是学术出版的主力军；二是隶属于国家科研机构的出版社，如科学出版社、中国社会科学出版社和社会科学文献出版社；三是具有深厚学术出版传统的出版社，如商务印书馆、三联书店、中华书局等。这些出版社是中国学术出版走出去的中坚。[①] 这里，笔者选取几家比较有代表性的学术出版单位走出去的重点项目进行分析介绍，以窥全豹于一斑。

一、推动版权输出的商务印书馆[②]

商务印书馆自建立之初就以“昌明教育，开启民智”为己任，100 多年来，一直致力于推动中国现代文化的兴起与发展。近年来，在推动学术出版走出去的过程中，也做了很多工作，主要有：

（1）建立走出去工作机制。一是将版权和法务两个部门的职能合并，统一管理走出去工作，以更好地调控、优化版权资源，更灵活地开拓市场。二是自 2015 年起成立了走出去专项基金，凡是立项为走出去项目的，所产生的翻译费用全部由基金支付。三是出台了一系列完善的考核与奖励措施，以提高员工的积极性，使得一批走出去图书荣获了“输出版优秀图书奖”“中华图书特殊贡献奖”等多种奖项。

（2）与国际著名出版机构建立战略合作伙伴关系，携手开发选题，推动版权输出。商务印书馆历来重视翻译世界各国学术名著，自改革开放之初的 1981 年开始结辑推出的《汉译世界学术名著丛书》，更是在学界享有盛誉，尤其对于从事人文社会科学研究的学者和高校师生而言，是案头必备参考书，是了解西方思想精髓的知识宝库。至 2017 年建馆 120 周年之际已经出版了 700 种。商务印

① 谢娜：《浅谈全球化背景下的中国学术出版“走出去”》，载《出版广角》，2014（10）。

② 本部分内容主要参考肖启明：《“走出去”背景下的商务印书馆》，载《出版广角》，2016（12）。

书馆与国外出版机构长期合作打下的良好基础，令其在推动学术出版走出去的过程中具有深厚的基础与良好的优势。借此，商务印书馆与众多有着相同出版特色的国际著名出版机构建立了战略合作伙伴关系，针对全球市场，携手开发选题，使版权输出双向化、规模化。如商务印书馆与威科集团约定，每年相互引进一定数量的产品。商务印书馆与德古意特合作的《中国语言生活状况报告》（英文版）反映了我国当前语言现状及学术研究的最新成果，现在正在进行语言学其他著作的翻译和审定工作。2016 年 8 月，又与牛津大学出版社签署协议，共同开发《新华字典》《现代汉语词典》汉英双解版，让登上吉尼斯世界纪录的世界上“最受欢迎的字典”和“最畅销的书”——《新华字典》成为走出去的标志，也成为中国文化走出去的桥梁。商务印书馆还致力于与荷兰博睿学术出版社共同推动中国学术期刊走出去。

（3）依托品牌，展示学术中国。商务印书馆不仅有家喻户晓的《汉译世界学术名著丛书》，还有旨在展现中国现代学术演进脉络，探寻百年来中国发展的思想资源与道路模式的《中华现代学术名著丛书》（200 种）。这套丛书是为走出去量身定制的，已与荷兰威科集团、剑桥大学出版社等国外出版机构签署了其中多部著作的英文版版权输出协议。商务印书馆还组织国内外专家学者以“国家治理”和“中国道路”为主题，写作了两套丛书，向世界展示了中国现代社会的新概念、新范畴、新表述。此外，商务印书馆还加强了向“一带一路”沿线国家的版权输出和推广，并于 2016 年 11 月联合“一带一路”百人论坛，成立了“一带一路”百人论坛研究院。

（4）重视积累自主知识产权。近年来，商务印书馆依据本身出版特色，逐渐加大外向型的自有版权资源的积累，已有“新华系列”辞书陆续问世，如《新华写字字典》《新华同义词词典》《新华反义词词典》《应用汉语词典》等已落户马来西亚、新加坡等地。

二、中国人民大学出版社学术出版的国际化之路①

中国人民大学出版社的产品结构是国内高等院校教材占60%，学术图书占30%。其中，学术图书的经济效益虽然式微，但它是该社的品牌支撑。一直以来，展现当代中国成就、阐释当代中国道路、传播中国价值理念的学术精品，是该社走出去的内容基点；构建多语种、跨文化、广区域的传播格局，是该社走出去的框架支点；推进本土化运作，搭建多元化平台，布局“一带一路”沿线国家市场，是该社走出去的战略落点。

截至2017年，中国人民大学出版社向海外输出版权近2300种，与世界上30多个国家的近百家出版机构建立了合作关系，输出版权的语种达27种。在“中国图书对外推广计划”的多家成员单位中，屡次取得单体出版社综合排名前列的成绩，多次获得上级单位表扬和嘉奖。

另外，考虑开发维护合作伙伴需要花费很多的成本和精力以及单个出版社的力量有限等因素，中国人民大学出版社还通过建设共享平台的方式实现优质内容的输出。如中国人民大学出版社在以色列设立首家海外分社，在罗马尼亚设立中国—罗马尼亚学术出版合

① 本部分内容主要参考李永强：《促进学术出版国际化　推动中国经验“走出去”》，载《出版发行研究》，2015（8）；李永强：《人民大学出版社：做高端学术出版走出去的排头兵》，载《中国新闻出版广电报》，2017年8月31日。

作中心，在蒙古设立中国主题图书翻译出版中心，由此可以帮助国内其他出版社把符合主题的图书输出以色列、罗马尼亚以及蒙古。

这些成绩的取得，主要源于出版社从以下几个方面做出的努力：

（1）良好的历史积淀。20世纪80年代，该社出版的《汉译世界学术名著丛书》，使其与国外的学术机构、出版单位建立了沟通渠道，为日后的走出去打下了基础。

（2）建立走出去工作的长效机制。在走出去的工作中，该社不断完善内部流程设计，确保目标和效果的达成。一是确立走出去工作优先的原则，从组稿策划，到图书出版、翻译、印制、财务等环节，全社上下各个流程和环节均全力保证顺畅通过。二是设计了专门的业绩考核和激励政策，使策划编辑愿意在繁忙的日常工作中更多留心走出去选题的策划和走出去项目的申报。三是领导重视，社长、总编辑甚至亲自出马约稿。

（3）注重品牌建设。“高端学术内容”是该社走出去的战略方向和目标，因此特别注重开发有海外留学经验的、在各自研究领域领军人物的作品。

（4）注重把握国际文化交流动向与诉求，有针对性地进行选题策划。比如针对国际社会和市场想要了解、学习和借鉴中国成就和中国经验的需求，策划了介绍“中国经验”的系列学术著作。

（5）注重与国际知名的大型出版机构合作，使图书以最快和最有影响力的方式进入国际主流图书渠道。

（6）注重开发小语种。针对不同读者的需求，对所输出图书进行多语种翻译和出版，目前可以翻译出版的语种达到27种。

（7）配合国家全球战略布局，适时调整出版社走出去工作重点。如"一带一路"倡议提出后，该社对丝路沿线国家进行重点部署，有针对性地开展文化输出工作，与俄罗斯、土耳其、以色列、吉尔吉斯斯坦、新加坡、波兰等国家的出版机构建立了稳定的合作机制，向这些国家和地区累计输出版权近200种。

（8）注重利用数字技术，重视数字版权的授权，力求通过网络等多元渠道将学术著作介绍给全世界的更多读者。例如，该社一本辞典工具书的数字版权，已销售给美国、韩国、新加坡等多个国家的平台制造商、软件供应商和网络服务商，2006—2016年版税收入超过百万元。

三、上海交通大学出版社的大力推进[①]

上海交通大学党委常委、组织部长顾锋主张，应将学术出版走出去纳入"双一流"布局。他认为，建设世界一流大学、一流学科，与打造一流大学出版社是相辅相成的。上海交通大学一直服务于国家重大战略需求，实现了中国核心技术在多个领域的突破。在"双一流"建设过程中，上海交通大学将学术出版走出去纳入学校总体布局，大力支持出版社和学者们积极参与对外话语体系建设，以学术的形式讲好中国故事。

上海交通大学出版社党委书记、董事长谈毅认为，一流的学术出版必然有一流的学科、一流的学者做支撑。该社以"向世界介绍中国，打造交大乃至中国学术成果走向世界的桥头堡"作为走出去的核心理念，以"欧美主流和'一带一路'并进，版权内容与数据产品共进"作为平台架构。国际化不是学术出版的"标签"，而

① 本部分内容主要参考李旦：《学术出版"走出去"与对外话语体系建设》，载《出版广角》，2017（9）。

是全球化时代学术的生存之道。走出去也已经不是出版社的备选项，而是必经之路。学术出版要建立起“人类命运共同体”的学术自觉，以知识服务的价值创造为目标。①

上海交通大学出版社近年来积极实施走出去战略，已先后与爱思唯尔、施普林格（Springer）、圣智、剑桥大学等国际著名学术出版商建立了战略合作伙伴关系。2011、2012 两年输出版权 110 多种，都是高端学术著作。2013 年上半年，又有 60 多种学术著作走向世界。② 该社社长韩建民则表示：“理念也非常关键。学术出版‘走出去’虽然可能产生比较大的品牌和影响，但是归根到底也是一个市场行为，还是要创造可持续发展的模式。”③ 2009 年，该社提出一个理念，就是做交大乃至全国学术成果走向世界的“桥头堡”。从实际效果来看，不仅在国际上产生了重要影响，也为其带来了可观的经济效益。④

具体而言，该社主要从以下几个方面不断努力：

（1）制定战略，设立专门机构。为了专业化、同步化、系统化地做好版权贸易与国际合作工作，该社首先确立了“平台国际化”作为出版社四大发展战略之一，并专门设置了国际合作部。

（2）循序渐进做好走出去工作。从单本著作的版权输出开始，

---

① 《第四届中国学术出版走出去高端论坛在上海交大举办：不断提升走出去专业化水平和影响力》，载《中国新闻出版广电报》，2017 年 8 月 24 日。

② 冯文礼、晋雅芬：《打造学术出版走出去“桥头堡”——访上海交通大学出版社社长韩建民》，载《中国新闻出版报》，2013 年 11 月 6 日。

③ 《第四届中国学术出版走出去高端论坛在上海交大举办：不断提升走出去专业化水平和影响力》，载《中国新闻出版广电报》，2017 年 8 月 24 日。

④ 冯文礼、晋雅芬：《打造学术出版走出去“桥头堡”——访上海交通大学出版社社长韩建民》，载《中国新闻出版报》，2013 年 11 月 6 日。

逐渐走向丛书和项目的版权输出及国际合作出版。该社的走出去工作经历了单本著作输出、丛书和项目的输出及国际合作出版三个不同的发展阶段。

与单本著作的输出相比，丛书的版权输出比较复杂，工作量更大，但可以形成规模效应，扩大能见度和影响力。光物理是近代物理学发展最活跃的领域之一，为了全面总结中国科学家一系列具有国际先进水平的研究成果，该社请著名物理学家、中国科学院院士、上海交通大学校长张杰教授担任总主编，组织中国科学院物理所、清华大学、上海交通大学等20余家科研单位的40余位一线专家共同撰写《光物理研究前沿系列》丛书（全8种）。2011年10月，该社社长韩建民一行作为中国第一家访问德古意特出版社柏林总部的出版社，与该社时任科技出版副总裁亚历山大·格罗斯曼、人文出版副总裁安珂·贝克等进行了深入会谈，达成《光物理研究前沿系列》丛书英文版版权输出协议。同时，双方还希望在创办英文学术期刊等方面进一步加强合作。

国际合作出版是指双方共同策划选题，共同组稿，出版后分别在海内外发行。这要求合作双方在发展战略、选题方向、运作方式等方面具备很高的默契度，但可以使走出去工作更具可持续性。2012年，该社与施普林格出版集团共同成立了转化医学出版工程中国编辑室，在国际上的医学热点——转化医学领域——共同策划选题，全球组稿，努力打造转化医学领域出版品牌。

（3）注重通过国际书展等重大活动使走出去的影响最大化。钱学森是中国科学家的杰出代表，被誉为"中国航天之父"，也是上海交通大学的著名校友。2011年11月，该社成功出版了《钱学森文集（1938—1956海外学术文献）》，收集了钱学森在美国学习和工作期间发表的重要学术论文51篇。论文解决了航空航天科技的一系列关键问题，对世界航空航天科技发展具有重要意义。同年12月，该社与爱思唯尔出版集团签订了版权输出协议，并于2012年3月正式出版其英文版。之后，双方又在同年伦敦书展上举行了首发式，引起了海内外学术界和出版界的广泛关注。2015年9月15日，为纪念反法西斯战争胜利70周年，该社联合上海犹太研究中心和荷兰博睿出版社在法兰克福书展隆重举行“犹太难民与上海”出版工程①全球首发式。中国出版协会常务副理事长、中国图书评论学会会长、国家新闻出版广电总局原副局长邬书林、中国驻法兰克福总领事梁建全出席首发式并发表讲话，对丛书给予了很高的评价。博睿出版社全球副总裁皮特-科伯格表示十分看好“犹太难民与上海”这一选题，并愿意与中方的出版社和研究机构一起打造“犹太难民与上海”出版工程，包括英语、希伯来语等语种的出版。

（4）搭建学术出版交流平台，使走出去形成合力。现有的学术出版走出去，很多情况是点对点的合作，通过版权输出或是合作出版的方式，将自己的出版物在海外出版发行。这种方式需要花费巨大的人力、物力，无法做到翻译、渠道等资源共享，走出去的产品也有限。为使国内外学术出版商能有充分交流的互动平台，自2013年开始，该社开始举办中国学术出版走出去高端论坛，为大家交流信息、分享走出去的经验提供平台。该社即将成立的中国—南亚科技出版中心，可以帮助国内出版社将反映中国重大科技创新成果的学术图书输出南亚地区，使国内的学术出版走出去形成合力，提升

① “犹太难民与上海”出版工程为中宣部、国家新闻出版广电总局百种经典抗战系列图书，包含《海上方舟》《情牵虹口》《尘封往事》《上海记忆》《海上明月》五本分册，全面呈现了犹太难民在上海避难期间的生活经历和中犹人民的友好历史。

走出去的质量。

2011—2016年，该社累计输出版权300余种。该社走出去工作的主要合作伙伴集中在全球领先的学术和科技出版商，如施普林格、爱思唯尔、德古意特、剑桥大学出版社、东京大学出版会等，这些国际大社、名社学术声誉异常卓著，市场网络四通八达，有助于中国原创内容最大限度地被国际学术界所阅读和接受。例如，该社与施普林格出版集团自2006年开始合作，目前已签约66种英文版学术图书。《平易近人——习近平的语言力量》实现了多语种输出，东京审判系列丛书的版权输出给剑桥大学出版社和帕尔格雷夫·麦克米伦出版公司，“大飞机出版工程”项目最先出版的5种英文版图书经过严格的国际同行评议，一次性输出爱思唯尔出版集团。

四、构建学术出版话语体系的社会科学文献出版社①

1997年，在中国大百科全书出版社工作15年后，谢寿光到社科文献出版社主持全面工作。当时，国内大多数出版人认为，学术出版的用户太少，支持不了出版社的运营和发展，因而打破原来的专业分工，转向大众，从专门性出版机构变成综合性出版机构。谢寿光主张：“既然别人都选择下沉走大众出版路线，那社科文献社就向上发展，做高端的学术出版，服务中国社会与学术发展。”而且，这种高端是国际性的，是向世界顶尖的学术出版看齐，在国际

① 本部分主要参考谢寿光、段冰、裴希婷等：《国际出版二十年——社科文献学术出版的国际化历程》，中国网，http：//fangtan.china.com.cn/2017-09/20/content_41618114.htm；柳杨：《为了学术出版百年大业——社会科学文献出版社20年专业化建设纪实》，载《中国新闻出版广电报》，2017。除特别注明外，本部分的资料来源于上述文献。

上构建中国学术出版话语体系，当然一定意义上也是在赢得国际学术话语权，建构中国的国际学术话语体系。“国内的中华书局，有一批学者型的老编辑，让我很佩服。但我的目标是国际同行。国外的大学出版社有几家我非常欣赏，剑桥大学出版社是我们追赶的对象。人文社科领域的商业类学术出版机构中，施普林格以及荷兰博睿都很优秀。”谢寿光说。

为此，社科文献出版社主要采取了三大举措：

（1）以学术出版记录当代中国经济社会发展变迁。依托被媒体喻为当代中国理论研究的“学术日记”、记录改革开放壮阔进程的“成长年轮”、中国特色新型智库建设的“成果旗舰”、向世界讲述中国故事的“权威平台”的皮书系列，以及“列国志”“甲骨文”“社科文献学术译库”等在各学科领域独具特色的学术出版品牌，社科文献出版社逐渐成为中国学术出版的一张名片。

（2）看齐全球一流学术出版企业，培养学者型编辑。“当很多出版社还在纠结要不要给编辑提供外出参加学术会议的机会时，社科文献出版社就做了硬性规定：各个学科的编辑，必须保证每年参加至少一次全国性学术会议。”在谢寿光看来，编辑到了学术场域，最重要的不是发名片、识作者、组稿子，而是要与学者交流，成为学术共同体中的一员。为此，不仅要做专业的主持与评议人，甚至要提交学术论文，发表学术见解。“一个出版社有没有和作者交流的能力其实非常重要。”清华大学社会学系教授孙立平说，“社科文献社的编辑虽然是出版人，但是能和不同学科最优秀的作者进行有深度的交流，这实际上是把作者凝聚到一起的很重要的条件。”

（3）在国际上构建中国话语体系。经过20多年的探索与发展，社科文献出版社找到了国际化出版的方式方法，积累了丰富的与国际上知名出版社对接的经验，形成了完善的版权引进与输出的流程与规范。截至2017年，社科文献出版社已经与20余家国际知名学术出版机构进行合作，直接进行外文图书出版，总计输出500多个品种，覆盖20多个语种。

不过，该社的国际出版故事并不只局限于出版本身，还通过学术交流和国际书展等方式，向世界展示中国学者的研究成果，扩大中国学术的海外话语权。如2009年法兰克福国际书展期间，该社策划了“中国经济发展与全球金融危机”为主题的学术演讲会。不仅扩大了该社在欧洲甚至西方主流媒体中的知名度，更重要的是，这有助于该社融入世界学术舞台，帮助世界了解中国的发展变化。自2012年起，该社还每年都借东亚尤其是当代中国的最权威的话语平台——北美亚洲年会，邀请著名中国学者做学术推广和演讲，利用西方媒体和中国驻外媒体进行营销推广。

2016年，社科文献出版社俄罗斯分社成立，正式开启了全球化布局步伐。谢寿光认为：“只有实现在全球范围内约稿、组稿，让国际顶尖的专家学者在我们的平台上刊发原创学术研究成果、打造国际权威的中文学术出版平台，才算真正赢得了国际学术话语权。”相信不久的将来，该社会将作者、编辑、出版内容、营销行为置于国际学术出版市场的大平台之上。

五、民族出版社学术图书“走出去”的个案分析

（一）百余种中国少数民族语言图书“走出去”的思考[①]

2018年3月26日，民族出版社与荷兰博睿学术出版社签署了

① 此部分的主体部分发表于《出版参考》，2018（5）。

《中国少数民族语言指南丛书》英文版版权输出合同。自此，涵括百余种中国少数民族语言，汉文版约3000万字的《中国少数民族语言指南丛书》开启了进入西方主流的图书出版发行市场，进而进入各大学图书馆，摆上语言学者的书桌的进程。这对于在汹涌澎湃的现代化大潮席卷下不断退缩甚至面临消失危险的少数民族语言与文化，无疑是一个巨大的福音；对于澄清西方语言学界对于中国语言研究的误解，增强中国语言学术研究成果的国际影响，加强双方学术的交流、合作，意义重大；对于推动中国民族语言文化走出去、回应国外反华势力对我国人权状况的误读也有积极意义。

自2003年全国新闻出版局长会议正式将中国出版走出去列为我国新闻出版业发展的五大战略之一以来，除全国哲学社会科学规划办公室组织的“中华学术外译”项目计划外，我国出版业先后实施了经典中国国际出版工程、中国图书对外推广计划、中外图书互译计划、中国出版物国际营销渠道拓展工程、重点新闻出版企业海外发展扶持计划、边疆新闻出版业走出去扶持计划、图书版权输出普遍奖励计划、丝路书香工程等八大工程，构建了内容生产、翻译出版、发行推广和资本运营等全流程、全领域的走出去格局，打开了190多个国家和地区的出版物市场。2014年，原国家新闻出版广电总局又实行三项“普惠”政策：在版权输出上实行普遍奖励制度，对已翻译出版但未获得任何资金资助的版权输出项目进行普遍奖励，面向所有国有企业、民营企业和社会个体作者，以调动民营企业和个体作者的积极性；经典中国国际出版工程全方位向外国出版企业和译者开放，以调动外国出版企业和译者的积极性；延伸中国出版物国际营销渠道拓展工程的资助链条，调动海外渠道商销售中国图书的积极性。

为此，民族出版社积极响应中国政府提出的文化走出去战略，多年来一直致力于推动中国少数民族文化的世界表达。自 2006 年开始，历时 10 余年完成《当代中国宗教研究精选丛书》英文版出版工作后，又成功推动《中国少数民族语言指南丛书》走出国门，点亮世界。这对我们的启发是多方面的。

其一，民族文化走出去潜力巨大。在推动民族文化走出去的开始阶段，说实话，信心不是很足，因为不要说国际上的出版巨头，仅国内，也面临商务印书馆、中华书局、生活·读书·新知三联书店以及众多著名大学出版社的强劲出版能力的竞争，当然，还有少数民族文化相对小众的现实。但是，推动两套丛书的成功出版后，我们深深感到，关于民族文化，众多选题有待挖掘，有着走向世界的巨大潜力。自 2012 年始已连续发布了六届的《中国图书海外馆藏影响力研究报告》也充分说明了这一点。依据 2017 年 8 月发布的最新数据，民族出版社出版的图书海外馆藏影响力排名已经上升至第 32 位，排在长江文艺、南京大学、武汉大学、生活·读书·新知三联书店等出版社前面。①

其二，学术出版走出去前景广阔。如前文所述，自 2003 年始，我国出版业走出去，成绩斐然。成绩的取得是非常不容易的，凝聚了很多人的心血与努力。但是我们也要看到，我国版权输出的内容中，中国传统文化书籍（如中医、武术等）、汉语工具书占了很大的比例，学术出版走出去在很多人的理念中还是少数的“花瓶”。

诚如简特在《跨文化传播概论》一书中的分析，“不同文化群

① 何明星：《中国图书海外馆藏影响力研究报告》（2017），http：//www. sohu. com/a/166002945_ 267807，2018 年 3 月 1 日查阅。

体之间传播的难度”中，西方人与亚洲人之间的文化差异居于首位。[①] 因此，可以想见，西方普通读者阅读中国的文学类、大众类图书有很多障碍，尤其是文学类作品的阅读，需要具备丰富的文化背景知识。由于学术研究的客观性追求，学术语言基本上没有国界，进行交流的文化障碍较少。加之，通过学术出版走出去，让中国文化为更多的西方知识分子所了解，进而由他们向本国民众传播中国文化，不啻为让中国文化真正走入西方世界的最佳选择。而且，中国文化走出去的终极目的，是与世界文化和谐共处，那么，价值观层面的交流就非常必要而且紧要，于此，学术出版走出去的作用不容低估，因为很多中国学术著作涵括着中华文化的精神内核。

其实，中国日益丰厚的学术资源早已吸引了欧美一些知名出版公司的注意，如德国的施普林格、德古意特（De Gruyter），英国的爱思唯尔、劳特利奇（Routledge）等，纷纷在中国设立编辑部门进行组稿，清一色都是学术部门。其中，施普林格出版社目前在中国已有编辑几十人，且学科分类齐全，作者资源强大。[②] 因此，中国出版人不仅要有坚定的信心，还要有强烈的使命感和责任感，更要有走出去的恒心和毅力，脚踏实地地走下去，将中国的学术出版推向世界。这正是该社取得成功的经验之一。

其三，研究世界出版行情至关重要。诚如社会科学文献出版社谢寿光社长所说，就目前情况看，与国际知名的出版机构合作，借船出海，使图书以最快和最有影响力的方式进入国际主流图书渠

① 转引自周蔚华、钟悠天：《中国出版走出去要有六个转向》，载《中国出版》，2014（7）。

② 高靖：《中国出版“走出去”的学术之路》，载《出版广角》，2014（17）。

道，是目前中国图书走出去的最好方式。因为西方发达国家在学术及出版方面占领着话语的主导权，在发达国家，特别是学术的主流国家设立分社直接出版图书基本上无效。不与著名的学术出版公司进行合作，所有的产品出来都得不到承认，进不了主流的传播渠道，更进不了大学的课堂和图书馆。所以，版权输出或者合作出版，是目前中国图书走出去的最好方式。①

但是，世界上的出版社不计其数，如英国有3000多家，法国有6000多家，德国有15000多家，美国有6万多家，日本有4000多家，韩国有近3万家。② 所以，一定要依据出版社本身的选题特点，找到出版方向一致的合作者，这并不容易，但是至关重要。比如民族出版社的少数民族语言丛书选择与博睿合作，主要是非常看好博睿悠久的历史、广阔的国际学术视野，优秀的翻译、出版、销售能力，当然，还有更为重要的，是其对中国出版的关注，对小众文化的重视。

其四，深挖细耕，整合选题，是实现走出去的重要路径。任何一种文化要想走出去，从传播效果的角度看，最理想的方式当然是请当地人写作，然后在当地出版发行。但是，这样的方式不仅需要漫长的周期，中间出现问题半途而废的风险比较大，比如优秀的作者一般都比较有个性，不是很容易沟通，而且费用相当昂贵，因为多数人一辈子的优秀作品数量都是有限的。从少数民族语言丛书走出去等情况看，深挖细耕，整合选题，是实现走出去的重要路径。

---

① 谢寿光等：《国际出版二十年——社科文献学术出版的国际化历程》，http：//fangtan. china. com. cn/2017-09/20/content_ 41618114. htm，2018年3月2日查阅。

② 张宏：《中国出版走出去的话语权和传播力构建》，26~30页，苏州，苏州大学出版社，2015。

学术著作尤其如此，只要是专业的、学术水平高的，即使是压箱底的也没有关系，但是需要重新整合。英文版的《中国少数民族语言指南丛书》就是中文版《中国少数民族语言简志丛书》（6卷）与《中国新发现语言研究丛书》（共60种，目前已经出版48种）的整合版。其中，《中国少数民族语言简志丛书》是根据中国社会科学院民族研究所、中央民族大学、各有关省和自治区的民族事务委员会、民族语文机构等单位的同志自20世纪50年代开始搜集的材料写成，80年代初出版，2009年修订的。①《中国新发现语言研究丛书》第一本的出版时间距今也已20多年了。但是，仍然得到了博睿出版社的青睐，其中最重要的原因，是两套丛书涵括了对目前发现的几乎所有少数民族语言的调查研究，是国内一流的少数民族语言专家多年研究成果的集大成式的作品。可见，只要仔细挖掘之前出版的图书，依据国外出版社的出版习惯与倾向，进行重新整合，就不愁找不到“婆家”。

当然，我们也深知，中国文化走出去的道路是漫长的，文化走出去战略不仅需要面对好莱坞式的文化产品市场的巨大挑战，更需要面对文化产品市场背后国际文化战略竞争的制度性挑战，这是更为艰难的。目前，“借船出海”式的走出去，有自己的缺陷，比如主动权还是掌握在国外出版社手中，本国出版单位受益有限。但是，我们相信，以“天下情怀”与“和谐理念”为内核和神韵的中国文化，应该走出去，可以走出去。中国少数民族文化是中国文化一部分，自不例外，“造船出海”并非遥不可及。

① 《中国少数民族语言简志丛书》出版说明，见《中国少数民族语言简志丛书》（修订本），北京，民族出版社，2009。

(二)《当代中国宗教研究精选丛书》出版的启示①

2017 年，民族出版社与博睿学术出版社历时 10 年合作完成的《当代中国宗教研究精选丛书》（英文版）终于面世了，从英文顾问写的各卷前言以及出版后收到的书评看，获得了各国学者及相关人员的好评，经济收益方面在学术著作中也属上乘。这套书的意义还在于，这是中国学者群体的集体亮相。换句话说，之前也有一些中国学者的学术作品在西方获得好评，但是这样百余位中国（大陆）宗教学专家集体一起亮相国际学术界与大家进行交流的情况并不多见，其影响是单本著作、单个作者所不能及的。

而且，双方对合作都表示满意，从而为近期签署合作出版英文版《中国少数民族语言指南丛书》（汉文版近 3000 万字）合同奠定了良好的合作基础。

回首十多年推动学术出版走出去的历程，感想颇多，主要有以下几点：

（1）“卖”——学术出版走出去的长久之计。卖，看起来很俗，但它的底色是平等，是自由，是心甘情愿，文化以这样的方式走出去，才是真正的走进去，是润物细无声，而不是耳提面命，生硬灌输。目前，我国政府出台了一系列政策，鼓励、支持中国图书走出去，这是针对目前国际、国内出版情况作出的英明决定，但是，从长远看，我们需要在学术理想与商业利润间寻求平衡，也就是增强出版单位自身的造血能力。唯此，我们的文化才能真正走出去，也才能持久，而不是像郑和下西洋一样，虽然一时轰轰烈烈，

① 此部分的主体发表于《国际出版周报》（2018 年 6 月 18 日），标题：《学术著作如何“卖”出去》。

但很难长久坚持。当然，我们清楚的是，学术作品的利润是薄的，但是长久的。

（2）“精”——学术出版走出去的核心。这有两层含义：原作品精，翻译精。《当代中国宗教研究精选丛书》，从书名就可以看出，这是专家学者精心选择，结集而成的作品。具体讲，是主编精心选择当代中国宗教研究领域的专家，之后各位专家精心选择自己的代表作，最后主编精心选编的作品，可谓是“大家”主编的大家的书，在中国宗教研究方面很有代表性。翻译精，是指在翻译者的选择方面要求比较高，英语好是基础，关键是要懂专业，也就是要懂中国宗教。在翻译的过程中，认真选择每一个英文单词、翻译每一句话。比如，有的作者在写作过程中引用了英文资料，就一定要找到这句话对应的英文原文，如果国内没有相关的英文文献，就千方百计托付国外的同行或者在国外学习的同事帮忙。翻译完成后，请国外的专家也就是每一本书的英文顾问，从专业的角度进行审定。之后，请专业的校对人员从语法、遣词造句的角度进行校正。最后，交给出版社的编辑，进入出版流程。经过这样打造的产品，就一定能“卖出去”，即使是宗教这样“偏远”的话题也一样。

（3）“准”——学术出版走出去的关键。准，也有两层含义。其一，精准把握读者的阅读习惯，精心打造。《当代中国宗教研究精选丛书》抓住的是西方学者对中国宗教感兴趣但是又不了解，对综述类的作品非常有兴趣的特点，按专题分卷，每一卷包括学术史的回顾、典型文章、相关文献索引等。其中，特别注意的是英文读者与中文读者的两点不同：一是中文读者一般对论文集不太感兴趣，所以国内出版社一般不愿意出版论文集，即使出版也比学术专著价格上昂贵很多；二是中文读者一般认为综述类（review）文章的学术含量低，不是很重视。但是英文读者比较重视这两方面的作品，这从相当大部分的英文期刊都以 review 命名也可以看出。其二，准确选择合作对象。国外的出版社数量众多，仅美国就有 6 万多家，所以在选择合作者的时候，首先是从大类出发，比如学术类作品，一是大学类出版社，但是除牛津、剑桥等少数大学外，其他出版社基本没有对外合作的意向。二是具有商业性质的学术出版社，比如博睿、泰勒-弗朗西斯等，它们追求的是学术理想与商业利润的平衡，博睿甚至将这一理念印在员工的领带上。而且，受莱顿大学强大的汉学研究能力影响，博睿有悠久的汉学出版传统，在中国政府各项鼓励政策的吸引下，2005 年启动了当代中国出版计划。更为关键的是，博睿对小众文化非常关心，甚至为此投入巨资研发了自己特有的字体，因此可以使用世界上任何一种语言出版作品。为弥补一些小众学术类图书销量的有限，他们的图书定价比较高，但因为销售对象主要是世界著名大学的图书馆以及研究机构，资金雄厚，对于价格并不敏感，且图书馆的读者对象是一个群体，摊薄了每个人的使用费用。况且，当购买者为个人时，图书的价格可以相应调整。

(4)“变”——学术出版走出去的必然。虽然在打造时已经考虑了西方读者的阅读兴趣、习惯等，但这是大方向上的，在图书的翻译过程中，必要的变通是必须的。精选丛书是这样，比如出版英文版时在原来精选的基础上对文章进行再次选择，翻译过程中还增加了注释等。当然，其他学术图书的出版也不例外，比如冯友兰先生的《中国哲学史》英文版的翻译出版，这主要是考虑国内外读者的知识背景不同。

(5)“恒”——学术出版走出去的必须。《当代中国宗教研究精选丛书》中文版8卷，英文版6卷，从签订翻译出版合同到全部出版完成前后历经10年，期间经历了众多的曲曲折折，但是终成正果。不过，试想博睿学术出版社历时50年打造伊斯兰教百科全书，科隆大教堂经600多年才最终建成，这可谓小巫见大巫了。

总之，虽然在很长一段时间内，中国的学术出版走出去都需要面对国际学术机制、体制的不平衡等种种条件的制约，但是，也存在中国文化越来越被平视、相关的某些研究不仅已经进入主流学科，而且业已成为某些学科内部的分支等有利因素。这些都为中国文化“卖”出去提供了市场空间与人才保障。

六、其他出版社的努力

除上述出版社外，还有很多出版社在学术出版走出去的过程中做了很多工作。

（一）北京大学出版社

北京大学出版社走出去的原则是，以人文社会科学学术著作为输出的重点，注重强化出版社在国际市场的品牌建设。[①] 他们根据本社图书的定位，在专业对口的领域与海外出版社实现强强合作，成功向剑桥大学出版社输出了《中华文明史》《解读中国经济》，向博睿出版社输出了《中国当代文学史》《传统与现代》等一批优秀的人文社科类著作。2009—2013年，该社共输出版权447种，占新书总量的6%，其中88种为学术著作。在2016年“中国图书对

① 《提升文化软实力　增强中华文化国际竞争力——中国学术出版走出去高端论坛（上海）专家发言要点摘编》，载《中国新闻出版报》，2013年8月21日。

外推广计划”单体出版社排名中位列第二。①

（二）生活·读书·新知三联书店

生活·读书·新知三联书店（以下简称三联书店）注重学术规范，赢得了国际著名出版社的青睐。学术出版规范涵盖编辑出版的各个环节，从细节到整体、从内容到形式，既包括编辑案头处理的技术规范，也包括选题的论证规范。在今天学术图书出版总量大幅增加、学术出版门槛降低的情况下，学术出版物要实现走出去，必须要重视学术选题的筛选和论证规范，以及学术出版物的质量标准。目前国际上的原创学术著作基本都要求匿名评审，但我国的学术出版不一定能做到，而生活·读书·新知三联书店一直坚持这个评审制度，也正是这个制度使其出版的《天朝的崩溃》一书入选剑桥大学出版社的“剑桥中国文库”。剑桥大学出版社很赞赏该书在中国出版时就进行了匿名评审，从而才表现出对其英文版的兴趣。从这个例子可以看出，我们的学术出版规范需要对接国际出版规范，包括编辑处理的技术规范、引文和索引的标准等。未与国际规范对接的学术出版走出去，既不能提高学术出版物的内容质量，也无法真正融入国际学术话语体系，进而对国际社会产生实质性的影响。三联书店在以高端学术作品，也就是中国人文社科领域顶尖学者的专业类研究著作树立品牌的基础上，以普及类学术作品求市场，坚持“品牌”与“市场”两条腿走路，同时响应国家的“一

① 李恒平：《大学出版“走出去”的影响及发展启示》，载《出版广角》，2018（4）。

带一路”倡议，以学术性的“主题出版”服务国家构想。[①]

（三）浙江大学出版社[②]

浙江大学出版社的科技产品在海外的影响力较大，他们早在2005年就和施普林格出版集团建立战略合作，共同出资150万元建立国内出版界第一个跨国科技出版基金，即浙江大学—施普林格科技出版基金，把中国科学家原创成果推向世界学术舞台，双方合作的《中国科技进展》丛书，均由中国一流的科学家用英文写作，及时反映我国各研究领域最新进展，开创了国内英文原创出版走出去的模式。丛书被美国国会图书馆和欧美各大图书馆收藏，在海内外产生了很好的影响。之后又推出了《中国能源和资源的清洁转化与高效利用》《中国智能科学与技术研究前沿》《中国环境科学与技术研究》《中国企业科技创新管理研究》《未来建筑竞赛》等多个大型英文原创系列图书项目。

在科技医药方面，该社立足母体大学和国内科研院所优秀的学术资源和学术成果，主要与施普林格、爱思唯尔合作，以图书和数字形式出版英文原创科技专著。在人文社科方面，该社与新加坡世界科技出版社合作出版了《中国企业创新管理研究丛书》，与施普林格-自然出版集团下属品牌帕尔格雷夫·麦克米伦公司合作出版

① 孙玮：《传播中国声音：谈学术与主题出版的“走出去”路径》，载《出版广角》，2016（1）。

② 本部分主要参考谢千帆：《浙江大学出版社秉承高校优势，“走出去”工作攻坚求发展》，载《出版广角》，2014（8）；李恒平：《大学出版“走出去”的影响及发展启示》，载《出版广角》，2018（4）；原业伟：《浙大社：构建平台推动学术出版“走出去”》，载《出版商务周报》，2017年11月16日；《浙大社“走出去”：发挥学术优势，突出原创特色》，载《出版参考》，2013（3）。

了《中国经济转型与创新发展丛书》英文版。尤其是在构建“浙江大学‘一带一路’国际出版示范平台”，向“一带一路”沿线国家输出“一带一路”主题小语种图书方面成绩显著。另外，还以版权输出的方式将《通往市场之路》输出至 Taylor& Francis，将《汉代的谣言》《中国的早期近代经济：1820 年华亭-娄县地区 GDP 研究》输出至剑桥大学出版社。高端艺术方面，则是发展海外馆配网络进行实物出口，将国家级项目《中国历代绘画大系》的实物图书输送至日本、欧美。

另外，该社还努力进行数字出版探索，已形成以数字阅读服务、数字教育服务、数字学术服务、数字营销服务四大业务驱动的数字出版发展格局。2013 年，该社被国家新闻出版广电总局认定为“国家数字化转型示范单位”。

该社学术出版走出去屡获殊荣，离不开选题策划、翻译、营销、人才建设等方面的大力投入。如在人才培养方面，除邀请国内外知名专家进行理论及实务方面多维度的培训，聘请领域内专家担任顾问、导师进行“传帮带”，参加国际书展以外，还积极鼓励业务人员走出国门，向海外机构学习。同时，从牛津大学出版社等出版机构全职引进有多年出版经验的资深编辑，并以多种方式聘请兼职编辑，专门负责英文图书和期刊的语言润色等工作。

（四）清华大学出版社

清华大学出版社的海外合作始于 20 世纪 90 年代，是国内率先开展对外版权贸易的出版机构之一。作为世界科技学术出版“三巨头”爱思唯尔、施普林格和约翰威立的中国战略合作伙伴，该社推出了多位清华大学教授的英文版著作。如《吴良镛论人居环境科学》《电磁无损检测新技术》《摩擦学原理》等。该社输出的主要是国际科技热点类图书，如“深空测控”“电力系统”“新型材料”等相关系列图书，输出质量很高。除了科技学术著作，该社也以多语种输出了多部人文社科和艺术著作。截至 2017 年上半年，该社已有 500 余项 10 多个文种的图书版权输出欧、美等世界各地，另有 200 余项图书的中文繁体字版在中国港澳台地区出版发行。在国际期刊出版方面，该社的 9 种英文期刊中已有 6 种被 SCI（《科学引文索引》，Science Citation Index）收录。①

（五）广西师范大学出版社

广西师范大学出版社长期坚持跨地域发展的战略，不断地推动图书产品和版权、企业和资本、出版服务等多层次的走出去，成为具有成熟的完整产业链的跨国出版集团，赢得了海内外思想文化界的信任与肯定。在版权输出方面，该社主要以学术人文图书为主，向 20 余个国家和地区输出产品，近年更发挥地缘优势，向东盟国家输出了以《东方智慧丛书》（多语种版本）为代表的多种图书。“资本走出去”方面，在 2014 年 7 月成功收购澳大利亚 Images 之后，又于 2016 年 8 月成功收购英国 ACC 出版集团；并以“双本土化+一体化”为运营模式，即保留海外公司骨干队伍的同时，在国内培育专业的团队与之对接，形成协同发展的“一体化”团队；同时逐步实现全球品牌、内容、渠道、人力与资金资源的“一体化”集约调配，成功实现了“全球组稿，中英共版，国际发行”全球出

① 赵冰：《清华社：打造“百年老店”，将学术品牌推向全球》，载《出版商务周报》，2017 年 8 月 16 日。

版传播新模式。①

（六）复旦大学出版社

早在2000年，复旦大学出版社引进版权22种，输出版权就达43种，实现了版权贸易的“顺差”；2002年，该社对外输出50种图书的版权，在上海所有42家出版社中荣登榜首。而这50种图书中，绝大多数是有着较高学术含量的原创精品。2014年，该社与博睿学术出版社正式签署合作出版协议，双方决定自2015年起，共同推出由复旦大学当代中国社会生活资料中心主任张乐天教授主编的《当代中国社会生活资料长编》。

另外，值得一提的是，中国新闻出版研究院原院长郝振省和相关团队，仿效国外学术出版的成功商业机制，尝试建立中国学术出版“按需出版、以销定产”的商业模式。近年来，他们在理论研究的基础上，探索建立了一个国际按需出版数字传播平台“众书网”（www. zbook. com）。他说：“我们的基本思路是建立一个国际化按需出版数字传播平台，充分结合国际技术和主流营销网络，将中国的出版物输送到国际主流发行体系进行推广，获得的订单直接在当地印刷和配送，通过这种方式形成出版、发行，营销和结算。它既不属于传统意义上的版权输出，也不属于版权交易，也不是传统的出口。”②

当然，还有很多其他的出版社在学术出版走出去的路上不断努

① 欣闻：《广西师范大学出版社集团：不忘初心，做文化“走出去”的躬行者》，载《中国出版传媒商报》，2017年11月10日。

② 陈怡：《书展论坛把脉中国学术出版“走出去”——从“制造”到“创造”需过学术传播关》，载《上海科技报》，2014年8月15日。

力，这里不再一一介绍。不过，从总体上看，大学出版社，尤其是名校的大学出版社在学术出版走出去过程中有着得天独厚的优势。

中国学术出版走出去可分为两个层次，即中国学术图书走出去和中国学术出版业走出去。目前的走出去实践仍然停留在学术图书走出去的层面，即将我国优秀的学术著作以版权输出和合作出版的形式推向国际市场，而出版社的经营活动还是立足于国内的资源和市场，缺乏获取全球优秀学术内容资源的能力和开拓海外市场的动力。

反观国际知名的学术出版社，如爱思唯尔出版集团、培生出版集团等，早就纷纷进入中国市场，设立分公司或代表处，在华的业务活动也从早期的销售和版权逐渐延伸到编辑组稿，这说明国际学术出版社已经对中国的市场资源和内容资源进行了全面开拓。虽然中国学术出版社通过与这些出版社的合作，成功地将很多优秀的中国学术成果推向世界，但是很难通过独立、分散的图书有效树立中国出版社的国际品牌影响力和号召力。因此，目前中国出版走出去基本上还是家门口的国际合作，在全球发展策略、内容资源获取和国际市场开拓等方面的竞争力亟待提高。

第二节　学术出版“走出去”的特点

近十年来，中国学术图书以版权输出、合作出版为主要形式，在走出去的数量和质量上都有明显提升，在一定程度上增强了中国的学术话语权和国际影响力。出版社在走出去的探索和实践中，为进一步参与国际竞争积累了有益的经验。这些成果和经验为中国学术出版走出去奠定了重要的基础。但是，也存在总体规模小、特色不明显、动力不是很足等缺憾。

一、学术出版“走出去”的优势

（一）政府支持

如前所述，中国政府高度重视出版走出去，不仅出台了一系列支持、奖励中国出版包括学术出版走出去的政策、措施，还在翻译经费、图书推广、渠道建设等方面给予资金支持，这对学术出版走出去是一种极大的鼓舞与激励，在走出去的初期阶段尤其如此。特别是专门资助学术出版走出去的中华学术外译项目，对于资助的图书基本是每字资助一元，是目前资助力度最大的走出去项目。

另外，国家对学术研究等的大力支持也是对学术出版走出去的间接支持。如中宣部每年拨款 14 亿元，新闻出版广电总局每年 5 亿元，中国经典出版工程每年可获得 8000 万元资助，国家自然科学基金更是有着数百亿元的投入。所有这些都为学术出版打下了坚实基础。①

（二）学者重视

虽然目前中国绝大多数的学术文章都是在国外发表的，尤其是在施普林格·自然（Springer Nature）、爱思唯尔和威立（Wiley）三大国际出版集团旗下的期刊发表。因为它们拥有世界上 80%—90%的科学刊物，绝大部分有名的科学刊物都被它们瓜分，因此有

① 陈怡：《书展论坛把脉中国学术出版“走出去”——从“制造”到“创造”需过学术传播关》，载《上海科技报》，2014 年 8 月 15 日。

学术出版“三寡头”之称。但是，近年来，针对爱思唯尔的抵制活动一波接着一波。一方面是由于其奇妙的收费机制——科学界自己申请来研究资助，研究成果想在这些杂志上发表，需要出版面费等，而且，作者看自己的文章还要出钱订阅杂志。另一方面，是因为爱思唯尔连续几次单方面提价。因此，世界上很多学者加入了抵制爱思唯尔的队伍。科学出版巨头开具的高昂费用和奇特的收费机制已经成为学界人士群起指责、抗议的对象。中国学者也不例外。只要中国的出版人坚持努力，相信在不久的将来，会有越来越多的中国学者愿意将自己的作品在国内出版。这将为学术出版走出去打下良好的基础。

（三）出版人努力

如前所述，中国几乎所有的知名学术出版单位，尤其是一些著名大学出版社，都非常注重与国际出版单位的交流与合作，不仅设置了专门的合作部门、完善内部机制与流程，给走出去工作一路绿灯，有的出版社的一把手甚至亲自出马组约稿，推动出版走出去工作的实施。有些有特色的出版社也进行了持续的探索，比如民族出版社，并取得了初步的成功。一些中小出版社，也在积累资源，探索走出去的途径。因为，在这个全球化的时代，即使仅从出版社本身的角度考虑，与国际出版业的交流也是必要与重要的。

（四）起点高

合作伙伴集中在全球领先的学术和科技出版商，是中国学术出版社在走出去实践中的一个共同特点，这使中国学术图书的海外传播获得了一个较高的起点，在海外获得良好反响，社会效益、经济效益喜获双丰收。如大家耳熟能详的剑桥大学出版社、牛津大学出版社、施普林格、爱思唯尔、德古意特等，均是世界一流的学术出版单位。

（五）增长速度快

中国学术出版走出去的规模虽然目前不是很大，但是增长速度非常之快。如“经典中国国际出版工程”项目自 2009 年第一期项目评审和实施，至 2017 年共资助了国内外出版机构出版的 1323 个项目，其中近五年（2013—2017 年）资助了 980 个项目，1989 个图书品种。其中，半数以上为学术类图书。[①] 如中华学术外译项目 2014 年第一批资助了 41 项，2015 年资助了 56 项，2016 年资助了 132 项，2017 年资助了 165 项。相信这一势头会保持下去，不断推动中国学术的国际输出与交流。

（六）潜在资源丰富

中国有着世界上唯一没有中断的几千年的文明史，历史文化资源非常丰富，其中很多资源蕴含着丰富的哲思，如果善加挖掘，一定会对现代人的生活大有启发。此外，中国丰富的民间文化也颇具走出去的潜力，如从蒲松龄的《聊斋志异》在西方的广泛流传，我们可以想见，中国丰富的民间故事如果精心挖掘、打造，其流传范围有可能不亚于安徒生童话。又如虽然现代化的浪潮席卷全球，但是在中国很多边远地区仍然存在没有受到现代文明冲击的原生文化，这对于很多人是有吸引力的。当然，这些挖掘工作需要理论指

① 《“经典中国国际出版工程”情况综述（2013—2017 年）》，http：//www. sohu. com/a/191724403_ 488898。

导，决不能随意开展，否则无异于破坏。随着中国学术水平的不断提高，相信这一工作会不断取得进展与突破。

另外，近年来，中国的科研实力迅速上升。从学术论文的数量来看，从2004年开始，中国的学术论文发表量基本占世界学术论文的15%左右，仅次于美国的20%左右；从质量上看，2013年中国C9联盟发表的论文被引用的频次和科研影响力已经超过了日本的RU11。[①] 爱思唯尔出版集团大中华区总裁林庆国在第四届中国学术出版走出去高端论坛发言中援引的一组数据也很有说服力：5年中，在该集团scholarly平台上所发表的中国科研人员写的文章被130个国家下载了4.2亿多次，被来自220个国家的学者引用了700多万次。[②] 这是学术出版走出去的坚实基础。

二、学术出版“走出去”的不足

虽然中国学术出版走出去取得了长足的发展，也具有自身独特的优点，但是，从总体看，中国学术出版走出去还处于起步阶段，还有很多不足之处。

（一）促进国际化发展的专项资金不足

据国家新闻出版广电总局公布的新闻出版产业分析报告，近年来，我国图书出版总量均超过40万种，约占全世界当年出版的200余万种图书的五分之一，总量已居世界第一位，超过了美、英、俄

① 《提升学术出版“走出去”水平　增强中华学术国际影响力——第二届中国学术出版“走出去”高端论坛专家发言要点摘编》，载《中国新闻出版报》，2014年8月25日。

② 李君娜：《中国出版“走出去”正跨入2.0时代》，载《解放日报》，2017年8月17日。

三国当年的图书出版品种的总和。其中约 4 万种为学术图书，学术图书中的近 2 万种被国外科研机构的图书馆收藏。但是，从专门资助学术图书翻译出版的“中华学术外译”，以及学术图书出版的翻译资助占很大比重的经典中国国际出版工程资助学术图书的总体数量来看，一共也没有超过 1000 项，这在学术类图书中所占的比重还非常小，甚至可以忽略。

诚如中国出版协会常务副理事长邬书林指出的，学术出版是一项以很小的社会投入获取极大回报的基础性工作。发达国家的研发投入大体上占 GDP 的 3%以上，如果研发投入中用于文献出版、传播方面的投入占到 1%～2%，该国的经济社会发展就会比较有效。不过，我国现在无论是研发投入还是研发投入中用于文献支撑的经费都远远低于发达国家，专业出版、传播投入则仅占研发投入的百分之零点几。这主要是因为我们往往把出版看作简单的文化事业。事实上，二战之后，美国等国家就把知识、文化作为国家的重要资源进行生产，强调知识生产是和石油、煤炭一样重要的资源。这是西方许多大公司在战后规模不断扩大、具有世界范围内的重要影响，并且获得很好的经济回报的一个重要原因。①

出版社的国际化发展需要巨大的资金投入，目前只有为数不多的实力雄厚的或者国际市场目标比较专业的出版社设立了专项资金来促进国际化的发展，前者如商务印书馆，后者如北京语言大学出版社、外语教学与研究出版社为对外汉语教材研发设立启动经费。对于绝大部分出版社来说，囿于经济实力、人才基础的薄弱等，设立促进国际化发展专项资金的难度比较大。

① 陈怡：《中国学术出版“走出去”空间巨大——语种结构不够宽广、载体过于单一、盈利能力不强仍是软肋》，载《上海科技报》，2015 年 8 月 21 日。

（二）“走出去”的动力不足

由于学术著作内容的高端性、形式的复杂性和读者群体的相对固定性，学术出版走出去是一项高投入、高风险、见效慢的工作，再加上文化背景、价值取向等方面的差异，走出去的产品绝不是简单的翻译工作能够完成的，还需要进行表达方式和形式上的修改等，所以出版机构往往热衷于难度相对小、利润空间大、经济回报迅速的海外图书版权引进工作，没有充分发掘、利用各类学术机构的资源，主动策划不足，组织乏力，守株待兔的多。[①] 况且，一部分出版机构的负责人缺乏国际视野，对利用国内外“两种”资源缺乏前瞻性认识和研究，对出版走出去的途径、渠道、方式心中无数，不愿意或不敢走出去。一些大型出版集团和有实力的出版社对图书版权输出工作则多依赖国家重大工程资助，往往是被动地“完成任务”或是盲目地“追求先进”，很少有计划、有步骤地开拓海外阅读市场。

（三）“走出去”的总体规模小

尽管我国的学术出版总体规模不小，但真正具有世界水平的创新意义的学术出版成果却非常有限。加之如前所述，由于职称评审、出版制度等的制约，中国学者绝大部分优秀的科研成果在国外发表。某种意义上，这成为进一步扩大我国学术出版走出去规模的关键制约因素。

---

① 《提升学术出版“走出去”水平　增强中华学术国际影响力——第二届中国学术出版“走出去”高端论坛专家发言要点摘编》，载《中国新闻出版报》，2014 年 8 月 25 日。

与此相应，除少数有着良好出版基础的出版社外，我国大多数出版单位很大程度上出于维持生存的考虑，对学术图书的出版标准放得较宽，缺乏严格的学术出版评审制度，其中绝大多数图书的内容结构、写作方式与国际通行的学术写作标准相差较远。另外，很多出版单位对学术出版的技术规范执行得不够完善，在引文、注释、参考文献和索引等要件上处理得较为随意，与国际学术出版标准不能接轨。这些都影响了我国学术出版物的严谨性和权威性，也直接影响到国际社会对我国学术图书的认可与接受。①

从世界图书市场所占的份额来看，我国出版外贸的总额，还抵不上欧美国家大出版传媒集团一家的销售收入。② 因此，各国以出版产业为主要内容的文化产业市场份额显示：美国约占43%，欧共体占34%，日本占10%，而剩下约10%的份额中，包括了我国、俄国、巴西等国家。③ 所以，我国的学术出版及其走出去工作，还有很大的增长空间，也有很长的路要走。

（四）没有系列产品

如果详细分析中华学术外译、经典中国国际出版工程资助的学术图书的内容，发现涉及的门类非常广泛，政治、经济、文化、历史、艺术可谓无所不包，语种也包括英语、日语、德语、法语等多个门类，资助的出版单位也是数量众多，遍布全国，这对于总数不足1000项的资助数量来看，实在无法形成系列产品，更无法形成

① 谢娜：《浅谈全球化背景下的中国学术出版“走出去”》，载《出版广角》，2014（10）。

② 李景端：《“走出去”不差钱，差的是内容与翻译》，载《中国版权》，2012（5）。

③ 中国主题图书在主要发达国家出版情况的调研课题组：《中国主题图书在主要发达国家出版情况综述》，载《出版广角》，2007（9）。

系统的产品链。即使商务印书馆正在推动的总体规模达200种的《中华现代学术名著丛书》，严格说也不是系列产品，因为涉及的学科非常广泛，20世纪初期的作品占了绝大部分。

而单册图书在走出去的过程中，从谈判到完成出口经历的一系列环节与系列产品是一样的，都需要消耗很大的精力和投入很高的推广成本，但因为是单册图书，客户提供的报价和最终谈成的合同金额都不高，利润核算时，除去成本和其他消耗后所获得的收益往往非常有限。另一方面，单册图书依靠“单打独斗”也很难在海外图书市场中形成影响力、形成图书品牌。因此，无论是寻求更大的利润空间，打造图书品牌影响力，还是提高出版效率，都有必要尝试大部头的套书走出去。①

（五）“走出去”的产品特色不明显

各出版社输出的图书比较杂，基本处于有什么“卖”什么的状态，基本处于自发状态，不是有计划地系统推出，输出的图书不能鲜明地反映出版社本身的特点。这可能与国内学术出版的特点相关，基本是“来料加工式”的，也就是学者写作什么就拿来出版什么，很大程度上依靠出版补贴运营，出版社基本没有自己的系统规划与出版特色。也因此，真正反映当代中国科技文化研究成果的项目还不够多。②

① 杜丙旭：《〈中国当代建筑大系〉叩响海外图书市场》，载《出版参考》，2016(3)。

② 姜小玲：《学术出版“走出去”大有可为：越来越多国际书商看上中国学术富矿》，载《解放日报》，2015年8月20日。

（六）翻译水平参差不齐

翻译在图书版权输出的效果中起着非常关键的作用。从某种意义上说，作者和译者应是心有灵犀的，翻译的内容既要体现作者的所思所想，又要在表达上符合国外读者的阅读习惯，便于国外读者理解和接受。因此，很多优秀作品的翻译，都是译者和作者共同完成的，比如冯友兰先生《中国哲学史》英文版自 1953 年由普林斯顿大学出版社出版后，一直到 21 世纪，在西方各大学中，讲中国哲学史的，都还以这部书为依据，其中作者与译者都功不可没。书的译者是荷兰裔美国汉学家布德（Derk Bodde）。布德于 1930 年哈佛大学本科毕业后继续留校攻读汉学方向的研究生，1931 年获得哈佛燕京学社的资助到北京进修中国哲学史，一到北京就去拜访冯友兰，在清华旁听他的相关课程，并向冯先生建议说，打算用英文翻译《中国哲学史》。他翻译完一章，就把稿子给冯先生看一章。到 1935 年左右，上册译完了。1937 年，由法国书店（北京）出版。抗日战争爆发后，冯友兰随清华向内地迁移，布德则返回美国，下册的翻译工作只得高高挂起。抗战胜利后，冯先生在昆明接到布德的来信，说他现在美国宾夕法尼亚大学，已经向洛克菲勒基金申请到一笔钱，请冯先生于 1946 年去宾夕法尼亚大学做客座教授，讲中国哲学史，主要是同他合作，继续翻译《中国哲学史》的下册。于是，同年 9 月，冯先生到宾夕法尼亚大学，翻译工作继续。到 1947 年暑假，布德的翻译工作没有完成，但是冯先生的任期已满，不得不离开，翻译工作又一次中断。好在 1948 年秋布德获得了富布莱特奖学金，作为访问学者再次来到北京，下册的翻译工作再次得以继续。当时中国正处于大变局时代，布德住在北京，经过平津战役，在围城之中，仍然继续他的翻译工作，到朝鲜战争爆发的时候，终于翻译完毕。1953 年，普林斯顿大学出版社完成了两册书的出版工作。可见，翻译一部优秀的作品需要作者和译者共同努力，还需要恒心和毅力。一名成熟的翻译人员不但需要掌握相关词汇和语法，还应了解相应的专业知识，这并不容易。

（七）出版单位专门版权部门建设不够

目前，主要是少数较大的学术出版社建立了专门的版权部门（如商务印书馆、人民大学出版社、北京大学出版社等），这对于开展版权贸易和合作出版有很大影响。因为依据国际惯例，如果一家出版社没有专门的版权部或者指定的版权代理人，根本不会有其他的出版机构或作者与之合作。

（八）“走出去”的渠道单一

目前，大部分出版机构的走出去工作依赖国际书展，多采用赶集游击模式，没有形成常态化。法兰克福书展、伦敦书展、北京国际图书博览会，是我国图书版权输出的主战场。2013 年在法兰克福书展上，中国展团共输出版权 2628 种，占当年总输出量（7305 种）的 36%。反观版权贸易发达的国家，它们拥有我国出版业很少采用的五种流通渠道模式，包括图书代理商渠道、图书俱乐部渠道、图书馆供应商渠道、图书推销商渠道、书业外的其他经销商渠道。[①] 又如美国出版商协会和美国书商协会是主要的全国性行业组织，前者的会员主要是大中型商业出版社，后者的会员主要是书

---

① 罗紫初：《比较出版学》，155～156 页，武汉，武汉大学出版社，2006。

店。这些行业协会负责组织旗下会员单位的图书推广活动、职业培训、各类图书评奖。我国的出版机构其实可以和它们多多沟通交流，应该收获甚丰。我国出版机构图书版权输出渠道和输出平台的单一性，导致了版权输出的数量和规模都无法实现飞跃式发展。

（九）“走出去”的地域发展不平衡

目前，北京、上海及东南沿海经济发达地区的出版业及图书版权贸易发展远远快于内陆。在图书版权输出方面，北京几乎占据全国输出总量的半壁江山，而北京和上海两市的输出总和基本占全国输出总量的 80%。出版业发展在地域上的极度不平衡导致了我国的图书版权输出工作无法形成产业化和规模化，而我国内陆丰富的人文、自然资源也得不到充分的开发利用。①

从国外情况看，向欧美发达国家和地区走出去的英语、德语、法语、葡萄牙语项目还不够多，走出去的语种结构、地域结构还不够宽广。②

（十）国际化的交流活动利用不善

众多的国际性学术会议以及国际书展等，为我们与海内外学者以及出版同行提供了广阔的交流机会与平台。通过参加国际会议、书展等，我们不仅可以与国际学者、海外同行进行信息交流，把握世界出版脉搏，更为重要的是，面对面的交流可以增进双方的认同与信任，从而积累作者资源与合作出版意向，这是科技如何发达都

① 董亚男：《文化走出去战略下我国图书版权输出研究》，济南，山东大学，2010。

② 姜小玲：《学术出版“走出去”大有可为：越来越多国际书商看上中国学术富矿》，载《解放日报》，2015 年 8 月 20 日。

无法替代的。目前，国际性学术会议还没有引起我国出版界的充分重视，编辑们参加的会议种类、次数都非常有限，参加书展则往往被视为一种福利，成了“考察之旅”。不过，我国主办的北京国际图书博览会（BIBF）渐渐成为国际书展的一个重要组成部分，为我们与国外出版社的交流与合作搭建了更为便利的平台。

（十一）营销网络不多

发行渠道建设是我国学术出版走出去的重要环节，目前，我国出版社主要是借助国外出版集团的销售渠道和网络，进入国际市场。

不过，有些实力雄厚的出版机构在海外建立分支机构，实现图书出版和发行本土化的海外推广策略，是值得学术出版社借鉴的。如2002年，外文局通过其旗下的驻美常青藤公司成功收购了一家有40多年历史的美国书刊发行公司，并将其更名为长河出版社，聘请美国当地员工进行图书的编辑、出版和发行。从实际销售效果来看，相当不错。如该社与美国图书批发商贝克泰勒、图书连锁店巴诺书店和博得书店、网上书店亚马逊等都签订了发行合同。此外，该社的图书还直销给美国的图书馆、学校，并出口到世界其他地区。

由于学术图书的销售范围与数量都无法与文学作品相比，目前可以考虑与国外大的学术出版社合作，在其内部建立中国学术图书编辑室，借助他们的力量将自己的图书推向市场。经过一段时间的经济、经验、人才积累后，再考虑建立自己的分支机构。

（十二）版权代理机构的缺位

在发达国家，版权代理是出版和版权输出中的重要环节。由于掌握了广泛的出版资源，一方面，代理人可以帮助作者找到条件最好的出版社，另一方面，代理人也可以根据出版社的需要找到最符合要求的作者。作者、版权代理人、出版社三方实现了资源的优化配置，形成了图书出版的良性运作模式。在我国，版权代理起步晚，且有明显的国有色彩。相比于出版发达国家版权代理机构所起的“桥梁”作用，我国的版权代理机构服务意识和水平都较难达到国际水准，更多地是充当着一种“二传手”的作用，并不形成常态化运作和关键化的作用。与此同时，活跃在国内的版权代理商基本是国外公司的，代表的是所在公司的利益。① 这样，本应属于我国出版走出去过程中重要一环的版权代理出现了缺位现象，缺位又直接导致了版权代理行业的混乱。以莫言为例，莫言作品的海外版权代理情况很复杂。其作品的日文、韩文由代理公司操作，意大利文、法文是翻译家充当联络人，由莫言本人与出版机构洽谈。

总之，目前我国版权代理机构掌握的出版资源和版权代理人的业务素质，还不适应目前我国版权贸易的发展需要。② 这直接影响了走出去产品的盈利能力，使我国走出去产品的盈利能力总体上不强。③

① 王珺：《“十二五”上半期新闻出版走出去成就与思考》，载《中国出版》，2014（6）。

② 张志林、孙铁军、包韫慧：《我国版权代理市场特点及发展》，载《北京印刷学院学报》，2008（3）。

③ 姜小玲：《学术出版“走出去”大有可为：越来越多国际书商看上中国学术富矿》，载《解放日报》，2015年8月20日。

第三章　西方中国学的产生与发展*

第一节　西方中国学的酝酿

一、西方对中国认识的起源

西方人对中国的认识和了解，可以追溯到公元前4世纪的古希腊时期。不过，直到2000年以后的文艺复兴时期，才逐渐有了比较明确的看法。但是，他们对中国的认识，还是直观感性的。

（一）从神话到现实

西方人对中国的认识大致可以分为两个系统。一个是“赛里斯（Seres）、赛里加（Serice）”系统，另一是“秦（Sin，Thin）、秦尼（Sinai，Thinai）”系统。前者传自陆路，时代较早，出于希

---

* 西方中国学的产生与发展是一个宏大的话题，考虑本书的主题及篇幅，这里只在前人研究成果的基础上概述其产生、发展的历程及英、法、德、美四国汉学的概貌。对其中有争议的问题采用比较公认的观点。另外，代表性人物及研究方向部分的论述重点为20世纪及之前的内容。这主要是考虑，近年来，由于中国实力的增长、交叉学科的发展等，中国研究的人员、方向都过于庞杂，全面叙述既无可能也无必要。

腊、罗马人对中国“绢缯”（Serikon，Sericum）的称法，是阿尔泰语的变音，“赛里斯”指中国人，“赛里加”指中国之地。后者时代较晚，在秦统一中国之后，传自海路，“秦”指中国的地方，“秦尼”称中国老百姓。[①] 但不管是哪种名称，其中的记载都有许多错误，有的带有很浓的神话色彩。

根据现有的资料，西方人最早有关中国的记载是公元前400年（周安王时）一个曾任波斯宫廷医生的希腊人克泰夏斯（Ctesias），他著有一部三卷本的《旅行记》（只留下一些残缺的片断）。后来的中国学家程勒（Müller）和玉尔（Yule）都曾辑录了他有关中国的记载：赛里斯人及北印度人，相传身体高大，达13骨尺（每骨尺由肘至中指之端末），寿达200岁。[②]

克泰夏斯之后，最早记载中国的是另一个希腊人斯脱拉波（Strabo，前54—24年）。他是一个地理学家，曾周游各国，被认为是第一个真实记载中国事情的西方人。稍后记载中国的有古罗马史学家佛罗鲁斯（Florus）、地理学家梅拉（Pomponius Mela）、博物学家白里内（又译普林尼，Gaius Pliny，23—79年）等。白里内的《博物志》（*Naturalis Historia*）这样记载：赛里斯国其林中产丝，驰名宇内。丝生于树叶上。取出，混之以水，理之成丝。后织成锦绣文绮，贩运至罗马。[③] 此后，这种介绍在诗人、学者和商人的笔下一直没有中断过。

可见，西方人对中国的记载有许多是以讹传讹。公元6世纪上半叶开始，这种情况有了很大突破，西方对中国的认识开始从半神

① 莫东寅：《汉学发达史》，3页，上海，上海书店，1989。
② 张星烺：《中西交通史料汇编》，第1册，26页，北京，中华书局，1977。
③ 张星烺：《中西交通史料汇编》，第1册，32页，北京，中华书局，1977。

话中脱离出来，代表性的史料是科斯麻士的《世界基督教诸国风土记》（*Christianike Topographia Periektike Pantostou Kosmou*，545年）。[①] 当然，失真和错误的地方在所难免。

7—12世纪，阿拉伯势力强大，几乎控制了东西方的交往，因此，西方人对中国的了解主要通过阿拉伯著作获得，信息的数量和质量都有限。

（二）全面了解的开始

13世纪，也就是马可·波罗时期，西方人开始全面而深入地了解中国，中西文化交流进入一个高潮。促使这一高潮到来的重要事件，一是成吉思汗的西征，二是罗马教廷发动的十字军东征。西征的结果是，中国文化的进一步西传引起大批东方商人、旅行家的到来，同时也刺激了罗马教廷派遣传教士来华的急切心情和浓厚兴趣。十字军东征是西欧封建主、大商人和罗马天主教会以维护基督教为名，对地中海东部地区发动的侵略性远征，但从文化交流的角度来看，东征冲破了中世纪西方文化在时间和空间上的禁锢局面。在这一背景下，在传教士和旅行家的推动下，西方人对中国的研究和评论再度形成热潮。

从13世纪中期起，为争取蒙古统治者信奉基督教，停止对基督教地区的进攻，基督教传教士陆续受派东来。其中比较有影响的有柏朗嘉宾（Jean de Plan Carpin，1182—1252年）、鲁布鲁克（Guillaume de Rubruck，1215—1270年）和约翰·孟高维诺（J. de Monte Corvino，1247—1328年）等人。他们除了负有宗教使命外，

① 张星烺：《中西交通史料汇编》，第1册，79页，北京，中华书局，1977。

在向西方人介绍中国方面也作出了不同程度的贡献。

14 世纪初开始，旅行家加入西方东来人员的队伍，其中最著名的是史学家笔下的四大旅行家：伊本·白图泰（Ibin-Battutah，1304—1377 年）、马可·波罗（Marco Polo）、奥德里克（Odoric de Pordenone，也译鄂多立克，1265—1331 年）、尼哥罗康悌（Nicolo Conti）。他们向西方所介绍中国的内容比传教士大大深入了一步，对后世的影响也比传教士更深远。

其中，最著名的当然是马可·波罗。马可·波罗是中西交通史上最早的海陆兼程旅行家。他的游记，在中古时代的地理学史、亚洲史、中西交通史和中意关系史等方面，都有着重要的价值。在交通不发达的中古时代，马可·波罗不畏艰难险阻，来到中国。之后到各地包括西藏等边远地区考察，并在自己的著作中以极大的篇幅，对中国当时的自然情况和社会风貌作了详尽、真切、热情的描述，是第一个较全面地将地大物博的中国介绍给欧洲的人，无愧中西交通史和中意关系史上友好使者的称号。

不过，由于马可·波罗是个商人，因此特别关注中国的物产和商业情况，尤其是珠宝、香料、丝绸这些西方人眼中的东方珍宝。而且，由于误解、记忆错误等原因，《马可·波罗游记》中也有不切实际的表述。但这种错误，毕竟掩盖不了马可·波罗和他的著作在历史上的杰出贡献和影响。也正是因为这个缘故，马可·波罗的游记自 1477 年第一个印本德文译本问世后，又陆续被翻译成世界各种文本出版。

在这次传教和旅游热潮中，意大利人起着主要作用，为欧洲人了解中国提供了资料；在整个中世纪的中西文化交流中，他们的热情以及他们所作出的贡献，都超过其他国家。

二、西方汉学（中国学）的奠基

新航路的发现，葡萄牙和西班牙成为资本主义殖民者中的明星。依据罗马教皇的命令，葡萄牙人绕过好望角进而抵达印度、马六甲，乃至中国的广东、福建、浙江的海面，最后占领澳门；西班牙人绕过麦哲伦海峡而抵达马尼拉，再由马尼拉至台湾、福建。

这是一个世界殖民主义、侵扰掠夺和文化交流交织在一起的时代，西班牙、葡萄牙的传教士也随船东来，紧随其后的，则是意大利、法国等国的传教士。这次传教活动被称为自唐朝的景教和元朝的也里可温教之后第三次大规模的传教活动，其影响远超过前两次。

当时，西方传教士的目的是传教，没有商业或政治目的，更没有直接的军事和经济后盾。可是在传教过程中，他们无意地获得了第二职业，成为中国的研究者，使得16世纪40年代至18世纪末成为西方传教士从传教活动到专职研究中国的转变时期。其研究范围涉及政治、哲学、经济、科学技术、历史、美术、民情风俗、文学语言等方方面面，重点则是中国的礼仪问题。

当时的西欧教派纷纭复杂，但在这第三次来华传教活动中，耶稣会起着主导作用。这次传教活动前后基本上可分为两个时期：第一个时期是1540—1688年，以意大利、西班牙的传教士为主，对中国的研究更多地是为传教服务。第二个时期从1688年至18世纪末，法国的传教士起主导作用，从对中国的研究角度来看，虽然Sinology（汉学）这个词还没有出现，但是传教士中已出现以中国研究为职业的现象。无论是第一时期还是第二时期的传教士，他们都被研究者称为西方汉学的先驱。

(一) 第一阶段

汉学研究者一般把1540年耶稣会的正式诞生①看作汉学发展史上一个新时期开始的标志。自此，欧洲人关于中国历史的介绍、研究，进入了一个从商人、多明我会士向“耶稣会士时代”转变的时期。与其他修会相较，耶稣会对成员的文化水平要求较高，很多耶稣会士都是饱学之士。他们认为，进入中国这样一个与西方文化截然不同、有着自身完备制度的庞大国家进行传教，首先应当会读、会写、会说中国语言。经过苦学，他们不仅掌握了中国的语言文字，并能读懂中文的经典著作，甚至还能用中文撰写书籍。因而在介绍、研究中国文化、社会方面，他们自然具备更多的优势和长处。②

1552年，沙勿略前来中国传教，后人一般把这一年看作耶稣会到中国传教之始。这时期著名的耶稣会士有范礼安（Alexandre Valignani，1538—1606年）③、罗明坚（Michel Ruggieri，1543—

① 1540年，在罗耀拉（S. Ignatins de Loyola，1491—1556年）率领下，圣方济各会沙勿略（Francois Xaviers，1506—1552年）等九人，在罗马觐见教皇，立誓：“以护教为心，崇敬为念，苟奉谕旨，地不分遐迩，人不论文蛮，万里长征片时无缓，此心此志，容鉴及之”，云云。耶稣会得到教皇批准，标志着其正式诞生。见忻剑飞：《世界的中国观——近二千年来世界对中国的认识史纲》，104页，上海，学林出版社，1991。

② 方豪：《中西交通史》（下），987~988页，长沙，岳麓书社，1987。

③ 范礼安出身名门，19岁时获得法学博士学位，34岁时（1573年）受派率领耶稣会士到东方传教，1578到达澳门，1606年去世后安葬在澳门。在辗转于东方的33年传教生涯中，范礼安不仅将归化的热忱和处事的慎重很好地结合起来，而且强烈地意识到要有所成效，就必须改变一般西方海外殖民者那种蛮横无礼、蔑视当地文化的恶劣态度，并同企图借助于武力征服来促进中国传教事业的思想路线划清界限，认为应从生活习惯乃至思想感情上，尽可能地同具有悠久文化传统的当地民众打成一片。正是在这个基本方面，范礼安为在中国的利玛窦和印度的诺比利树立了榜样。作为一名领导者，范礼安成功地选拔了一批衷心拥护并为推行其路线而努力奋斗的传教士，并积极筹措传教团所需的大量经费，在经济上确保了他所制定的这一条路线顺利贯彻执行下去。他批准传教士穿儒服，进行策略上的大转变，为以后制订适应性政策提供了一定依据，具有重要的指导作用。

1607年）等，他们力求与中国文化相融，摒弃生硬的做法，从而奠定了耶稣会士在中国传教的基本策略。1583年，罗明坚把利玛窦（Matthieu Ricci）带到中国，开始打开天主教在中国传播的大局，标志着耶稣会真正开始了在中国传教的第一时期。1688年，南怀仁（Ferdinand Verbiest，1623—1688年）因病去逝，第一时期随之结束。

在第一时期，无论从传教角度还是从汉学角度来看，利玛窦、汤若望（Jean Adam Schall Von Bell，1592—1666年）和南怀仁都比较有代表性，因此，有人把这一时期细分为前利玛窦时期、利玛窦时期、汤若望时期和南怀仁时期。①

在前利玛窦时期，比较重要的汉学人物是罗明坚、门多萨（Juan Gonzalez de Mendoza，1545—1618年）和科布（Juan Cobo）。

罗明坚1543年生于意大利中南部，获得两种法学博士学位之后供职于菲利普二世的宫廷。1572年加入耶稣会。为取得教士的职位，又完成了哲学和神学的学习。他1579年抵澳门开始学习汉语、了解中国的风俗习惯，3年多后便开始用汉语写作。他写作的《圣教实录》（1584年），是欧洲人最早用华语写成的一部教义纲领，不仅流传于中国，还远及菲律宾、日本等国，样本还到达欧洲。他最早翻译了朱熹的著作，首次将四书译成拉丁文，并将朱熹理学介绍到了欧洲。② 中国最早的一本《葡汉字典》也是罗明坚在澳门编写，他还用拉丁字母编订了汉语拼音，其核心内容一直沿用

---

① 忻剑飞：《世界的中国观——近二千年来世界对中国的认识史纲》，117～120页，上海，学林出版社，1991。

② 在德国、美国等国家的一些著名的大学，都开设有研读朱熹理学博士学位的研究院。朱熹在国际上的知名度是武夷山区被评为世界文化遗产的关键因素。

至今。他在研究中国语言文学、西译中国典籍、以中文形式从事写作、向西方介绍中国制图学等方面都开创了来华耶稣会士之先，为以后的西方汉学发展作出了重大贡献。有人认为，他应与利玛窦齐名，同时被称为西方汉学之父。①

门多萨 1545 年生于西班牙，1562 年从军墨西哥，1564 年在墨西哥城加入奥斯丁会，1580 年准备随使团出使中国，但因时局有变未能如愿。1583 年，他返回罗马，拜谒了教皇乔治十三，之后受教皇委托，收集、整理来华传教士的各种文件以及翻译的中国书籍工作，同时，他大量参考已出版的欧洲汉学著作，写成《中华大帝国史》（*Historia del Gran Regno de China*）一书。

《中华大帝国史》是一部欧洲人撰写的关于中国的百科全书，不仅将中国面貌的基本特征整体地呈现在欧洲读者的面前，还对重要的论断附有相应的例证或数据。如关于中国的地理，对于中国的 15 个行省，每个省的城、镇的数目都有明确记载。再如关于中国的历史，书中介绍了从黄帝到明万历年间历代帝王的称号、在位的年限以及王位的更迭等，并对帝王进行了简要的评价。还介绍了 15 省的纳税、征兵方式、军士数目、官吏任免与奖惩、法律等情况。此外，对中国的科技（如制炮、造船、印刷术等）、学校、教育方式等，也有详细的介绍。

该书最早于 1585 年用西班牙文在罗马出版，很快被译成多种文字，而且每一种文字都有多种版本。比如，西班牙文有 11 种版本，意大利文有 19 种版本，英、法、德分别也都有多种版本。总之，到 16 世纪末，《中华大帝国史》以 7 种不同的欧洲文字重印

① 张西平：《西方汉学的奠基人罗明坚》，载《历史研究》，2001（3）。

46次之多，风靡整个欧洲汉学界。[①] 孟德斯鸠收藏了该书，法国著名作家蒙田在《散文集》中多次论述中国，依据也是该书。方豪甚至评价说，“即后出利玛窦之著作亦不能及”[②]。

科布是西班牙籍多明我会会士，他的中文名字按厦门方言被音译为高母羡。高母羡虽然没有到过中国，但由于与华人接触很多，留下了不少在中国研究方面具有开创性的著作。如1589年的《中国指南》是由马尼拉华侨口述中国内地情况，高氏用西班文记录下来的；《中文字典》是现存的一本最古老的中西字典；还有《中国语言的艺术》和《明心宝鉴》[③] 的译本。其中《明心宝鉴》现保存在西班牙国家图书馆，是现存最早一本被译为欧洲语言的中国文献。[④]

利玛窦时期，利玛窦为代表人物。他写有大量的著作和日记，是西方汉学发展史第一个时期中最重要的人物。

利玛窦1552年生于一个有着深厚文化积淀的意大利小城。他的父亲乔万尼·利奇，“是个很有见识的人，他在经商之外，还在教皇领地内和别处经营几处产业”。[⑤] 利玛窦的母亲特别虔信耶稣会。

利玛窦自幼学习成绩优异，16岁时离开家乡，到罗马学习。

---

① 门多萨：《中华大帝国史》，何高济译，北京，中华书局，1998。

② 方豪：《中西交通史》（下），97页，长沙，岳麓书社，1987。

③《明心宝鉴》是范立本所编，辑录了孔、孟、荀、老庄、朱熹等人的言论，有格言或警句673句，取材于110种文献，是论述道德修养的书，该书流行于菲律宾群岛，被用作华人子弟教育的教本。在浩如烟海的经籍中，这本书并不出名，但却因高母羡的翻译，而成为首次被译成西文的高层次的中国文化书籍的代表。

④ 忻剑飞：《世界的中国观——近二千年来世界对中国的认识史纲》，118页，上海，学林出版社，1991。

⑤ 裴化行：《利玛窦神父传》，管震湖译，13页，北京，商务印书馆，1993。

1568—1577年近10年的罗马生活，利玛窦不仅接受了系统的神学训练，而且完成了宗教意识的塑造，成为一名坚定的教士。但罗马时期对利玛窦而言，不仅具有宗教意义，还具有其他更重要的价值。16世纪下半叶罗马文化与科学复兴、神学的理性化潮流贯穿于利玛窦最关键、最重要的学习时期，他所接受的已不完全是唯我独尊的中世纪经院哲学和圣托马斯的神学体系，更具有宗教以外的文化气质，即西方人所说的“人文精神”。这从他在书信中多次提到人文学者、数学家的名字可以看到。①

1577年6月至1578年3月，利玛窦在葡萄牙的科英布拉学院继续他在罗马时期所受的教育。1578年3月29日，利玛窦应耶稣会总会长之召，随罗明坚、巴范济（Francis Pasic）等从里斯本动身去印度果阿，进入沙勿略所创办的修道院攻读神学。9月13日，抵达果阿。海上的半年时间，“闲暇无事，就写作地理札记并实地学习海员实际运用的航海术”②。从1578年至1582年的四年间，他学习的主要科目为人文科学和神学，同时还从事教会工作，因此非常繁忙，但他“却在一天中最繁忙的时刻或冒着酷暑，到辅理修士们的工场去学钟表、机械，或印刷手艺”③。至此，利玛窦完成了神学修炼过程。

1582年，他接受范礼安的命令与巴范济同到澳门，学习中文，为前往中国内地传教做准备。数年后，他不仅可以不用翻译而与中国人自由对话，阅读部分中国书籍，而且试图用中文撰写传教文章与书籍。

① 裴化行：《利玛窦神父传》，管震湖译，50页，北京，商务印书馆，1993。
② 裴化行：《利玛窦神父传》，管震湖译，37页，北京，商务印书馆，1993。
③ 裴化行：《利玛窦神父传》，管震湖译，50页，北京，商务印书馆，1993。

利玛窦来自一个有着深厚欧洲文化积淀的小城，青少年时期则在既有浓厚宗教氛围，又经历史无前例的文化与科学复兴的环境中度过。在进入中国前，学识已经遍及神学、哲学、数学、历史、天文学，以及钟表、机械、印刷等实用手工艺领域。这使他在进入中国之前就具有其他传教士无可企及的优势。

1583 年 9 月，利玛窦与罗明坚到肇庆。他依据沙勿略、范礼安在日本传教的经验，认为和尚是受尊敬的，于是剃发剃须，穿和尚服装，自称“番僧”，来自天竺国，侍奉天帝，向慕中国政治昌明，愿得一块清静地，建屋造堂。在当地知府的许可下，他们于 1583 年在肇庆城东崇宁塔旁盖屋建堂。为吸引民众，还将西洋镜、自鸣钟、威尼斯出产的三棱镜、意大利的花边织物以及油画圣母像等公开展出。但未能赢得信任，只得迁往韶州。

利玛窦很早就结识了瞿太素。瞿太素跟随利玛窦学习西方的数学，他对利玛窦说，在中国享受崇高地位的不是和尚，而是士大夫和读书人。1592 年，利玛窦等决定放弃袈裟，留发留须，改穿儒服。这时的利玛窦不但能流利地讲中国话，且已开始自己写一本书《天主实义》。

利玛窦认为依靠地方官员的好感而办教会是很不稳定的，于是决心找机会去北京谋求皇帝对传教的许可。经过多次周折，利玛窦终于在 1601 年 1 月 24 日第二次进入北京城。在利玛窦献给皇上的贡品中，万历皇帝最感兴趣的是自鸣钟。可是 8 天后，钟忽然停止，于是利玛窦得以进宫。皇帝对于西洋音乐也很有兴趣，命令内廷乐师向利玛窦和庞迪我（Diego de Pantoja）学习欧洲的音乐乐理。利玛窦虽然常常进宫，却从未见到过皇帝，但他们达到了留居京都的目的。

利玛窦在北京定居后，来访者众多，还要著书立说，因此很忙。

1609年9月，晚年的利玛窦开始以欧洲人作为阅读对象，撰写他在中国传教的经历，即《利玛窦中国札记》。这份手稿长达131页，每页约50行，是在他死后从其抽屉中发现的。1614年，比利时人金尼阁神父（Nicolas Trigault）将这份手稿带往罗马，并在归途中把它译成拉丁文，补充了利玛窦遗漏的部分，并将其从日记体加工整理成5卷本的书，于1615年在德国奥格斯堡出版，封面题字为“耶稣会利玛窦神父的基督教远征中国史”。

札记对明末中国的经济、政治、文化、宗教、社会习俗等各个方面作了详尽而细致的介绍。尤其重要的是，札记用了相当大的篇幅对中国传统哲学进行了分析、评价。但是，由于札记本身的日记体裁以及撰写目的的限制，不可能将此作为主要方面。因此，利玛窦翻译了一些中国经典著作用以对中国文化作专题介绍。

1593年，利玛窦将中国传统经典著作四书翻译为拉丁文，并略加注释。当然，利玛窦译四书是为了给日后的传教士用，因为在他看来，传教士来华若不精通儒家经典，决不会有什么收获。出于同样的目的，利玛窦也编中国字书并附以欧洲语言注释。此类书籍，利玛窦曾编辑数种，但流传、保存至今的极为稀少。①

1610年5月初，利玛窦突患重病，5月11日去世。那时，他还只有59岁，但在中国已有28年。万历帝认为利玛窦“慕义远来，劝学明理，著述有称，宜加优恤”，特赐一块墓地。1611年举行葬礼时，皇帝还派遣大员至祭，墓地正门上挂有“钦赐”的匾

① 费赖之：《在华耶稣会士列传及书目》“利玛窦”部分，冯承钧译，北京，中华书局，1995。

额，京兆尹王应麟撰有碑记。

利玛窦一生将众多的西方科学、文化、宗教书籍翻译成汉语，第一次系统地将西方科学引入中国，同时，他也将中国文化较为充分地介绍到西方，最为完整的著作就是《利玛窦中国札记》。这本书在欧洲被译成各种文字，在马可·波罗之后约300年，再次为欧洲人打了中国的大门。同时，也为我们了解16世纪以后欧洲人对于中国的影响提供了丰富的资料。它从侧面展示了明代晚期中国国内以及东西方交往的各种状况。其价值在于，它是以耶稣会传教士的亲身经历与见闻为根据汇总而成的一部宝贵的历史文献。

利玛窦向西方介绍中国文化，对后世的西方科学与哲学产生了重要影响，启蒙哲学家莱布尼茨和沃尔夫等人心目中的中国形象无疑是利玛窦等第一代来华传教士在欧洲人心目中塑造的。法国百科全书等，也都或多或少地借中国哲学、宗教思想批判西方宗教的虚伪性，为启蒙运动的发展作出了贡献。而这一结果是利玛窦等第一代传教士们在当时介绍中国文化时所未曾想到过的。①

利玛窦死后，传教士在中国的传教曾一度遇到过很大的困难，如1616年的“南京教难”。该年南京礼部侍郎沈潅三次上疏参劾耶稣会士图谋不轨，未得获准。8月底他交结其他官员，逮捕并关押教士、教徒，掀起反教会运动。② 后经徐光启等人上书，皇帝撤除禁令，传教士才得以继续传教活动。这一时期，从汉学的角度看，

---

① 孙尚扬：《基督教与明末儒学》，第2章“解释与调和”，北京，东方出版社，1994。

② 沈福伟：《中西文化交流史》，372页，上海，上海人民出版社，1985。

主要人物除汤若望外，还有曾昭德、卫匡国等。①

汤若望1592年出生于德国科隆，后就读于耶稣会所创办的著名的三王冕中学，成绩优秀。1607年，三王冕中学因瘟疫停办，汤若望被当地耶稣会教区推荐到罗马德意志学院学习。1610年，他学完了哲学、古典文学、数理天文学等全部课程，特别在数学和天文学方面，显示出很大潜力。1611年，汤若望加入耶稣会，开始接受严格的修士训练，并加入了灵采研究院②，探索科学，尤其是天文学和数学。期间，图书馆收藏的记录早期传教士在中国所建立的丰功伟绩的资料，让他激动不已。他钦佩利玛窦在中国采取的适应中国文化习俗的所谓“合儒”的传教策略。当他听说利玛窦神父以数学、天文学的智慧赢得皇帝的敬重，开拓了新的、非常大的信仰领域时，为西方的数理天文学在中国获得的价值欣喜若狂。1613年，他进入罗马学院，开始为期四年的神学和数学研究。伽利略担任过该院的教师，曾在学院的报告厅里展示过经他改良的望远镜，受到热烈欢迎，汤若望因此对伽利略的学说产生浓厚的兴趣。1617年，他以最优秀的成绩完成了在罗马学院的学业，晋升为神父。1618年4月16日，在金尼阁的带领下，汤若望、邓玉函、罗雅谷等22名传教士，从里斯本启航东渡。

1619年7月15日，汤若望和他的教友们抵达澳门，换上儒服，住进中式房屋，并潜心研究中国经史和伦理，寻找东西方文化的融

---

① 从传教的角度看，主要的传教士除汤若望外，还有龙华民（Nicolas longobardi，1559—1654年）、阳玛诺（Em. Diaz Junior，1571—1659年）、罗如望（Jean de Rocha，1566—1623年）、艾儒略（Jules Aleni，1582—1649年）、毕方济（Francois Sambiasi，1582—1649年）、熊三拔（Sabbathin. de Ursis，1575—1620年）、金尼阁（Nicolas Trigault，1577—1629年）、邓玉函（Jean Terrenz，别名Schreck，1576—1630年）等。

② 称“灵采”（lincei）是取山猫为名，象征细心钻研之意。伽利略曾在此任教。

合点。

当时正值明朝内忧外患之际，努尔哈赤的勇兵悍将“非火器战车不可御之”。朝廷派人到澳门向葡萄牙人购买大炮，滞留澳门的传教士们可以以军事专家的身份，进入内地。1622 年夏天，汤若望把德文姓名“亚当”改为发音相近的“汤”，“约翰”改为“若望”，正式取名汤若望，取道北上。1623 年 1 月 25 日到达北京。此后，汤若望仿效当年的利玛窦，将他从欧洲带来的书籍列好目录，呈送朝廷。又在住所内陈列带来的科学仪器，请中国官员参观。他到北京不久，就成功地预测了 1623 年 10 月 8 日出现的月食。汤若望以其数理天文学知识得到朝廷官员们的赏识。

汤若望历明崇祯、清顺治和康熙三朝，以卓越的天文、数理、机械、炮术等知识，赢得了士大夫阶层和三位皇帝的宠信，官至钦天监监正。利玛窦主要是以对中国文化的尊重和用西方的新玩意儿如自鸣钟等打开中国的大门。而在汤若望时期，传教士们则是通过铸炮、修历法等西方的科学技术打开传教的局面。但他们的传教受到当时清朝一些官员的反对，于是 1660 年杨光先发动清朝历史上有名的“回回历士杨光先与耶稣会士之争”，致使汤若望等人入狱，甚至包括刚来中国的南怀仁。1665 年结案，汤若望被判凌迟。恰在此时，北京发生强烈地震，人们普遍认为是汤若望的冤情震怒苍天所致。顺治之母出面干预，使汤若望得以赦免。①

曾德昭（P. Alvarus de Semedo，1585—1658 年），葡萄牙人，1613 年来华。1616 年因沈潅兴起教难，与同伴高一志一起被捕入狱，后居澳门。1620 年得以再赴内地，先后在杭州、江西、嘉定、

① 许明龙主编：《中西文化交流先驱——从利玛窦到郎世宁》，113 页，北京，东方出版社，1993。

上海、西安等地传教。在西安时，曾德昭目睹了新发现的景教碑，成为第一个目击此碑的欧洲人。[①] 1637年被派到罗马出席耶稣会总院所集的各国耶稣会遣派代表会议，1644年返华，1649年到广州主持教务。

曾德昭对汉学的最大贡献是1638年在果阿完成的《中国通史》。该书用葡萄牙文出版后被译为数国文字。全书共两卷，上卷详述中国的政治、风俗、语言、战争、商业等，对中国的茶叶制造以及用法也有详述。下卷叙述基督教传入中国之起源以及南京教难之经过，另附李之藻传记。

这一时期，在中国汉学史上还应提到的一件事是大秦景教碑的翻译和注释。1625年，北京耶稣会教士听说西安附近发现了大秦景教碑，便派金尼阁前往研究，将碑文译成拉丁文寄往罗马，后又有法文、意大利文本。阳玛诺于1644年完成景教碑的中文注释，名为《景教流行中国碑颂正诠》，给予此碑以十足天主教教义化的注释。教士们在景教碑的翻译和注释中表现出来的浓厚兴趣和极大热情，实非偶然，因为这“足以辩护现在所传之圣教，千载前已宣扬于中国矣”。[②] 从国外中国学的历史来看，大秦景教碑的研究开创了大家一起研究中国问题的先风。

卫匡国（Martin Martini，l614—1661年），意大利人。1631年加入耶稣会。1640年随团赴印度，并于1643年来华。先在浙江传教数年，后游历各省。面对教皇于1645年发出的禁止祭祖敬孔礼

① 费赖之：《在华耶稣会士列传及书目》，冯承钧译，149、312页，北京，中华书局，1995。

② 徐宗泽：《中国天主教传教史概论》，79页，上海，上海书店，1990。实际上，景教跟天主教有宿怨，耶稣会士也知道景教是当年的异端，却故意隐去这段历史公案，他们的实用目的十分清楚。

仪的命令，1650年，卫匡国受中国耶稣会派遣回欧洲，途经德、法、英、比诸国，并将其关于中国地理、文化的思想传到欧洲。1654年抵达罗马后，卫匡国据理力争，经过长达五个月的讨论，教皇亚历山大七世最后降谕许用中国礼仪："教徒在不妨害根本信仰的情况下，可以自由参加中国礼仪。"① 卫匡国出色地完成了使命，1657年偕南怀仁、殷铎泽等17位耶稣会士再次来华，1658年至杭州继续传教事业。1661年逝于杭州，年仅47岁。

卫匡国一生撰写了大量的关于中国历史、地理、宗教、哲学、文法等方面的著作。其中《中国先秦史》（1658年）和《鞑靼战纪》（1654年）是其著名的历史著作。在冯秉正《中国通史》出版前（1777年），卫匡国的《中国先秦史》一直被认为是有关中国古代史的最佳汉学著作。《中国新地图志》（两卷，1655年），是一部完整的中国地理著述。除各省地图外，还有中国总图、日本地图各一幅，内容包括中国各省的疆界、民俗、土产、贡赋、工业等。该书于1655年出版后，曾被译成几种欧洲文字出版。卫匡国也因此被称为"西方研究中国地理之父"。②

卫匡国谙悉中国文化，尊重中国人文精神，尤其在礼仪之争中，表现出了惊人的豁达与包容的胸怀，对中意乃至中西文化交流都作出了不可磨灭的贡献。

礼仪之争后，卫匡国从欧洲返回中国时带来的教士中，比较著名的有南怀仁、鲁日满（Francois de Rougemont，1624—1676年）、柏应理（Philippe Couplet，1624—1692年）、殷铎泽（Perosper

① 周燮藩：《中国的基督教》，104页，北京，商务印书馆，1997。

② 徐明德：《论意大利汉学家卫匡国在中意文化交流史上的卓越功绩》，见陈村富主编：《宗教与文化论丛（1994）》，北京，东方出版社，1995。

Intorcetta，1628—1696年）等，其中成就最为突出的是南怀仁。

南怀仁（Ferdinand Verbiest，1622—1688年），字敦伯，又字勋卿，1623年10月9日出生于比利时首都布鲁塞尔，1641年9月29日入耶稣会，曾任文学和修辞学教师5年。他因传教心切，曾两次从西班牙赴美洲，均未如愿。后于1658年来华，目的是传教，但他的主要业绩却是在天文、历法等方面。他是训练有素的天文学家，在与杨光先等人的历法之争中，以绝对的优势取得胜利。因此，1669年，康熙皇帝任命他为钦天监监正，接任汤若望去世后的职位。此外南怀仁还精通冶金和机械，铸造了新式大炮，设计陆地车、小汽船等，他的中文和书法均有很高造诣。由于他的才能和贡献，南怀仁成了当时在华教士的首领，也是西方教士在中国获得最高官阶的人，官至“钦天监治理历法、加工部右侍郎，又加二级”。[①] 但在汉学著述方面，南怀仁的成绩不是很突出，目前的汉文资料非常稀少。

柏应理（Philippe Couplet，1624—1692年），比利时人。1641年入耶稣会。1656年来华，先居澳门，后相继传教于江西、福建、湖广、浙江、江南等省。[②] 1680年被选为中国副教区代理人，次年奉派回罗马禀告传教事务。后因罗马教廷与葡萄牙国王争夺保教权之事，柏应理留居欧洲十年之久。期间，柏应理曾拜见法王路易十四，结交各国汉学家，如克莱耶（Andre Cleyer）、蒙采尔（Mentsell）、穆勒（Muller），等等。保教权之事平息后，柏应理偕同伴十余人返华，因海上风暴，受伤死于途中。

① 彭光玺：《中外文化交流博览》，612页，北京，中国旅游出版社，1994。

② 费赖之：《在华耶稣会士列传及书目》，冯承钧译，149、312页，北京，中华书局，1995。

柏应理著作颇丰，从汉学的角度看，其与殷铎泽、鲁日满等众多欧洲会士合作完成的《西文四书直解》很有价值，1687 年在巴黎正式出版。它不仅把儒家学说引入欧洲，而且对中国的道教、佛教也作了简要介绍与批判，在儒家文化与天主教文化之间架起了相互沟通的桥梁。它的问世，在欧洲汉学界引起了轰动，莱布尼茨在评论此书时对孔子予以极高的评价，伏尔泰参照此书在其《风俗论》中介绍孔子学说。

从 16 世纪中后期开始的这一时期，传教士能直接阅读中文资料，因而对中国的研究，无论在深度还是广度上，都有重大突破。(1) 地理方面。这一时期，西方人对中国的省份、周边国家都有比较具体准确的记载，而中国的长城也被第一次介绍到了西方。(2) 语言方面。传教士们的著作里不仅不同程度地谈到中国的语言文字，而且已出现了中外文对照的字典，这无疑是汉学上的一大发展。(3) 经籍翻译方面。他们重视中国的经籍并着手翻译，为后来西人大规模译书开风气之先。(4) 科举教育方面。16 世纪欧洲人对中国的科举制度、教育制度有比较具体的了解，他们所作的介绍对后来欧洲的文官考试制度有一定影响。(5) 宗教方面。他们对中国的儒、道、释有了初步了解，而且重点介绍，推崇儒家。(6) 风俗方面。这一时期中国的“茶”和“筷子”也被介绍到了欧洲。因此，有人这样评论：“从来欧人关于中国之所记，非旅行之见闻，即事业之报告，距研究之域尚远。稍具研究之体者，始于此时；且依新来教士开其端。故耶稣会士之东渡，于中国宗教史学艺史上，有极大意义；而论至欧西东方知识之发展，则更属划期之事件云。”①

① 莫东寅：《汉学发达史》，61 页，上海，上海书店，1989。

(二) 第二阶段

1. 概 述

以南怀仁的去世为标志，耶稣会在中国的传教活动走完了第一阶段。南怀仁在病重时，已看到中国教区的冷落，因此在1678年从北京给欧洲耶稣会士写信，要求增派教士。南怀仁的呼吁引起法国国王路易十四的重视，因为这迎合了他向世界，尤其是向东方扩张的野心。自此，西欧的中国传教活动由原来的意、西、葡为主，逐渐转向了法国独占鳌头。

路易十四精心挑选了6名有“皇家数学家”之称的教士，并从他私人金库中提取路费，于1685年3月3日派他们东去。这6名教士中，除1名在途经暹罗时留在那里传教之外，其余5名于1687年7月23日到达浙江宁波，1688年3月谒见了康熙。① 其中，白晋和张诚共同教授康熙皇帝数学、天文学等，因学识渊博，深得器重，于是康熙让白晋回国招募更多的能人志士来华。1697年，白晋回国，带去康熙给路易十四的49卷汉籍，同时又招募了10名传教士来华。②

就传教事业而言，第二时期只有开始时有过短暂的兴旺。但从对中国的研究角度来看，却取得了辉煌的成就。这一阶段来华人员以法籍传教士为主，他们比前一时期意籍、葡籍的传教士要少一些

① 这五位传教士是是洪若翰（Jean de Fontaney，1643—1710年）、张诚（J. Fr. Gerbillon，1654—1707年）、白晋（Joachim Bouvet，1656—1730年）、李明（L. D. Le Comte，1655—1729年）和刘应（C. de Visderou，1656—1737年）。

② 他们是：马若瑟（Joseph Marie de Prémare）、雷孝恩（Jean Baptiste Regis）、巴多明（Dominique Parremin）、宋君荣（Antoine Gaubil）、钱德明（也叫王若瑟，Jean Joseph Amiot）、冯秉正（De Maillac）、韩国英（Pierre Marchl Cibot）等。

宗教局限，而多了学术的气味。他们的视野比较开阔，目光不只停留在孔儒一家，而是开始对中国各类经籍都加以重视，同时也注意研究历史、文学、民俗、民族等各个方面。这是一个从大文化的角度来介绍和研究中国的时期，尽管还是以介绍为主。传教士们的工作也影响了一些欧洲学者，他们既不是传教士，也没有到过中国，却开始热心于中国文化，如法国的伏尔泰、狄德罗、孟德斯鸠，德国的莱布尼茨等。

不过，在此期间，“礼仪问题”的争论还在继续，这对于欧洲了解和研究中国文化，仍然具有重要意义，但对于耶稣会的传教活动却越来越不利。教皇的禁令一次比一次严厉，耶稣会在“礼仪问题”之争中节节败退，同时中国皇帝对传教的反感也逐步加深。教皇先是在法国、西班牙、葡萄牙分别取缔耶稣会，1773 年终于正式颁布了解散耶稣会的命令。

另外，非常重要的一件事是，1698 年 3 月 6 日，白晋带着新招来的 10 名教士来华时，乘坐的是其极力促成首航中国的商船“安菲德里蒂”号（即“女神”号）。他们经过了 7 个月的海上漂泊以后，抵达中国。这是中法关系史也是中欧关系史上的一件历史性的大事。从此以后，整个 18 世纪，差不多每年都有一艘或几艘船只来往于中国与法国之间，不仅把欧洲的文化和物品带到了中国，同时也把中国的文化和物品带到了欧洲。中国的丝绸、瓷器、画、漆器等工艺品，就是在那时大量地运往了欧洲。这些中国工艺品，与传教士们的记录、感想和研究，相得益彰，在欧洲广为流传，引起法国和其他国家欧洲人对中国的极大兴趣和羡慕。整个 18 世纪，弥漫在欧洲的“中国风”或“中国趣味”就这样产生了。

总之，欧洲人开始对中国进行科学考察和研究，是在 17 世纪后期至18世纪末这段时期，充任主角的是来华的法国耶稣会士，也正是由于他们的努力，中西文化交流才出现了一个新的黄金时代，为西方汉学的真正确立打下厚实的基础。

2. 代表性人物

法王路易十四派来的传教士，不仅学识渊博，受过高等教育，且后来留华多年，热衷于中国文化知识，有很高的汉学水平。因此，他们的中国研究，无论从广度上还是深度上，都令他们的前辈望尘莫及，对当时和后世的汉学，都产生了深刻而巨大的影响：李明、刘应、白晋、马若瑟、宋君荣、钱德明、冯秉正、韩国英以及杜赫尔德（Dpu Halde）等，都是当时有影响的中国研究家。

马若瑟（Joseph Maric de Prémare，1666—1736年），1683年加入耶稣会，1698年随同白晋、巴多明两位司铎来华，曾在江西传教25年，后因雍正禁教退居广州、澳门。他精通汉文，对中国文化研究很深，被公认为“曾经有过的最好的汉学家”[①]。他的《赵氏孤儿》的法译本，是伏尔泰戏剧《中国孤儿》的蓝本，对法国文学影响极大。

宋君荣（Antoine Gaubil，1689—1759年），15岁入耶稣会，1722年来华。他对中国问题的研究，在材料的掌握和熟悉程度上，甚至令中国学者感到吃惊，故有“18世纪最伟大的汉学家”“耶稣会中最博学者”之称。[②] 来华之前，他已在神学、哲学、希伯来文、天文、地理等方面有很高造诣，“时人皆期其在学界中享盛

① 荣振华：《在华耶稣会士列传及书目补编》，耿昇译，660页，北京，中华书局，1995。

② 忻剑飞：《世界的中国观——近二千年来世界对中国的认识史纲》，131页，上海，学林出版社，1991。

名”，但他发誓“传教远方”。[1] 1723年抵达北京后，先师从巴多明学习满语，不久即可训练满族翻译人员与俄国人交涉。他在北京生活了36年，有关于中国的著、译作达80部之多，其中，《成吉思汗及蒙古史》（1739年）、《大唐史纲》（1749年）。翻译和注释的《书经》《易经》和《礼记》，都受到很高的评价。1749年，宋君荣成为伦敦皇家学院联络会员，1751年被选为巴黎科学院通讯员，同时任铭文学院通讯员。

钱德明（Jean Joseph Amiot，1718—1793年），18岁加入耶稣会，1750年来华，先到澳门，后转北京，在中国生活了42年。他不仅被认为是继马若瑟、宋君荣之后法国传教士中“有功于科学、文学”，“无逾于”者，[2] 而且被称为“精赅侔宋君荣，而博雅过之”的传教士。[3] 他的著、译作主要有：《乾降帝御制盛京之译注》（1770年）、《中国兵法考》（1772年）、《中国音乐古今记》（1776年）、《孔子传》（1784年）、《满法辞典》（1789—1790年）和《满州语文典》（1788年）等，并有人量的论义被收入《中国丛刊》之中。

韩国英（Pierre Marchl Cibot，1729—1780年）是18世纪法国来华传教士的殿后者。他16岁入会，1758年离开法国，在中国生活了22年，其中有20年在北京度过。他撰述甚丰，内容涉及中国古史、中国孝道、中国文字起源、中国植物、矿物等。遗留下来的著、译作达60种之多，都收在《关于中国之记录》中。

---

① 费赖之：《在华耶稣会士列传及书目》，冯承钧译，670页，北京，中华书局，1995。

② 费赖之：《在华耶稣会士列传及书目》，冯承钧译，840页，北京，中华书局，1995。

③ 莫东寅：《汉学发达史》，85页，上海，上海书店，1989。

此外，李明的《中国现状新志》（1696年）以赞扬的语气较为全面地介绍了中国的政治、宗教、历史、道德、语言，甚至帝王、圣人，一问世就立即引起法国读者的极大关注。第一卷出版后，又与第二卷同时再版，接着一、二两卷又再版。伦敦的英译本出版时，同样受到极大的欢迎。其后，原版与英译本都重版了数次。白晋因与康熙皇帝相处甚密，对康熙的品性、官场和私生活都非常熟悉，他的《康熙皇帝传》（1679年）引起了欧洲人极大的兴趣。白晋与马若瑟、傅圣泽（Jean Francois Fouquet）等一起，对《易经》《春秋》《老子》《淮南子》《道德经》等古籍进行探讨，从中找到与基督教一致的论旨，共同组成了“旧约象征学派”，虽然它的不合理性已受到了批判，但在欧洲产生的影响是巨大的。

法国耶稣会士之所以把主要精力转向汉学，并能作出前期传教士所无法企及的成绩，除其自身的博学外，客观原因也是多方面。

首先，是法国发展的需要。法国是启蒙运动的中心，为发展科技加强国力，1666年便设立了国家科学院，其一项重要任务就是派人到世界各地进行考察，尤其是要补充地理学知识。当时，中国和印度等一些亚洲国家和地区受控于葡萄牙，法国掌握的世界地理知识中缺乏这一部分，能主宰来华传教，无疑是天赐良机。在这样的形势下，路易十四派出的绝非一般的传教士，而是科学家兼传教士，而且从某种程度上来说，路易十四首先考虑的是他们的科学才华，而不是对传教事业是否虔诚。当时路易十四的大臣戈尔贝召见教士洪若翰时就曾这样明确说过：“我的神父，那些科学不值得你去承受远涉重洋之苦，不值得你去违背自己的意愿，远离您的祖国和朋友。但是，我也希望在你们布讲福音不很忙的时候，能在当地以一个观察员的身份，去观察那些完美的艺术和科学，而这点，正是我们所缺乏的。”① 因此，法国的传教士都肩负布道和研究的双重任务，当时的法国科学院和内阁大臣，不时地给他们调查提纲，与他们保持频繁的通讯关系。客观讲，法国传教士的活动，大大地加强了中西文化的交流，促进了“中学西移”，促进了欧洲汉学的发展，远远超过了路易十四的预期。

其次，第一阶段，传教士曾热衷于“礼仪之争”，但是，这一争论非但没有引起教皇的兴趣，反而受到其他教派的攻击。尤其是随着启蒙运动的发展，教会势力日趋衰落，传教事业越来越不受重视，他们只得在中国宫廷里任职，而这一举动，又招来了新的批评。

再次，从中国方面来说，中国的朝廷对于传教士的宗教观点并不感兴趣，而对于他们科学技术的才华却十分赏识；对他们的中国研究，也始终给以鼓励和关心，这显然也促进了他们的研究。

3. 主要研究方向

这时期的法国传教士热情地投入中国研究，主要在以下方面取得了丰硕的成果。

(1) 历史

比起前辈来，法国传教士对于中国历史、现状的研究，更注重史料的收集与考证，因而更具科学性。主要著作有：《中国通史》（冯秉正）、《大唐史纲》（宋君荣）、《中国古史》（韩国英）、《中国现状新志》（李明）、《康熙皇帝传》（白晋）等。

冯秉正的《中国通史》（*Histoire de la Chine, ou Annales de cet Empire: Traduite du Tong-kien Kang-Mou*, 1777—1783 年），由于史

① 钱树森：《中国文学在法国》，5 页，广州，花城出版社，1990。

料来源的可靠性和真实性，不仅是当时最有影响的历史著作，而且历来得到评论家们很高的评价，被誉为在欧洲刊出的“中国通史”的“楷模”①。

（2）地理

丹维尔（D. Anville）等人的《中华新图》（*Nouvel Atlas de la Chine*, *de la Tartarie Chinoise*, *et du Tibet*）从测绘到出版，历时近30年，是西方传教士对中国科技有重大影响的两项集体工程之一（另一项是明末的修历）。

事情起源于张诚乘中俄尼布楚谈判之际，把自己早已绘好的亚洲地图进呈康熙皇帝，并指出中国东北地理情况不明，无法绘制，建议皇帝组织一次全国测量工作。后来巴多明在查阅各省地图时，也发现许多府县城镇的位置与实际情况不符，于是上奏皇帝。法国传教士的奏议及中国旧地图所存在的问题，促使康熙下决心绘制全国地图。

这一工作由巴多明和雷孝恩主持，参加者有法国传教士白晋、杜德美（Pierre Jartoux，1669—1720年）、潘如（也译山遥瞻，Guilaue Bonjour，1670—1714年）、德玛诺（Roman Hinderer Henderer，1669—1774年）以及奥地利人费隐（Xavier - Ehrenbert Fridelli，1673—1743年）、葡萄牙人麦大成（Jean-Francois Cardoso，1676—1723年）等。

从1708年开始，他们分头出发，自关外各地渐及内地各省进行实地测量工作。当时条件很差，法国教士潘如在云南实地测绘时，因劳累过度，殉职边界。1716年回到北京后，在杜德美的主

① 雅克·布鲁斯：《从西方发现中国到国际汉学的缘起》，李东日译，见《国际汉学》编委会：《国际汉学》1，北京，商务印书馆，1995。

持下，对各部分进行统一审查，于1717年合成一幅中国地图，献给皇帝，被赐以《皇舆全览图》。

传教士将地图原稿送到法国，收入杜赫尔德编著的《中华帝国全志》。在收入之前，杜氏请当时法国著名的宫廷绘图师丹维尔为之制版，共12页。李约瑟博士认为，《皇舆全览图》“不但是亚洲当时所有地图中最好的一幅，而且比当时的所有欧洲地图都更好、更精确”①。

（3）少数民族

法国传教士对满、蒙古等中国少数民族也进行了大量的调查、研究，宋君荣的《成吉思汗及蒙古史》（1739年）、张诚的《鞑靼纪行》、刘应的《鞑靼史》和他在景教碑文重译上所取得的成就等，是代表性成果。其中，《鞑靼纪行》详细地介绍了满、蒙古、回等民族的历史、生活、习俗和宗教，是作者对八进八出满、蒙古等地所见所闻的忠实记录，对后世有很大的影响。

（4）易学

中国哲学是西方传教士热衷的主题之一，孔子的学说很早就被介绍到西方，在上层社会尤其是在知识分子当中引起普遍的重视。在第二阶段，法国耶稣会士不再将目光局限于“孔子”，将目光扩大到《易经》《道德经》《春秋》等中国各类经籍上，并增添了理性研究的色彩，尤其在创建西方“易学”上作出了很大贡献。

西方的《易经》翻译和研究，曾出现过三次高潮，或称西欧的三次《易经》热：18世纪末、19世纪下半叶和20世纪下半叶。②

① 李约瑟：《中国科技史》，第5卷，第1分册，北京，科学出版社，1990。

② 王森洋：《当代西方“易经”热：特点、原因及展望》，见耿龙明、何寅主编：《中国文化与世界》，第2辑，上海，上海外语教育出版社，1994。

18 世纪末的热潮虽然只是西方《易经》翻译和研究的初级阶段，但在中西文化交往和思想交流史上富有启发性和开创性。

受康熙前后中国本土（特别是京师官方学术圈）易学思潮的影响①，法国传教士开启了最初的《易经》翻译工作。“首有其功”的是法国传教士金尼阁。他用当时欧洲国际通用的学术语言拉丁文所翻译的包括《易经》在内的五经，于 1626 年（明天启六年）在杭州自己创办的印刷所印刷。但当时他的译作是否传到欧洲以及在欧洲反响如何，无资料可查。之后，“易学”翻译者辈出。据有关资料统计，这一时期的《易经》翻译和研究著作保存下来的有近 20 种，其中大半由法国传教士完成，如白晋、马若瑟、刘应、傅圣泽、汤尚贤、雷孝恩等，其中白晋和雷孝恩作过的努力更多。②

不过，最早向西方人介绍和传播《易经》的，是比利时的耶稣会士柏应理。十七、十八世纪西方在《易经》研究上最有成就、最能体现未来研究方向的，则是德国的科学家兼思想家莱布尼茨。但是，莱布尼茨的《易经》思想深受法国传教士白晋的影响。白晋在 1687 年来华初期就开始学习《易经》，一直在康熙皇帝的直接关心、指导和支持下进行研究。1697 年，他回巴黎时做了一次演讲，对当时大多数传教士认为《易经》充斥着“迷信”的观点进行了批判，并提出《易经》可以与柏拉图、亚里士多德的著作相提并论。当然，他也指出，《易经》有种种令人迷惑的表象。同年 10 月 18 日，他与莱布尼茨通了第一封信，之后又通过 6 次（也可能更

① 杨宏声：《本土与域外——超越的周易文化》，185 页，上海，上海社会科学出版社，1995。

② 杨宏声：《本土与域外——超越的周易文化》，184 页，上海，上海社会科学出版社，1995。

多）信。在这些通信中，白晋和莱布尼茨讨论了中国哲学、文化、周易六十四卦及数学二进制等问题。[①] 1719 年，白晋在傅圣泽的协助下，撰成《易学总旨》（*Ide Generalis Doctrinae Libri I-King*）一书，进呈康熙帝。[②]

（5）文学

耶稣会士在对中国古籍进行研究时，自然涉及文学作品，但是，中国“纯文学”作品被遗憾地忽视了，也可以说被主观地放弃了。其原因主要是，在耶稣会的修行制度、理念影响下，中国的纯文学作品被认为是“俗”的，即使大名鼎鼎的汤若望也不赞成顺治皇帝和木陈和尚谈论“西厢红拂”之类的纯文学作品。这种情况，到了法国传教士时期逐渐改观。虽然法国耶稣会士翻译介绍的中国纯文学作品的数量不多，从研究的质量来说，也还只是初步，但说明西方传教士已从自己的实践中认识到，要阐明中国文化的要义，单从四书、五经探究是不够的，还应从中国的纯文学作品中寻找材料。[③]

这一阶段，在法国传教士的努力下，被翻译介绍的中国纯文学作品有：《诗经》《今古奇观》和中国的戏曲、小说等。尤其是小说和戏曲的介绍和研究，对中西文化的交流和汉学的发展意义更为重大。

最先翻译《诗经》的是金尼阁，可惜他的拉丁译文未曾流传下

---

① 焦树安：《莱布尼茨对中国哲学的理解》，见《国际汉学》编委会：《国际汉学》1，北京，商务印书馆，1995；又见刘立群：《最早研究中国文化和中国哲学的德国人——莱布尼茨》，见许明龙主编：《中西文化交流先驱》，北京，东方出版社，1993。

② 杨宏声：《本土与域外——超越的周易文化》，186 页，上海，上海社会科学出版社，1995。

③ 钱林森：《中国文学在法国》，7 页，广州，花城出版社，1990。

来。继金尼阁之后有马若瑟、傅圣泽、宋君荣、白晋和韩国英等人。尤其是韩国英在《中国丛刊》上向欧洲人解释了"风、雅、颂"的真实内涵，显示出了一定水平，在当时被公认为是无人企及的。

在小说和戏曲方面，这一时期有昂特尔科尔神父（Pere d'Entrecolles，1662—1741年）翻译的《今古奇观》中的小故事和马若瑟翻译的元曲《赵氏孤儿》。与《诗经》的情况相似，这些小说和戏剧，被翻译数量并不多，在研究上也没有什么惊人之处，但是在欧洲所产生的影响却超过了《诗经》。[①] 如伏尔泰依据马若瑟翻译的《赵氏孤儿》创作的喜剧《中国孤儿》，不仅轰动了巴黎剧场，而且在18世纪的整个欧洲引起了巨大反响。其实，马若瑟翻译《赵氏孤儿》的初衷是希望欧洲人通过一部真正的中国悲剧观察中国文明的程度和道德观念。这比其前辈是长足的进步。

4. 三大名著

法国传教士对欧洲汉学的贡献还在于，在他们的努力下，出现了18世纪欧洲汉学"三大名著"。

《通信集》，全称《耶稣会士通信集》（*lettres Edifiants et Curieuses Ecrites des Missions Etrangères par Quelques Misssionaires de la Compagnie de Jesus*），是欧洲旅居中国和东印度传教士的书信和报告集，1702年至1776年，共刊出了34卷，其中16—26卷收录由中国寄来的通信，它不仅为欧洲的读者"提供了有关传教区的生活"，而且用

① 范存忠：《中国文化在启蒙时期的欧洲》，第6、7章有关内容，上海，上海外语教育出版社，1991。

"细腻的文笔提供了有关中国的成千上万种新鲜物"①，引起了欧洲人极大的兴趣，也为国外汉学提供了详细、生动的原始资料，所以很快就被翻译成欧洲多种文字。

《中华帝国全志》，全称为《关于中华帝国及满蒙地理、历史、年代、政治及物产等的记述》（*Descripion Géographique, Historique, Chronologique, et Phsique de l'Empire de la Chine et de la Tartartre Chinoise*），是法国耶稣会士杜赫尔德主编的一部四卷本的中国百科全书。1735 年在巴黎出版，次年在海牙第二版问世，不久，相继有了英、德、俄译本。书中还收录了耶稣会士翻译的十几首《诗经》中的诗歌，《今古奇观》中的几篇小故事，马若瑟翻译的《赵氏孤儿》和丹维尔及其门生一起绘制的《中华新图》等。值得一提的是，杜赫尔德从未到过中国，在哥比安去世后，担任《通讯集》主编工作，在校阅书简的过程中，萌发了写作的念头。此书对当时文化界所产生的影响是巨大的，是欧洲启蒙思想家伏尔泰、孟德斯鸠等了解中国的主要资料来源，被评论家们称为"明末迄于当时欧西中国研究百五十年成绩之大成，西洋汉学空前之金塔"，"可夸耀于世界之纪念碑"。②

《中国丛刊》，全称为《北京传教士关于中国历史、科学、艺术、风俗习惯之论考》（*Mémoires concernant l'Histore, les Sciences, les Arts, les Moeurs, les Usages des Chinois par les Missionaires de Pekin*）。丛刊主要收集各家各派对中国的论述和观点，所收论文内容之丰富和观点之鲜明，堪称为以学术论文为主的大型"论文丛

① 雅克·布鲁斯：《从西方发现中国到国际汉学的缘起》，李东日译，见《国际汉学》编委会：《国际汉学》1，北京，商务印书馆，1995。

② 莫乐寅：《汉学发达史》，87~88 页，上海，上海书店，1989。

书”。1776—1814年，共刊出16册。主编先后有：勃罗提业（Gabriel Brotier，1723—1789年），德经（Joseph Guignes，1721—1810年），萨西（Antoine Isaac Sylvestre de sacy，1758—1838年）。从学术角度来看，《通信集》是原始资料的汇编，《中华帝国全志》主要是作者的观察和介绍，《中国丛刊》则是真正的论文集。因此，《中国丛刊》的出版，在汉学发展史上有重要的地位。这与丛刊的三位主编，除了勃罗提业做过短期的传教士之外，其他两位都是职业的学者密切相关。[①]《中国丛刊》的出现标志着“几世纪前顺利地由利玛窦开创的一种事业的完成”，说明耶稣会士的中国学已经达到了一个“顶峰”。[②]

虽然法国耶稣会士对中国的研究作出了他们前辈所无法企及的成绩，但是我们也必须看到，汉学作为一门独立学科的时期毕竟还没有到来，而且传教士中国研究的局限也十分明显。如他们的译作存在着选材疏漏、介绍粗糙的问题，他们的研究理性不足而且只注视中国古典文化，忽视了对当时中国的研究。这种情况就好比一个中国人，来到当时的法国，没有见过卢梭、孟德斯鸠、伏尔泰、狄德罗其人，就连他们的大名也无所耳闻，显然难以真正地了解和认识中国。[③]

① 其实，勃罗提业自己也是希伯来、希腊和罗马古币的研究者。德经是法国皇家学院叙利亚文教授，匈奴、突厥和蒙古史专家。萨西是著名的东方学家、波斯和阿拉伯学专家、比较文学的先导者之一。

② 忻剑飞：《世界的中国观——近二千年来世界对中国的认识史纲》，128页，上海，学林出版社，1991。

③ 莫里斯·罗宾：《近代欧洲“中国神话”》，见耿龙明、何寅主编：《中国文化与世界》，第2辑，上海，上海外语教育出版社，1994。

（三）欧洲早期的汉语研究与教学

1. 早期的汉语研究

16 世纪之前，欧洲人对汉语只有粗浅的介绍，谈不上研究。如意大利传教士柏朗嘉宾（Plano de Carpine）在他的《蒙古行记》中提到中国语言，法国汉学家韩伯师认为他是西方“第一位介绍中国语言和文献的人”①。继他之后，有传教士鲁布鲁克（Guillaume de Rubruk）、学者拉施特等。拉施特已经谈到一些比较实质性的问题，如认为汉字是一种“表意”而不是“标音”的文字；还指出，中国有许多方言，但写出来一样等。但只是在他的《史集》中提及，并不是专门论述。②

西方人对汉语真正重视始于 16 世纪。随着来华传教士整体文化素质的提高，在中国停留时间的延长，他们的研究逐渐深入。到了 18 世纪，达到了一定的规模和深度。他们工作的主要内容，一是讨论汉语的起源，二是编写汉语书籍。

汉语起源问题的论争，是当时欧洲关于语言起源问题争论的有机组成部分，同时也与一些传教士受“旧约象征说”思想束缚，试图“通过分析汉字”来“找到基督教信仰的象征”密切相连，这被称为汉字的“犹太式”读法。基于此，一些传教士认为中国的文字是从“埃及象形”文字派生出来的。虽然正如“旧约象征说”在欧洲并没有市场一样，最终，汉语文字的“犹太式”读法也被否

① 耿昇、何高济译：《柏朗嘉宾蒙古行记·鲁布鲁克东行记》，129 页，北京，中华书局，1985。

② 忻剑飞：《世界的中国观——近二千年来世界对中国的认识史纲》，117～120 页，上海，学林出版社，1991。

定，但这是欧洲汉语研究和整个汉学发展史上不可忽视的事实。

在编写汉语有关著作方面，传教士在语音、词汇和语法方面都做出了很大成绩。

（1）语音

在汉语语音方面，他们的主要工作是用罗马拼音注汉字。郭居静和利玛窦合编的《词汇表》（也译成《词典》）（*Vocabularium Ordine Alphabetico Europeo More Concinnatum et per Acceutus Suos de Digestum*），是“西方研究中国音韵学的第一部作品”①。利玛窦和罗明坚合编的《葡汉辞典》（*Dizionario Portoghese-Cinese*），是“汉语最早的拉丁字母拼音方案”，“后世一切汉语拼音方案的鼻祖”。②这两部著作在用西文字母标明中国字读音方面具有开创性，所以在汉语音韵学历史上有特殊的意义。但就系统性和对音韵学影响的深远来看，应是利玛窦的《罗马字注音》（也叫《西字奇迹》，*Procétédes Caractères de l'Extrême Occident*），金尼阁的《西儒耳目资》（*Vocabulaire Disposé par Tons Suivant l'Ordre des Mots Européens*）。其中，《西儒耳目资》是为当时在中国的西儒们所作的一部学习汉语的手册，因经过“中国学者的指示”，而且又根据“中国音韵原理”，经过一番“整齐划一的功夫”，所以比起先前利玛窦和以后何大化“顺手拼写”的注音都“更为系统”，③ 在中国音韵史上的价值也更为重要，“完整系统地记录了明末官话音系”，为“了解研究汉民族共同语自《中原音韵》到明清时期乃至现代的发展演变

① 林金水：《利玛窦与中国》，250页，北京，中国社会科学出版，1996。

② 杨福绵：《罗明坚、利玛窦〈葡汉辞典〉所记录的明代官话》，载《中国语言学报》，北京，商务印书馆，1995（5），71页。

③ 罗常培：《汉语拼音方案的历史渊源》，载《人民日报》，1957年12月18日。

规律”提供了“很有”用的“帮助”。①

利玛窦在《利玛窦中国札记》中曾记载了他由北京返回南京途中，与郭居静神父和钟鸣仁修士等共同谈论编写语音书籍的事：“整整用了一个月的功夫才到达临清城。这看来似乎是浪费了一个月的宝贵时间，但实际上却不是。钟鸣仁擅长使用中国语言，由于他的可贵帮助，神父们利用这个时间编制了一份中国词汇。他们还编成另外几套字汇表，我们的教士们学习语言时从中学到了大量汉字。在观察中他们注意到整个中国语言都是由单音节组成，中国人用声韵和音调来变化字义，不知道这些声韵就会产生语言混淆，几乎不能进行交谈。因为没有声韵，谈话的人就不能了解别人，也不能被人了解。他们采用五种记号来区别所用的声韵，使学者可以决定特别的声韵而赋予它各种意义，因为他们共有五声。郭居静神父对这个工作作了很大贡献。他是一个优秀的音乐家，善于分辨各种细微的声韵变化，能很快辨明声调的不同。善于聆听音乐对于学习语音是个很大的帮助。这种以音韵书写的方法，是由我们两个最早的耶稣会传教士所创造的，现在仍被步他们后尘的人们所使用。如果是随意书写而没有这种指导，就会产生混乱，而对阅读它的人来说，书写就没有意义了。”②

传教士的汉语语音研究，在当时和后世都产生巨大影响。罗常培认为，利玛窦的罗马注音和金尼阁的《西儒耳目资》，在中国音韵学发展史上，“跟以前守温参照梵文所造的 36 个字母”，后来

① 曾晓渝：《〈西儒耳目资〉音韵系统研究》，见西南师范大学中文系汉语史研究室编：《汉语史论文集》，11、47 页，重庆，西南师范大学出版社，1995。

② 利玛窦、金尼阁：《利玛窦中国札记》，何高济、王遵仲、李申译，336 页，北京，中华书局，1983。

“李光地《音韵阐微》参照满文所造的合声‘反切’”，应“具有同等的地位”。[①]《西儒耳目资》这样的书，“把历代认为神秘的音韵学弄得浅显多了”[②]。利玛窦的《西字奇迹》是中国第一个“拉丁字母的拼音方案”，而利玛窦和金尼阁的拼音方案是“后来教会和外国汉学家所拟拼音方案的鼻祖”。[③]

（2）词汇

1575—1800 年，欧洲出现过 60 多种汉语或汉外对照类辞书，其中大多是抄本而不是印制本，约有 50 种保存至今。[④] 可见，西方人对编写汉语和汉外对照词典颇有热情。

欧洲人编写的第一部中外合璧字典可能是西班牙人拉达（Martin de Rada）根据泉州闽南话用西班牙文编著的《华语韵编》，1575 年附在门多萨的《中华大帝国史》中传到了欧洲。[⑤]

在早期的辞书中，利玛窦和罗明坚于 1584—1586 年合编的《葡汉辞典》影响较大。杨福绵指出，《葡汉辞典》“可能是学习中国官话的第一部双语”辞典。[⑥] 不过，该书并没有完成。1934 年，耶稣会史学家德礼贤（Pasquale D'Elia，S. J.，1890—1963 年）在

① 罗常培：《耶稣会士在音韵学上的贡献》，见《历史语言研究所集刊》，第 1 本，第 3 分册，268、317 页，1930。

② 王力：《汉语音韵学》，160 页，北京，中华书局，1954。

③ 利玛窦：《明末罗马字注音文章》，内容说明，北京，文字改革出版社，1957；金尼阁：《西儒耳目资》，内容说明，北京，文字改革出版社，1957。

④ 王力达编译：《汉语研究小史》，127 页，北京，商务印书馆，1963。

⑤ Paul Demiéville, *Apercu Historique des Etudes Sinologiques en France*.

⑥ 杨福绵：《罗明坚、利玛窦〈葡汉辞典〉所记录的明代官话》，载《中国语言学报》，1995（5），71 页。

罗马耶稣会档案馆发现了这部辞典。①

不仅如此，孙璋（Alexandre de la Charme）、钱德明、魏继晋（Florian Bahr）等人还编有“多种语种词典”。孙璋编有《汉蒙法对照字典》（6册），其中法文语句大致横写，满、汉、蒙古语译文都是直书。②钱德明编的是一部梵、汉、藏、满、蒙古五种语言对照的字书。但该书更像一部“文选”。“是编与其谓字书，勿宁谓为一种佛徒所用之神学、哲学、道德学选录。”③与钱德明的数种语言对照字书相较，魏继晋的《六种语言大辞典》（*Grand Dictionnaire en Sir Langues*：*Chinoise*，*latine*，*Francaise*，*Italienne*，*Portugaise et Allemande*），是一部内容更加明确的汉、拉丁、法、意、葡、德语对照辞典。④

（3）语法

语法研究方面，卫匡国、万济国（也译瓦罗，Francisco Varo）、殷铎泽、蒙采尔、穆勒等都编写过中文语法方面的图书。不过，总体看，语法书的编写规模要小，且与词书一样，大多没有刊行。其中，影响最大的是马若瑟编写的《中国语言志略》（*Notitia Linguae Sinicae*）。1728年在广州编成，后寄回法国请傅尔蒙校阅，直到

① 杨福绵：《罗明坚、利玛窦〈葡汉辞典〉所记录的明代官话》，载《中国语言学报》，北京，商务印书馆，1995（5），36页。

② 费赖之：《在华耶稣会士列传及书目》，冯承钧译，723页，北京，中华书局，1995。

③ 费赖之：《在华耶稣会士列传及书目》，冯承钧译，846页，北京，中华书局，1995。

④ 费赖之：《在华耶稣会士列传及书目》，冯承钧译，750页，北京，中华书局，1995。

1831年才于马六甲面世。[①]

该书的主要特点有二：一是作者打破了自身母语法语和拉丁语的语法框架，力求依据汉语本身的特点来分析汉语语法，属汉学史上的首创。“昔人为此研究者，泥于拉丁文法原则，若瑟则不然。其所用者全为新法，勿宁谓其摒除一切方法，即以语句之结构代替文法规则，质言之，习华语者重实习而不重理论。”[②] 二是内容极其丰富，不限于语法。许多评论指出，该书虽主要论述语法，但也可以使读者学到很多文学知识。“若瑟不仅搜辑华语之一切文法规则与夫语助词，而且对于文体、古今成语、俗语、常用之比喻广事引证，并加必要之说明”，该书不只是一部文法修辞学，实际上是“全部文学讲义”。[③]

因此，该书在西方汉语研究史上的地位很高。不仅雷慕沙、费赖之等欧洲汉学名家认为其为欧洲人此类著作中的“最佳”作品[④]。日本汉学家石田干之助也持同样的看法，认为其“最先将中国语的性质与其构造，正确地传于欧人”[⑤]。方豪也认为该书“博大缜密”，“为西人研究我国文字学之鼻祖”。[⑥] 因此，该书的译本很多。

---

① 费赖之：《在华耶稣会士列传及书目》，冯承钧译，523、524页，北京，中华书局，1995。

② 费赖之：《在华耶稣会士列传及书目》，冯承钧译，524页，北京，中华书局，1995。

③ 费赖之：《在华耶稣会士列传及书目》，冯承钧译，525页，北京，中华书局，1995。

④ 费赖之：《在华耶稣会士列传及书目》，冯承钧译，524页，北京，中华书局，1995。

⑤ 石田干之助：《中西文化之交流》，109页，上海，商务印书馆，1941。

⑥ 方豪：《中西交通史》（下），943~964页，长沙，岳麓书社，1987。

2. 早期的汉语教学

为深入了解中国以方便传教布道，传教士学习汉语的要求越来越迫切，教授汉语的现象应运而生。

起初，教授汉语的人员非常复杂（如商人、译员、学者等），水平自然不一。其中，比较理想的是译员和学者。罗明坚和利玛窦进入肇庆后，就以高薪聘请了一位有声望的中国学者做家庭教师，在其帮助下用“适合百姓水平的文体写了一部关于基督教义的书”。[①] 当然，先学的传教士也可以担任后来者的老师，而且逐渐形成一支重要的力量。有的传教士还为此编写书籍，《葡汉辞典》《西字奇迹》《西儒耳目资》《中国语言志略》等，就是最早的“汉语教科书”。

在欧洲，随着中国文化的传入，也有人产生了学习汉语的愿望和兴趣，他们请教的对象，主要是从中国回去的传教士，也有少数西去的中国人。其中，最早教授汉语的可能是意大利传教士卫匡国，他的学生是莱顿大学的东方学学者雅各布·戈利耶斯。他对中国人用天干地支纪年的方法以及其他各种历法很感兴趣，曾在一位中国学者的帮助之下弄清楚了一些问题。[②] 继卫匡国之后是比利时的传教士柏应理。柏应理返欧洲期间，一些汉学家向他请教有关中

① 利玛窦、金尼阁：《利玛窦中国札记》，何高济、王遵仲、李申译，171 页，北京，中华书局，1983。

② 1654 年他们在比利时安特卫普再次会面，戈利耶斯又向他询问了许多发生在中国的新鲜事，回莱顿后，发表了有关中国的论文，并邀请卫匡国至莱顿大学，修订中国历法。见熊文华：《荷兰的汉学研究》，见《汉学研究》第 2 集，2~3 页。莫东寅认为，卫匡国西归时为东方学做了两件大事，一是到荷兰时，出版了新的中国地图，二是认识认识戈利耶斯并“教他汉语”以及其他汉学知识。见莫东寅：《汉学发达史》，60~70 页，上海，上海书店，1989。

国的事情，蒙采尔等还向他学习了汉语。①

在早期向欧洲人讲授汉语的，也有西去的中国人。如 1681 年跟随比利时传教士柏应理赴欧的沈福宗（Michal Tchin Fotsang），1700 年随法国传教士洪若翰返法的一位中国随行人员和因法国外方传教会（Missions Etrangères）派遣而赴法国的黄嘉略等。

牛津大学教授、波德利安（Bod Leian）图书馆馆长、著名的东方学者海德（Thomas Hade），就曾向沈福宗学习汉语，并从他那里获得研究资料，编著了《中国度量衡考》（1688 年）等书，被认为是英国中国学的先觉者。德国学者穆勒在英国期间向海德学习过汉语，回国后致力于中国研究，修正了《中华文物图志》，出版了《马可·波罗纪行校本》（1671 年）、《中国地理历史考》、《北京官话辞典标本》等多种著作，“成为德国汉学之开山祖”。②

黄嘉略在法国住了十年，与对中国感兴趣的很多法国人交往甚密，向他们传播中国文化知识，同时也讲授汉语，使他们成了法国著名的非教会人士的汉学家。尤其是傅尔蒙，后来任法兰西学院阿拉伯语教授，还继续研究汉语，成为“法国初期的汉学者德经等”的老师，而德经（De Guignes）的中国研究，开了法国汉学的先河。③

除个人的教学之外，当时一些学校也开始出现了汉语教学。比如 16 世纪时中国澳门有一座由修道院发展起来的圣保禄学院

① 费赖之：《在华耶稣会士列传及书目》，冯承钧译，309 页，北京，中华书局，1995。

② 莫东寅：《汉学发达史》，73 页，上海，上海书店，1989。

③ 莫东寅：《汉学发达史》，89、90 页，上海，上海书店，1989。

（Colegio Sao Paulo），汉语是课时最多的必修课。[①] 在西欧，法国皇家学院于 1742 年开始讲授汉语，开创了欧洲汉语教学的先河。[②] 1796 年创办的巴黎东方语言学校，虽然当时只讲授满语，但它不仅为法国东方研究打下基础，也为 1814 年法兰西学院正式开设中国语言讲座起了先导作用。[③]

第二节　法国汉学（中国学）的产生和发展

一、19 世纪的汉学

（一）概　述

19 世纪，法国最重大的贡献是使汉学（Sinologie）作为一门学科首先在其国内得以确立。其主要标志是，1814 年 12 月 11 日法兰西学院（College de France）的教授们决定开设汉学讲座（chaire de sinologie），并于翌年 1 月 16 日正式开课，年仅 27 岁的汉学家雷慕沙（Abel Rémusat）任教授。这不仅对法国汉学，而且对整个国外汉学都有决定性的意义，因为汉学的专业化研究模式自此开启。[④]

---

① 黄鸿钊：《澳门和天主教在远东的开端》，见朱维铮主编：《基督教与近代文化》，323~324 页，上海，上海人民出版社，1994。

② 谢和耐：《法兰西学院的汉学研究》，见阎纯德主编：《汉学研究》，第一集，9 页，北京，中国和平出版社，1996。

③ 莫东寅：《汉学发达史》，91 页，上海，上海书店，1989。

④ 福井康顺等：《道教》，第 3 卷，朱越利、冯佐哲等译，毛良鸿校，225 页，上海，上海古籍出版社，1992。

此后，在法国和欧洲的许多大学中相继开设汉学讲座。

汉学首先在法国确立，与 18 世纪法国文化界尤其是传教士打下的坚实基础密不可分。如早在 1796 年，蓝歌籁（Luois Mathieu Langles，1763—1824 年）就创立了在世界汉学发展史上举足轻重的巴黎东方语言学院（Ecole speciale des langues orientales vivantes，1914 年后改 speciale 为 nationale）。

随着汉学学科的建立，法国汉学在教学机构的建立、研究队伍的形成和资料搜集等方面，都取得了可喜的成绩。（1）教学机构的建立。继法兰西学院汉学讲座之后，1843 年，东方语言学院开始开设汉语课，接着又增设远东历史、地理讲座，该校是培养远东外交官的摇篮。1888 年，又在越南西贡建立远东法兰西学院，是法国东方研究的重要机构。（2）汉学家队伍的形成。1914 年开始，逐渐形成一支真正意义上的汉学家队伍，主要由法兰西学院、东方语言学院的教学和研究人员，以及后期的传教士和外交官汉学家组成。（3）建立学会、创办刊物。1822 年，雷慕沙与德国汉学家克拉普洛特（Klaproth）在巴黎发起建立“亚细亚学会”（Société Asiatique），并创办了当时十分有影响的《亚细亚学报》（*Journal Asiatique*，略称 J. A.），考狄创办的《通报》（*T'oung Pao*，略称 T. P.，1890 年）[①]，1901 年创刊的《河内远东法兰西学院学报》（*Bulletin de l'Ecole Francaise d'EXtrême - Orient*，略称 B. E. F. E. O.）也很有名。（4）资料的收集。基美博物馆（Musée Guimet，现法国国立亚洲艺术博物馆）、卢浮宫（Louvre）的东方部、巴黎国家图书馆

① 至今仍由荷兰博睿出版社（Brill）出版，是非常权威的汉学刊物。

(Bibliothèque Nationale)[①] 的收藏，都非常有名。汉学家、私人收藏家戴何都（Robert des Rotours）在巴黎近郊的维罗孚拉（Viroflay）私人图书馆里收集有十几万卷的中国书籍，被称为欧洲第一私人汉籍收藏家。后来，他所收藏的图书均入藏汉学图书馆。

19 世纪和 20 世纪初的法国汉学，大体可以分为两个阶段。19 世纪 40 年代之前，由于种种原因，两国的往来几乎中断。这虽然没有影响法国汉学家的研究热情，而且汉学就是在这样的情况下得以确立的，但他们在无法到中国进行直接考察的情况下，只能把更多的精力投向 18 世纪传教士带回去的中国文献的翻译和研究。19 世纪 40 年代起，随着《黄埔条约》的签订，法国的汉学家开始到中国进行实地考察，从而把法国的汉学研究推向一个新的高潮，出现了被研究者称为汉学研究的“黄金时代”。[②]

无论是前阶段还是后阶段，法国汉学的成绩在欧洲甚至全世界，都居领先地位。20 世纪三四十年代，随着美、日、苏中国学的崛起，这一情况才有所改变。

这一时期的法国汉学，从总体上看，具有如下特点：

其一，随着西方科技的发展，自然科学中的观察、实验、重视实地考察等方法，被运用到社会科学领域，语言学、历史学、民族学等无不如此，汉学亦然。因此，19 世纪法国的汉学逐渐走向成熟的理论分析和严格的学术考察，而且视野也大为开阔。

其二，注重跨国和跨文化的比较研究。代表性作品如雷慕沙译

① 巴黎国家图书馆收集的汉籍历史悠久，质量和数量都是欧洲之最，伯希和于 1909 年将他在中国敦煌搜集的秘籍和北京搜集的孤本、珍本都珍藏在这里。

② 福井康顺等：《道教》，第 3 卷，朱越利、冯佐哲等译，毛良鸿校，231 页，上海，上海古籍出版社，1992。当然，我们不能因此否定《黄埔条约》的侵略性质。

注的法显撰《佛国记》（1836 年），儒莲（S. Julien）的《亚细亚地理与中印文献学论》（1864 年）等，还有德韦理亚（G. Deveria）对中国周边地区的西夏文、女真文、彝文和蒙古碑铭八思巴文进行的研究等。

其三，力图通过文学考察中国的传统文化和国情。19 世纪的欧洲，出现了司汤达、巴尔扎克、福楼拜、左拉等举世瞩目的现实主义大师，现实主义文学取得辉煌成绩。“文学是现实生活的镜子”这一当时欧洲文学思潮也影响到汉学，特别是对中国文学的研究。毕欧（E. Biot）认为中国的《诗经》是“东亚传给我们最出色的风俗画之一”；德理文通过对《诗经》的研究，了解中国上古的房屋建筑、农作物、生产工具以及家庭生活的众多细节；雷慕沙则认为《玉娇梨》是一部“真正的风俗小说”。①

当然，19 世纪和 20 世纪初法国汉学家也有他们的局限。比如，像 18 世纪的传教士一样，重视“古代而忽视了当代”，《红楼梦》《水浒传》《儒林外史》等忠实反映现实且又体现中国人精神、道德、社会风貌的小说，大多只有节译；对宋、元、明、清哲学流派中的直觉主义学派等，都没有重视。实际上，这也是整个欧洲汉学的局限。20 世纪戴密微出现后，情况有所改变。② 另外，西方的汉学是在殖民扩张的大背景下走向繁荣的，因此不可能不带上政治因素和商业气味。但是，作为一门学科，商业和外交上的实用性并没有从根本上动摇汉学家做“学院式”研究的根基。

19 世纪、20 世纪初的法国，虽然没有出现像 18 世纪那样的

① 钱林森：《中国文学在法国》，129 页，广州，花城出版社，1990。

② 王志平：《谢和耐与中国社会思想史研究》，见李学勤主编：《国际汉学漫步》（上），石家庄，河北教育出版，1997。

“中国热”，也没有像伏尔泰、孟德斯鸠、重农学派等深受中国文化影响的思想家和文学家，但中国文化对法国的影响依然很大。如拿破仑最早提出“睡狮”的说法；著名作家雨果、巴尔扎克、莫泊桑都对中国有独到的论述；戈迪埃、马拉美等作家对中国形象的追寻，直接影响了20世纪许多作家的创作。

（二）代表性汉学家

用“现代”模式对中国进行研究的汉学家，首先在法兰西学院和东方语言学院诞生，雷慕沙、儒莲、毕欧、德理文、巴赞、哥士耆、德韦理亚等为代表。

1. 法兰西学院的雷慕沙、儒莲和德理文

文艺复兴时期，为承担巴黎大学所不能接受的教育科目，法兰西学院应运而生。法兰西学院的教授，既有严谨的学风，又有开拓精神，是一些真正的学院派。初建时主要进行希伯来文和希腊文教学，但随着时代的发展有很大变化。谢和耐认为，该学院是19世纪“法国从事中国历史和文明科学研究的唯一机构”，20世纪，“仍继续在这一领域中扮演着一种重要角色”。[①]

雷慕沙（Abel Rémusat，1788—1832年）是该院首位汉学教授，也是汉学这门学科的第一任教授。雷慕沙自幼聪明过人，喜爱植物学，为读《本草纲目》自学汉语和满语，从此与汉学结下不解之缘。1813年，以研究中国医药的论文获巴黎大学博士学位。1814年受聘为法兰西学院汉学讲座教授，即“汉·鞑靼·满语言文学教授”。1822年与德国汉学家克拉普洛特在巴黎共同发起建立“亚细

① 谢和耐：《法兰西学院的汉学研究》，见阎纯德主编：《汉学研究》，第一集，54页，北京，中国和平出版社，1996。

亚学会”并刊行会报，影响极大。后来还任皇家文库东方部主任、盲哑教育改革委员会委员、皇家印制局东方抄本出版委员等。1832年6月3日死于霍乱。

雷慕沙博学多才，尤其是在汉语和中国佛学方面所取得的成绩，引起后人极大重视。在汉语语法方面，他的《汉语语法基础》被认为是“西方第一部汉语语法”书[①]，至1987年还在出版，可见其学术价值。在佛学方面，他与儒莲一起，首先推动了19世纪和20世纪初法国汉文佛典的翻译和研究工作。戴密微认为，雷慕沙的译作《佛国记》，尤其是其中所附的大量注释，首次向西方人提供了对中国佛教比较公正的看法。马伯乐（Henri Maspero）认为《佛国记》中提出了一个“最重要”并“不断地掀起”汉学家们“热情”的问题，即“中国和西方世界古老的关系”和“往昔世界文化相互影响”的问题。[②]

继任雷慕沙教席的是其得意门生儒莲（Stanislas Julien，1797—1873年）。儒莲学过希腊语、阿拉伯语、希伯来语、波斯语、梵语等多种语言，后跟雷慕沙学习汉语和满语，学业根底牢固，兴趣广泛。他除在汉语研究、佛教著作翻译方面与雷慕沙齐名外，还对中国俗文学情有独钟，翻译了两出元杂剧：《灰阑记》（1832年）和《西厢记》（1872—1880年），并逐字逐句地翻译了《赵氏孤儿》（1834年），与此同时，他还向西方翻译介绍了被称为“才子佳人”的话本小说等。此外，他的《中国陶瓷历史及其制作方法》（1856

① 忻剑飞：《世界的中国观——近二千年来世界对中国的认识史纲》，285页，上海，学林出版社，1991。

② 马伯乐：《汉学》，马利红译，见《汉学研究》，第三集，46页，北京，中国和平出版社，1999。

年)、《中华帝国古代现代技艺》(1860年)等译本，把中国工艺知识介绍到欧洲。儒莲是法兰西学院教授，同时又是东方语言学院教授和国家图书馆副馆长，还培养了一批出色的汉学家。因此，戴密微认为，他是“19世纪中叶欧洲汉学界无可争辩的大师”。不过，戴密微对他的人品颇有微词。①

继任儒莲的是他的学生德理文（De Saint-Denys，1823—1892年)，他的主要贡献是翻译和研究《离骚》和唐诗。

2. 东方语言学院的巴赞、哥士耆、德韦理亚等

东方语言学院是法国乃至整个欧洲又一重要的汉学教学和研究机构。其前身为“青年外国语学校”(即翻译生学校)，是因商业活动和外交文书往来需要所创办的，与法兰西学院的学术性相较，“实践性”和“平稳性”更强。②

东方语言学校第一位汉学教授是巴赞（Antoine Bazin，1799—1863年)。巴赞也是儒莲的学生，在中国白话和通俗文学研究方面卓有成绩。此外，还译有《今古奇观》中的12篇故事，著有《中国藩部民族志》(1867—1883年)，强调的是中国天朝的对外关系。继巴赞之后在该校任汉学教授的是儒莲。六年后，是波兰公爵哥士耆（Alexandre Kleczhowski，1817—1886年)，他曾任翻译多年，也曾任法国驻中国外交官，回法后任巴黎东方语言学院教授，编有《中国语文教科书》。接替哥士耆的是在华做过翻译的冉默德（Maurice Louis Marie Jametel，1856—1889年)，他著有《北京的搪瓷工匠》(1886年)、《北京：中华帝国回忆》(1887年)等书，编著有《西藏中国碑铭》(第一编，1880年)一书。接着是德韦理亚

① Paul Demiéville, *Apercu Historique des Etudes Sinologiques en France*, II.

② 考狄：《中国研究：1891—1894年》, *T'oung Pao*, Vol. VI, 1895, p. 120.

（Gabriel Devéria，1844—1899 年），他也曾任翻译多年，写作的《中国与安南—越南关系史》（*Histoire des Relations de la Chine avec l'Annam-Viêtnam*，1880 年）一书，曾获 1888 年儒莲奖。晚年，他对中国的伊斯兰教、摩尼教以及中国周边地区少数民族的语言产生兴趣，并写有不少颇有影响的著作。继德韦理亚之后的是久居北京、曾任外交官的微席叶（Arnold Vissière，1858—1930 年），他在北京工作了整整 30 年，不仅学识渊博、严肃认真，而且非常谦逊。他的《汉语（北京官话）入门》（*Premières Lecon de Chinois*：*Langue Mandarine de Pékin*，1909 年）、《伊斯兰教研究》（*Etudes Sino-Manométanes*，1907—1929 年）、《关于算盘的起源和它衍生筹算的研究》（*Recherche sur l'Origine de l'Abaque et sur sa Dérivation des Anciennes Fiches à Calcul*，1890 年），都非常有价值。

3. 毕欧

一般认为，19 世纪前期，雷慕沙、儒莲和毕欧（E. Biot，1803—1850 年）是最有成就的汉学家。

毕欧也是儒莲最优秀的学生之一，研究领域涉及中国的科学、天文、地理、气候、教育、工艺等。他的《关于远古时代中国领土所有权的条件》（*Mémoirre sur la Condition de la Proprété Territoriale en Chine depuis les Temps les plus Anciens*，1838 年），被认为涉及了“还没有人问津”的有关中国古代领土和经济问题，译作《周礼》因译文“质量之高”，被誉为是西方“绝无仅有”的译本。[1]

19 世纪前半叶，以雷慕沙、儒莲、毕欧为代表的汉学家，虽

① Paul Demiéville, *Apercu Historique des Etudes Sinologiques en France*, II.

然未曾踏上中国的土地，但他们所取得的成绩，超过前两个世纪。①

4. 外交官汉学家戴伯理和于雅尔

戴伯理（Dabry de Thiersant，1826—1898 年）是驻华领事馆负责军事方面的外交官，他的《中国人的“易学”》（1863 年）和《中国中原和新疆的伊斯兰教》（1878 年）至今仍有价值。于雅尔（Camille Imbault-Huart，1857—1897 年）领事在中国诗词的译介方面特别突出，《18 世纪中国诗人袁子才的生平及其著作》（1884 年）、《14 至 19 世纪的中国诗选集》（1886 年）、《中国现代诗》（1892 年）等，都有自己独有的见解，影响很大。

5. 传教士汉学家顾赛芬和戴遂良等

19 世纪后期，中国的大门被打开，由于法国在经济方面远不如英、美，便采用了传统的扩展宗教力量的方式。当时的外交使团团长拉萼尼就认为：“依仗着宗教的因素，法国就能弥补它在商业上的不足。”②

在汉学方面有成就的传教士主要有顾赛芬、戴遂良、费赖之等。

1853 年，顾赛芬（Séraphin Couvreur，1839—1919 年）入耶稣会。1870 年来中国，在北京学习汉语，后在河间府天主教堂当神父多年。顾赛芬酷爱中国古典文学，他翻译的中国古籍不仅数量达到惊人的程度，而且通常用双语（法语和拉丁语）对汉语同时进行翻译。由于拉丁语的结构更加自由，加上他的法文、拉丁文的准确

① 刘增泉：《汉学研究在法国》，见林徐典编：《汉学研究之回顾与前瞻》（下），238 页，北京，中华书局，1995。

② 金重远：《拉萼尼使团和中法黄埔条约 · 三》，见楼均信、郑德弟、吕一民主编：《中法关系史论》，120 页，杭州，杭州大学出版社，1996。

优雅，使得译文不仅可靠，且很实用。20 世纪 50 年代后，仍有机会在巴黎再版。他编写的辞书《汉语古文字典》（*Dictionnaire Classique de la Langue Chinoise*），1890 年出版后多次修订再版，在西方至今仍得到好评。

戴遂良（Léon Wieger，1856—1933 年）也是耶稣会士，1881 年来中国，大部分时间生活在直隶献县。先以医生身份从事传教，后致力于汉学研究。他的研究面十分广泛，跟顾赛芬一样，也被认为是这一时期汉学家中“最卓著者之一”，但有些“浅尝辄止”。①不过，他编写的《汉字》（*Caractères Chinois*）一书中关于语音的内容，比高本汉（Karlgren）的《汉语解析词典》（*Analytic Dictionary*）还要早，是西方汉语音韵研究方面的第一部书，贡献突出，意义重大。

费赖之（A. Pfister，1833—1891 年）神父于 1869 年来华后，受命整理上海徐家汇藏书楼图书。他编写的《在华耶稣会士传略及书目提要》（*Notices Biographiques et Bibliographiques sur les Jésuites de l'An-cienne Mission de Chine de* 1552—1773，1932—1934 年），共收录了 16—18 世纪耶稣会传教区人物 467 人，书目 800 种，涉及明、清两代政治、文化、社会习俗、中外关系等诸多问题，被公认为是一部学术价值极高的宏篇巨著。②

---

① Paul Demiéville, *Apercu Historique des Etudes Sinologiques en France*, II.

② 费赖之：《在华耶稣会士列传及书目》，冯承钧译，1214 页，北京，中华书局，1995。

（三）主要研究成果

1. 现状

在中国现状研究方面，有分量的著作数量不多[1]，古伯察（Evariste-Regis Huc，1813—1860年）神父的《中华帝国》（*L'Empire Chinois*，1854年）比较具有代表性。古伯察神父1839年到澳门，两年后到北京；1844年第二次起程前往西藏，1846年到达拉萨，后被中国当局押送回澳门。在游历过程中，他喜欢像中国人一样穿戴，使用汉语，并细心观察沿途的人情风俗。因此，他的《中华帝国》一书内容充实丰富，向法国大众提供了"中国的全貌"，勾勒出了一种"令人难忘"的中国人的形象，同时也不忘指责他们的不端行为。[2]

2. 历史

这一时期，法国的中国史研究更加细化，断代研究趋向明显，如戴遂良的《近代中国风俗志》和《现代中国》等。尤其是《现代中国》（共10卷）是有关辛亥革命的编年史，"内容丰富""结构紧凑"，尤其是涉及神父本人所在地的语言和民间故事，都得之于"第一手素材"，还包括中文原文和非常自由的译文，被认为是部断代史的力作。[3] 另外，研究的视野更加开阔，倾向于中国与周边国家以及国际关系的研究，如雷慕沙的译作《佛国记》，儒莲的

---

① 约·罗伯茨（G. Roberts）编著：《19世纪西方人眼中的中国》（*China Through Western Eyes the Nineteenth Century*，北京，时事出版社，1990），蒋重跃、刘林海译，收有大量19世纪西方人论述中国的资料，但提到法国的著作很少。

② 雅克·布洛斯：《从西方发现中国到国际汉学的缘起》，见《国际汉学》编委会：《国际汉学》1，469~471页，北京，商务印书馆，1995。

③ Paul Demiéville，*Apercu Historique des Etudes Sinologiques en France*，II.

《亚细亚地理与中印文献学论集》、汉译《突厥历史资料》，德韦理亚的《中国与安南—越南关系史》等，都用一种跨国、跨文化的研究视野，来考察中国与周边国家以及欧洲国家的关系。这一方面有利于深入研究问题，但也诚如戴密微所说，其目的与其说是研究中国，不如说是为了世界通史而挖掘中国资料，人们完全可以责备这是汉学研究中的一种“流行病”。①

3. 宗教

这一时期，法国汉学家对中国哲学和宗教的研究，在观点上神学性减弱、客观性加强，在视野上不再聚焦于儒学与易经，对佛教、道教等更加重视。② 如当时三大汉学家中的雷慕沙、儒莲都热衷于佛教研究。由于18世纪传教士的“扬儒抑佛”，使得西方人，包括汉学家在内，对中国佛教缺乏客观的认识，资料也非常缺乏，在这样的条件下，研究的艰难可想而知。雷慕沙译注的法显撰《佛国记》和儒莲译注的玄奘著《西域记》等，在汉学发展史上具有开拓性的意义。③ 尤其是雷慕沙译注的《佛国记》，第一次向西方人提供了对中国佛教比较公正的看法，意义更为重大。

这时期法国道教研究也是由雷慕沙开始的，他于1823年发表了《论老子的生平及其作品》，用法语试译了老子《道德经》的部分章节，并提出了自己的看法，认为老子是公元前6世纪的哲学家，其思想可以归结到毕达哥拉斯和柏拉图或他们的弟子中去。这与18世纪欧洲对儒学的追捧形成鲜明对比，打开了人们的思路，

① Paul Demiéville, *Apercu Historique des Etudes Sinologiques en France*, II.

② 考狄：《中国研究：1891—1894》(Etudes Chinoises：1891—1894), *T'oung Pao*, Vol, VI, 1895.

③ 郭丽英：《法国对汉传佛教的研究》，见戴仁主编：《法国当代中国学》，耿昇译，320页，北京，中国社会科学出版社，1998。

在汉学发展史上具有深远意义。儒莲翻译的老子《道德经》(1842年)①,忠实于原文,廓清了道教思想的基本原理,使西方人的道教思想摆脱了基督教观念的影响,"结束了18世纪道教主义的哲学基督教神话"的局面。② 马切伦(D. Marceron)的《道教研究文献目录》(1898年),是对以往道教研究及当时状况的总归纳。这部作品编排得当,条目清楚,附录之一的《著名道教徒传记抄》中提到的许多道教人物的名字,都用法文标出,为法国和欧洲人了解道教提供了极大的方便。而且,这本书还将用法文 Taôisme 来标明"道教"或"道家"这一做法确定下来。③

此外,汉学家对中国的伊斯兰教、摩尼教、基督教等,也抱有极大的热情。如德韦理亚晚年对伊斯兰教史和摩尼教史发生兴趣,考证出中国资料中末尼(摩尼)"Mo-ni"与伊朗改革者 Mani 的一致性,夏鸣雷写作了巨著《西安府景教碑》等。

不过,这一时期从总体上论述中国宗教的文章和著作占主体④,说明其研究还不是很深入、细致,这也是各门学科开始阶段的必然。

4. 文学

18世纪,除《赵氏孤儿》和有限的几篇小说外,传教士对中

---

① 《道德经》的第一部法文全译本是1838年由乔治·鲍狄埃(Georges Pauthier)翻译的,比第一部英译本(1868年)和第一部德译本(1869年)早了20多年。

② 葛雷:《道教思想与法国现代文学》,载《外国文学研究》,1987(1),115页。

③ 法国人最开始称"道教"或"道家"为"老君的宗派"或"道士的宗派"(La Religion de Tao-zu)。参见福井康顺等:《道教》,第3卷,朱越利、冯佐哲等译,毛良鸿校,230页,上海,上海古籍出版社,1992。

④ 何寅、许光华主编:《国外汉学史》,180~181页,上海,上海外语教育出版社,2002。

国文学涉猎很少，且《赵氏孤儿》只是节译，在理解上差距也较大。19世纪和20世纪初，法国汉学家改变了这种状况。

（1）戏剧

儒莲和巴赞的中国戏剧翻译和研究很有影响。如儒莲翻译的《赵氏孤儿》（1834年），已把其中的曲词部分包括进去，在欧洲产生了很大影响，《灰阑记》（1832年）也一样。巴赞效仿老师儒莲，翻译了《㑇梅香》（1834—1835年）、《合汗衫》（1838年）、《货郎担》（1838年）和《窦娥冤》（1838年），得到很高的评价。①

（2）小说

法国汉学家十分酷爱以大团圆结尾的中国爱情小说，可能是因为这些小说能向法国公众介绍当时欧洲人未曾看到的风俗，况且，这类作品比古典诗词更合他们的口味。② 这一领域不仅18世纪的传教士未曾涉及，就是当时的中国学术界也不重视，因此，法国汉学家的做法实际上对中国学者也是一种挑战。主要是在雷慕沙和儒莲的努力下，翻译出版了《白蛇精传》《平山冷燕》《玉娇梨》《好逑传》等。

《红楼梦》《水浒》《儒林外史》等古典小说的部分章节，也被翻译介绍给法国和欧洲读者，同时，开始出现个别作品全译本。详细情况可参看王丽娜的《中国古典小说戏剧名著在国外》。③

（3）古典诗词

对于中国古典诗词，这一时期已不限于《诗经》个别诗篇的翻译和研究，不仅有了《诗经》的全译本和深入研究，还开始了

---

① Paul Demiéville, *Apercu Historique des Etudes Sinologiques en France*, II.

② Paul Demiéville, *Apercu Historique des Etudes Sinologiques en France*, II.

③ 王丽娜：《中国古典小说戏剧名著在国外》，上海，学林出版社，1988。

《离骚》、唐诗、宋词、清诗的翻译和研究。

顾赛芬的法文、拉丁文、中文对照的《诗经》全译本（1898年）很受青睐，至今流行；而毕欧从文化角度对《诗经》进行的长篇专论，被认为是这时期最主要的研究文章。①

《离骚》和唐诗的译介首推德理文，他不仅译文漂亮，研究上也颇有心得。不过，相比之下，他的唐诗翻译和研究影响更加深远。他所编选的《唐诗》，共选译了李白、杜甫、王维等唐代35位诗人的97首诗，每首诗都有详细注释，重要的诗人附有简介，书前还有译者的长篇序言。在序言中，译者详细研究了中国诗歌从《诗经》到唐诗的发展过程及其特点，并对赋、比、兴、对仗、平仄等做了有意义的探讨。他还把《诗经》从内容到艺术手法，与西方的诗歌进行了比较。②

于雅尔对宋词和清诗的译介，也具有开拓性，尤其是他把中国诗歌的发展分为三个时期：古典时期、复兴时期和第三时期，并提出了自己独到的见解。他认为，古典时期的代表作是《诗经》；唐代是复兴时期，也是中国诗歌的鼎盛时期；从宋到清为第三时期，中国诗坛上模仿之风盛行，但也不乏“力图把诗歌从庸俗、炫博和浮华之风中挽救出来”的诗人，如苏轼、袁子才。③

（四）汉语教学和研究

在19世纪和20世纪初期的法国汉语研究史上，能称得上“创新”的汉语语法著作，按时间先后有：巴赞的《官话语法》、儒莲

---

① 钱林森：《中国文学在法国》，51、52页，广州，花城出版社，1990。

② 钱林森：《中国文学在法国》，53页，广州，花城出版社，1990。

③ 钱林森：《中国文学在法国》，33页，广州，花城出版社，1990。

的《新编汉语句法结构》、哥士耆的《汉语口笔语渐进大全讲义》、微席叶的《汉语（北京官话）入门》、于雅尔的《法国人实用口语手册》(1885 年)、戴遂良的《汉语入门》等。巴赞在《官话语法》中，对白话与文言中的表示“关系”和“条件”、重读的重要性等进行了分析，被称为“欧洲第一个”把文言和白话区分开来的汉学家。微席叶是一位外交官，处理过许多汉文文件，又在北京居住多年，能讲流利的官话，加上东方语言学院任教的经验，其《汉语（北京官话）入门》成为“很多法国乃至外国汉学家身边的必备书”。该书不仅有多次修改（1909—1928 年）再版，而且他的汉字注音方法，被法国远东学院和整个法国汉学界一直采用至新中国拼音方案制订使用。此外，汉学家们为了找出汉语的发展规律和音韵的结构，对汉藏语系中的诸语言进行比较，注意到了中国西南地区的少数民族的语言等，对汉语的深入研究和理论探讨都有着重要的意义。

二、20 世纪的汉学（中国学）

（一）概　述

20 世纪的法国汉学，像国际汉学界一样，受到了前所未有的复杂因素的影响，主要有：世界政治、经济、军事的风云变幻；现代西方自然科学、哲学、心理学等观念的更新；中国本土翻天覆地的变化。因此，整个 20 世纪的法国汉学，既是一个经受众多磨难和挫折的时期，同时又是一个迅猛发展、繁荣昌盛的时期。

20 世纪的法国汉学，大体上经历了第二次世界大战以前繁荣昌盛、二战后的低迷及 20 世纪 70 年代的转折三个时期。

20 世纪上半期，汉学家们一方面继承了 19 世纪前期“学院式”研究的功底，同时又有进行实地考察所得来的第一手丰富资料。所以，不仅创立了一些新的教学和研究机构，使法国的汉学机构趋向完备①；而且出现了一批有世界影响的汉学家，研究领域也进一步拓宽。

第二次世界大战使法国汉学遭受了严重的挫折，老一辈汉学家或受到迫害，或病故，但在保尔·戴密微（Paul Demiéville）的带领下走出了困境。这主要是汉学家努力的结果，但也与戴高乐将军打破西方封锁的僵局，于 1964 年首先与我国建立外交关系有密切关系。因为中法建交后，官方与民间的往来日趋频繁，各种层次的文化对话不断增加，一批年轻学者到中国学习汉语和中国文化，同时在中国大学里讲授法国语言与文学，回国后大多在汉学机构中担任要职。于是，一度沉寂的法国汉学又出现了可喜景象。

但是，1966 年开始的“文化大革命”使这一状况急转直下，一些汉学家忧虑、惶惑；一些汉学家坚持著书立说，但无法了解实情，不能作出客观而公正的判断；还有一些汉学家观察到了“四人帮”的谎言，但著作被斥为反动。因此，这一时期的法国汉学（当然也包括整个西方的汉学）处于困境状态。

20 世纪 70 年代末中国实行改革开放后，西方再度出现“汉语热”“中国热”，法国的汉学出现崭新的局面，同时也面临转折。因为，法国汉学素来以深厚的中国古典文化底蕴著称，但是对于现当代中国的研究一直是弱项。战后虽然有戴密微为首的汉学家的开拓，但是，随着美、日、苏中国研究的崛起和观念的日益更新，法

① 这些机构至今仍然是法国乃至整个国际汉学界培养人才、推进汉学发根的重要基地。

国汉学显得难以适应，面临新的危机和挑战。为此，法国的汉学家们义无反顾地进行了反思，尤其是1978年戴密微去世以后，他们更深切地体会到改变现状的迫切性和使命感，并积极努力。

战后的法国汉学没有在挫折中销声匿迹，也没有在新的挑战面前退却，在以下方面取得了不凡的进展：一是建立了一批新的汉学教学和研究机构。二是重视现当代中国的研究。三是研究观念和研究方式的更新。四是产生了一批有国际影响的汉学家。

表面看来，美国汉学发展迅速，令西欧各国“望尘莫及”，其实并不尽然，如法国人“稳打稳扎”，“一片愚诚”的治学精神，使其汉学收获可观。①

（二）二战前的代表性汉学家

第二次世界大战前的法国汉学家大体上可以分为三类：（1）国际巨匠。他们以在某一领域或研究方式上的开拓性贡献，在汉学发展史上占有重要地位，如沙畹、伯希和、马伯乐、葛兰言等。（2）在某一领域成绩卓著者。如格鲁赛（René Grousset，1885—1952年）主要从事亚洲历史和艺术研究，其巨著《草原帝国》多次重印。②其成果被载入教科书和大量的画册，在中学教师和非中文专业学生中颇有影响。埃斯卡拉（Jean Escarra，1885—1955年）在华居住多年，对中国法律颇有研究。白乐日（E. Balazs，1905—1963年）是杰出的社会学家、经济学家，是社会学家马克斯·韦伯的私淑弟子。列维（Sylvain Levi，1863—1935年）主要运用中国的资料来研究印度、西域佛教。（3）独树一帜的汉学家，如维克多·谢阁兰

① 陈祚龙：《浅评简介法国的汉学研究》，载《书目季刊》，23卷，第1期。
② 勒内·格鲁塞：《草原帝国》，刘霞译，前言，北京，商务印书馆，1998。

(Victor Segalen，1878—1919 年)。他 1809—1917 年同友人到黄土高原、青藏高原、四川盆地、长江流域等地观光、考察，发现中国无论名山大川、古刹圣地，或是市野路旁，到处都竖有石碑，便对“文字”“石头”与“永恒”产生了无穷的联想，并写作了散文诗《碑》。除了文学作品外，谢阁兰还撰写过不少有关中国陵墓建筑和雕刻艺术的论著，其《中国西部考古记》，一直为行家所称道。

1. 沙畹

沙畹（Edouard Chavannes，1865—1918 年）是公认的“欧洲汉学泰斗”。沙畹出生于里昂，毕业于巴黎高等师范学校。1889 年来华，在使馆任翻译。三年后，他被召回国，继德理文后任法兰西学院汉学教授。1907 年沙畹再次来中国，到满洲里、河北、山东、河南、陕西、山西等地进行考古考察。沙畹不仅自己著书立说，还培养了一批有影响的汉学家，如谢阁兰、伯希和、马伯乐、葛兰言等，在法国汉学及世界汉学发展史上产生了巨大影响。[①]

沙畹是一位历史学家，但对哲学、文学、艺术也有着浓厚的兴趣，他的“著作数量之大”，“内容涉及范围之广”，“令人惊奇”。[②] 1895—1905 年间翻译出版的五卷本的《史记》，虽然只翻译了其中的 47 篇，但译文精确，考据精细，注释详尽而丰富，颇有创见，是公认的“盖世名作”，至今还被广泛引证。在对司马迁的

---

① 对此，苏运鸣（Michel Soymié，1922—）说，沙畹不仅在自己的有生之年以耀眼的光芒显赫一世，而且簇拥在他身边的众多才华横溢的门生继承了他的遗产，将巴黎“西方汉学之都”的桂冠一直维持到第二次世界大战结束。苏运鸣：《法国汉学 50 年》，见戴仁主编：《法国当代中国学》，耿昇译，北京，中国社会科学出版社，1998。

② Paul Demiéville, *Apercu Historique des Etudes Sinologiques en France*, III.

译介过程中，他对“宗教思想在古代中国文化中占有重要位置”[①]这一问题产生兴趣，写出《土地神》（*Le Dieu du Sol en Chine*）这一杰作。出于对现代宗教的兴趣，他对中国北部进行了一次考古考察，并于1910年发表了一篇关于泰山祭祀的论文《泰山》，“从而开创了一条研究上古宗教的新路”[②]。与此同时，他对佛教产生兴趣，并写作了大量的著作。此外，他的两部艺术史：《两汉时代的石画像》（1905年）和《中国民间艺术愿望的表达》（1922年），图文并茂，开西欧研究中国艺术之风尚。总之，他的很多著作都是汉学发展史上难得的佳作。

2. 考狄

亨利·考狄（Henri Cordier，1849—1925年）生于美国，学于法国，研究于英国。1869年他首次游历中国，1876年回国，1881年在东方现代语学校任职，并被推荐为亚细亚学会会员、法国地理协会会长、索尔朋大学高等研究院研究员。1890年，他与荷兰汉学家斯莱格尔共同创办欧洲汉学杂志《通报》，久任编辑。

考狄长于研究中国史地和语言，对汉学的一大贡献，是第一个辑录了一部《中国书目》（或称《中国学图书志》，*Bibliotheca Sinica*），把最初时期到1924年的国外中国学著作目录全数收入，与他的《日本学书目》和《安南学书目》一起，成为“治东方学必备之书”。[③] 后袁同礼（Tun-li Yuan）于1958年把1921—1957年出版的有关中国的书目补充进去，约翰·吕斯特（John Lust）又把

① 马伯乐：《汉学》，马利红译，见严纯德主编：《汉学研究》，第三集，北京，中国和平出版社，1999。

② 程艾蓝：《法国的古代中国研究》，见《国际汉学》编委会：《国际汉学》1，北京，商务印书馆，1995。

③ 莫东寅：《汉学发达史》，100页，上海，上海书店，1989。

1920—1955 年间发表的有关中国的文章目录加进去（1964 年剑桥大学版）。这样，国外从古代至 1955 年的有关中国的书目就齐全了。

此外，他的《1860—1902 年中国与西方列强关系史》（3 卷），因充分利用了西洋，尤其是法国的外交档案，所以“享有盛名”。他晚年编的《中国通史及其与外国的关系》（4 卷本，1920—1921 年）有着许多“珍贵”的“外交史料”。①

3. 伯希和

伯希和（Paul Pelliot，1878—1945 年）出生于巴黎，先在巴黎大学学习英语，后进东方语言学院，随沙畹等汉学家学习汉语和中国文学。1900—1904 年，在河内法兰西远东学院研究期间，一度到北京使馆工作。1905—1910 年间，他进行中亚考察收集了大量敦煌文献资料。回国后，1911 年被任为法兰西学院教授。1921 年被选为法国金石铭文与文艺学院院士。1922 年，为罗马教皇图书馆编写汉文书目。考狄去世后，伯希和任《通报》主编。1935 年，出任法国亚细亚学会主席。1939 年，被聘为中国中央研究院历史语言研究所研究员。

伯希和主要是位文献学家，对汉籍目录的校勘在当代欧洲学者中是个佼佼者。伯希和的汉学研究兴趣广泛，除一贯注意研究中原王朝与西部民族或文化的关系外，对佛教、景教、摩尼教、伊斯兰教、基督教等也有研究，与沙畹著的《中国摩尼教考》（1931 年），研究范围之广和资料之丰富，甚至超过中国的王国维、陈垣等学者。

---

① 莫东寅：《汉学发达史》，100 页，上海，上海书店，1989。

1905 年，伯希和在“中亚与远东历史、考古、语言、民俗考察国际协会”法国分会会长塞纳（Emile Senart）的委任下，担任了中国考察队队长，到中国西部进行考察，发现了大量包括精美佛像在内的艺术品、龟兹语和中古伊朗语文献、梵文佛典等。1908 年他到达敦煌千佛洞，拍摄了大量的壁画和塑像照片，抄录了洞中的汉文和其他语言文字所写的题记，选取了佛教大藏经未收的佛教文献、带有年代的文书和文献、非汉语文献和斯坦因（Sir Aurel Stain）未抢走的绢纸绘画及丝织品等，总共带走了 2723 个古代手抄卷和 1000 个残卷。虽然伯希和到达敦煌比英国的斯坦因晚了一年，带走的资料在数量上也不如前者，但在质量上却胜一筹。伯希和与考察队搜集的文献材料，基本上全部入藏法国国立图书馆，美术品收藏在基美博物馆。这次考察及之后的研究，奠定了伯希和在国际汉学史上的地位。[①]

4. 马伯乐

马伯乐（Henri Maspero，1883—1945 年）的父亲是位声誉卓著的埃及学专家，曾任开罗博物馆长。1908—1920 年，他在法国远东学院任职。1921 年，他从河内回国，接替了他的导师沙畹，成为法兰西学院教授。1928—1929 年，他在日本作了许多关于汉学的报告。马伯乐十分重视日本的汉学研究，这在西方汉学家中可能是最早的。由于犹太血统，马伯乐在第二次世界大战时被押解至布痕瓦德集中营，直至 1945 年去逝。

马伯乐从父亲那里继承了对历史的爱好以及对“一种清晰而精

① 有关伯希和的中亚考察和敦煌文献研究，详见荣新江的《海外敦煌吐鲁番文献知见录》，第 2 章，南昌，江西人民出版社，1996。

确的研究方法的追求"①。他以严谨的研究方法和批判精神，清除了许多关于古代中国的错误观念，为后来的研究者奠定了基础。

《古代中国》展示了公元前3世纪秦朝建立之前中国历史的宏伟画卷。该书资料丰富详实，其中的原始文献，后来从未经过修订，一直有着很可靠的使用价值，1955年得以重新再版。

宗教领域，他对六朝道教尤有研究，《古代道教中的"养生"法》(1937年)就是一本重要的著作。在碑铭学领域，其巨著《斯坦因第三次中亚探险所获汉文文献》(完稿于1936年，出版于1953年)，也得到汉学界很高的评价。语言学方面，他的音位学研究为瑞典语言学家高本汉开创了一条新路。

马伯乐的许多手稿笔记，特别是那些有关"他率先拓展的汉学三个领域的手稿，经济史、天文学和道教"，在他去世后被整理出版。②

5. 葛兰言

伯希和、马伯乐分别以文献学和历史学著称，葛兰言(Marcel Granet，1884—1940年)则是在法国著名社会学家涂尔干(Emile Durkheim，1858—1917年)的影响下，将社会学引进汉学研究的独树一帜的汉学家。③

葛兰言1904年入巴黎高等师范学校学习，后师从沙畹学习汉语。1911—1913年在北京法国公使馆工作，并进行汉学研究。1913

① 程艾蓝：《法国的古代中国研究》，见《国际汉学》编委会：《国际汉学》1，北京，商务印书馆，1995。

② 程艾蓝：《法国的古代中国研究》，见《国际汉学》编委会：《国际汉学》1，北京，商务印书馆，1995。

③ Maurice Freeman, *Marcel Grant*, *La Féodalité chninoise de Maarcel Granet*, Editions IMAGO, 1981.

年回国，继沙畹之后任巴黎大学宗教科学部远东宗教研究导师。1920年，因《中国古代诗歌和节令》（也译《中国古代的祭礼与歌谣》）获得巴黎大学文学博士学位。1925年，任东方现代语言学校教授。1926年，任中国高等研究所教授兼教务长。第二次世界大战期间，德军入侵法国，他一气身亡。

葛兰言主要研究中国封建社会的结构、婚姻制度、风俗习惯、神话传说和宗教信仰等，尤其是在中国古代家庭和宗教信仰方面，更是成绩卓著。代表作为《古代中国婚姻习俗》（1912年）、《中国古代诗歌和节令》（1919年）和《婚姻的类和血缘关系》（1939年）等。在《中国古代诗歌和节令》中，他从社会学和哲学角度出发，认为古代中国农村男女青年的爱情生活与节令有着密切的关联。① 青年男女跟随双亲在土地上辛勤耕耘，平时很少有机会相见，只有在狂欢的节日，才意识到要攀亲、定情、婚配。在举行周期性的大集会的时候，才有时间放弃了田野中和村落中的孤立的生活，为了缔结受保护的联盟契约，而全部聚集起来。②

在研究方法上，葛兰言不局限于辨别文献的真伪及对其年代的考据，试图通过语文结构的分析，并通过现代民间的习俗，来探索中国古代的思想和宗教，尤其是中国西南地区和整个远东地区少数民族的风俗，因为这些地区的民族发展比较缓慢，保留了较多的中国古代因素。③

---

① 格拉耐：《中国古代的祭礼与歌谣》，张铭远译，第5章“竞争”，上海，上海文艺出版社，1989。

② 格拉耐：《中国古代的祭礼与歌谣》，张铭远译，“结论”，上海，上海文艺出版社，1989。

③ Maurice Freeman, *Marcel Grant*, *La Féodalité chninoise de Maarcel Granet*, Editions IMAGO, 1981.

此外，他的文风也颇受赞赏，日本的研究者认为他的作品是用“优美的法文写成”的[①]，戴密微则称他是一个有着“哲学家的气质”“诗人的雅兴”的汉学家[②]。

葛兰言的研究不限于汉学，对人类学、神话学也产生了影响。

（三）二战后的主要汉学家

第二次世界大战后法国的汉学，虽面临重重困难，但成果累累。

第二次世界大战期间，法国汉学遭到极大摧残。社会学家葛兰言因法西斯德国入侵忧郁致死，历史学家马伯乐惨死于法西斯德国集中营，文献学家伯希和于 1945 年病故。但在戴密微的带领下，产生了一批有影响的汉学家，加上 60 年代中法建交后培养起来的汉学家，战后法国汉学家的阵营已十分壮观。从研究领域来看，可以分为以传统中国研究为主的汉学家、以现当代中国研究为主的汉学家。

以传统中国研究为主的汉学家中，谢和耐（Jacques Gernet，1921—2018 年）名列榜首。此外，还有：以古典文学见长的吴德明（Yves Hervouet）、递尼（也译桀溺，Jean-Pierre Diény）、雷维安（André Lévy）与雅克·达尔斯（Jacques Dars，汉名谭露客），研究古代政治的汪德迈（Léon Vandermeersch），研究道教的施舟人（又译施博尔，Kristofer Marinus Schipper），考古和艺术专家毕雪梅（Michèle Pirazzoti - t'Serstevens）以及佛教、道教专家苏运鸣

① 福井康顺等：《道教》，第 3 卷，朱越利、冯佐哲等译，毛良鸿校，236 页，上海，上海古籍出版社，1992。

② Paul Demiéville, *Apercu Historique des Etudes Sinologiques en France*, III.

（Michel Soymiéemi）等。

以现当代中国研究为主的汉学家主要有：研究清末历史及教育的巴斯蒂（Marianne Bastid-Bruguière），研究中国资产阶级和经济问题的白吉尔（Marie-Claire Bergère），对中国现代革命有浓厚兴趣的比昂高（Lucien Biauco），主要研究中国当代问题的卡达尔（Claude Cadart），专攻中国财政制度与人口问题的米歇尔·卡蒂埃（Michel Cartier），研究中国革命和社会主义问题的鲁林（Alain Roux），长于研究老舍作品和北京方言的巴狄（Paul Bady）、专攻当代中国文学的居里安（Annie Curien），语言研究方面有李嘉乐（A. Rygaloff）、贝罗贝（A. Peyraube）、艾乐桐（Vivianne Alleton）等。

1. 戴密微

戴密微（Paul Demiéville，1894—1979 年）出生于瑞士洛桑，1914 年毕业于巴黎大学文学系，第二年进入巴黎东方语言学院师从沙畹和列维（Sylvain Lévi）学汉语和梵文，同时学习日文。1919 年毕业，1920 年赴河内法兰西远东学院工作。1924—1930 年，在中国、日本从事教学、研究工作。1931 年回国，先后任巴黎东方语言学院、法兰西学院教授。1956 年起兼任《通报》编辑。1973 年，在法国科研中心的支持下，着手建立了专门研究敦煌手稿的小组，直至逝世。

戴密微在中国佛教、道教、敦煌学、语言学、古典文学等方面都有杰出成就。正如日本汉学家福井康顺所指出的，由于学识、智慧和非凡的工作能力，戴密微所涉及的汉学不是某几个领域，而是“整个中国的研究”①。不过，中国佛教研究贯穿他的一生，成绩也

① 福井康顺等：《道教》，第 3 卷，朱越利、冯佐哲等译，毛良鸿校，240 页，上海，上海古籍出版社，1992。

最为卓著，法译本《吐蕃僧诤记》《临济语录》为代表作，也写有许多禅宗研究著作。道教方面，他对《庄子》中的《逍遥游》《齐物论》和《秋水》等篇，作过学术价值很高的论述。对敦煌俗文学的关心是从“戴密微先生开始”的[①]，《敦煌曲》(1971 年)[②] 的翻译和敦煌民间诗歌集的翻译和考据即《王梵志文集》，甚至直接推动了中国大陆、中国台湾学者在这方面的工作。

在中国古典诗歌的翻译和研究方面，在戴密微主持和带领下，1962 年在巴黎出版了《中国古典诗选》。诗选翻译了上至《诗经》下至清诗共 204 位诗人的 374 首作品（包括词在内），除了直接从中文翻译过来的之外，还收集了不少前人的成果，“集法译中国古诗之大成”[③]。它推动了法国汉学界对中国古典诗歌的翻译和研究，尤其是李白、杜甫、白居易等 40 多位唐朝诗人的 106 首诗词，促使法国 20 世纪的唐诗翻译和研究出现了一个新的高潮，同时对整个汉学界产生了巨大的影响。

《中国古典诗选》的内容涉及中国古典诗歌的各个方面，其长篇序言是法文读者所见到的关于中国诗歌的“最佳综合介绍”[④]，作者不仅全面介绍了中国古典诗歌的历史演变，还从中西文学和文化比较的角度，对中国古典诗歌艺术特色及其魅力进行高度评价。他指出，中国的古典诗歌多是一些短小诗篇，在“地中海的文化传统”下成长起来的读者看来，这些诗歌没有任何“雄辩色彩”和“抽象的意味”，意念也“单纯而少变化”。但是，戴密微指出，这

① 戴密微：《法国敦煌学》，耿昇译，见阎纯德主编：《汉学研究》，第一集，北京，中国和平出版社，1996。

② 这是由饶宗颐研究，戴密微翻译的说唱曲子集，附有饶宗颐写的导言。

③ 钱林森：《中国文学在法国》，第 2 章，广州，花城出版社，1990。

④ 钱林森：《中国文学在法国》，第 2 章，广州，花城出版社，1990。

些诗捕捉的是一些“异常清新的印象和感受”，是一些“转瞬即逝的意念”。中国古代的诗人们从这些“成千上万”“难以察觉”的“意象”中提取素材，编织出“细小画面”，加以“再现”，引起人们的共鸣。他说，通过这些，读者能窥视“与人类相适应的宇宙”，发现中国“浩瀚无垠的疆土”，看到“与自然界紧紧相连”的“全部生活”和“从心灵深处发出来的超越语言的低沉回响”，并从“一切都是宁静、纯朴、悠逸”的世界里“发现自我”。所有的这一切，都是其他诗歌无法企及的。①

2. 谢和耐

谢和耐（Jacques Gernet，1921—2018）的父亲是古代希腊宗教和法律史著名专家，曾任法国文学院院长。1942 年，谢和耐大学毕业正遇上美军在北非登陆（他出生于当时法国殖民地阿尔及利亚的首都阿尔及尔），便毅然应征入伍。三年后复员，到河内法兰西远东学院师从戴密微学习。毕业后居于河内，并多次赴中国和日本旅行与学术访问。1951 年，他被任命为高等实验学院导师。次年，以《中国 5—10 世纪的寺院经济》获文学博士学位。1957 年任巴黎大学中国语言和文明系讲师，1959 年被聘为教授。1968 年，谢和耐在巴黎第七大学创设“东亚语言和文明教学与研究单位”，一直工作到 1973 年。1975 年，被任命为法兰西学院教授，主持中国社会和文化史研究。1984—1992 年，任法国国家科学研究中心有关中国、朝鲜和日本科学实况研究组负责人。1987—1992，他与荷兰莱顿大学汉学研究院前任院长许理和（Erik Zürcher）教授共同担

① 钱林森：《中国文学在法国》，第 2 章，广州，花城出版社，1990。

任《通报》主编。1992 年 10 月退休后任法兰西学院的名誉教授。[1]

谢和耐在其老师戴密微使战后的法国汉学得到复苏的基础上，推动法国汉学迈上了一个新的台阶。谢和耐首先是一位历史学家，在治学方法上，他继承了沙畹、伯希和、马伯乐等前辈考据学的功底，但突破了他们注意文献的注释而很少进行系统研究的框框，用客观、历史的论述和评判进行系统研究，使法国的汉学研究向着现代化的道路前进，为后学者开辟了道路。他的著述甚丰，主要有《荷兰神会禅师（668—760）语录》（1949 年）、《中国 5—10 世纪的寺院经济》（1956 年）、《帝国之前的古代中国》（1970 年）、《中国社会史》（1972 年）、《中国与基督教——中西文化的首次撞击》（1982 年）、《中国的智慧、社会与心理》（1994 年）等。其中，《中国社会史》和《中国与基督教——中西文化的首次撞击》两部著作在国际汉学界评价最高。[2]

《中国社会史》虽然写于中国“文化大革命”期间，但全面且客观公正地描述了中国历史的整个发展过程，被认为是中国通史的扛鼎之作。尤为可贵的是，作者注意从相互影响的角度进行论述，指出在数千年的发展过程中，虽然中国“以其幅员和气候的差异而独自形成一个世界”，但它在不断受到外界影响的同时，也在“不停地”对世界其他地区“直接或间接地施加最广泛的影响”。正是由于这种辩证的视角，作者对中国历史的评价，对中国文化在世界上地位的看法，特别是对于中国近代史的论述，是比较客观的。本

① 耿昇编译：《法国汉学家谢和耐教授》，见任继愈主编：《国际汉学》2，郑州，大象出版社，1998。

② 耿昇编译：《法国汉学家谢和耐教授》，见任继愈主编：《国际汉学》2，郑州，大象出版社，1998。

书于1972年出版后，立即被译成多国文字，且被西方许多大学作为教科书。①

《中国与基督教——中西文化的首次撞击》重点研究的不是基督教在中国的历史，而是中国人对基督教的反应。作者认为，基督教神学范畴与西方逻辑学的范畴相关，和所使用的欧洲语言密切相关，基督教不为中国人接受的原因，不是人们常说的中国人排外，而是因为基督教要求中国人完全改变他们的思维方式和宇宙观。他指出，中国和西方关于人和世界的概念有着根本的不同，上帝的信仰来自西方人的思维结构，而中国人把世界看为一个有机的整体，因而并不需要一个创世者的上帝。②

（四）二战后的主要研究领域

在世界其他国家汉学的影响下，战后的法国汉学更加重视对现代中国的研究，同时，汉学家大多朝着日益专业化的方向前进，全才或几乎全才的汉学家已很难找到。③

1. 现当代中国

战后很长一段时间内，法国汉学家们感兴趣的主要还是元朝之前的中国历史。在教学方面，甚至法国规模最大的大学，都认为不设20世纪中国课程"绝非不正常"。可见，法国的当代中国研究远远地落后于其他国家。自20世纪50年代开始，在纪亚玛（Jacques Guillermaz）和谢诺（Jean Chesneaux）的推动下，20世纪中国研究

① 谢和耐：《中国社会史》，黄建华、黄迅余译，南京，江苏人民出版社，2010。

② 谢和耐：《中国与基督教——中西文化的首次撞击》，北京，商务印书馆，2013。

③ 苏运鸣、戴仁：《法国汉学50年》，见戴仁主编：《法国当代中国学》，耿昇译，北京，中国社会科学出版社，1998。

逐渐得到重视。1996 年“近现代研究中心”的建立，则全面推动了法国现当代中国研究。除谢和耐外，还有研究中国农民运动的毕仰高，注意重新评价中国资产阶级作用的白吉尔夫人，重点研究“东亚的城市和都市社会”的安可强等。[①]

2. 哲学

以 1975 年法兰西学院设立“中国社会文化史”讲座为标志，法国的中国哲学研究“羽毛完全丰满”[②]。战后法国的中国哲学研究，与其他国家的汉学一样，和中国本土意识形态的变化密切相关。“文化大革命”期间，儒学遭到批判，法国的儒学研究也一度衰落，汉学家们把目光转向了道教和佛教。直到 20 世纪 80 年代，随着中国本土情况的变化，儒学研究再度引起重视，而且不只是学者关注，还有着广泛的大众基础，因而各种报告会、学校授课或文化机构的讲演、广播和电视等在这方面都表现得十分活跃。

从事儒学研究的除谢和耐外，主要是汪德迈等。汪德迈先对法家感兴趣，代表作为《论法家思想内部的形成：对古代中国一种典型政治哲学形成的研究》（1965 年），后转向中国古代儒学，代表作为《王道》（巴黎 1977 年和 1980 年版）。这部作品以广泛的金石文献资料为基础，大幅度地修订了葛兰言《中国人的思想》中所提出的问题。葛兰言的结论是建立在中国古代神话这一重要主题上的，而汪德迈的结论得力于考古学的进展，主要依据对社会制度的研究。他从研究整个商周时代社会制度出发，找出华夏文明中一些

① 鲁林：《法国对 20 世纪中国史的研究》，见戴仁主编：《法国当代中国学》，耿昇译，北京，中国社会科学出版社，1998。

② 汪德迈、程艾蓝：《法国对中国哲学史和儒教的研究》，载《世界汉学》创刊号，1998。

大的恒定因子，持别是家族观念及礼仪观念。他认为中国儒学的人文主义思想，是整个中国文化的基础。他在《新的汉文化圈》(1986年）一书，还研究了中国周边国家和地区“汉化”主要是“儒学化”的过程。同时，他还关心当代新儒学思潮的发展变化，认为中国的儒学思想是东亚当代发展的动力。

谢和耐、汪德迈等之后，进行儒学研究的是一批年轻的汉学家：程艾兰（Anne Cheng)、朱利安（Francois Julien)、马克（Marc-kalinowski）等。他们既继承了法国中国哲学研究的传统，又体现了年轻人的多视角。

3. 宗教

战后，法国从事道教研究的是苏鸣远、施舟人等，其中施舟人在法国道教研究中长期起着领导作用。不过，佛教研究的变化特别值得关注。从沙畹到伯希和与马伯乐，20世纪的法国佛教研究一反雷慕沙、儒莲等19世纪汉学家旨在“旁证印度佛教史实”的思路，着重于“汉传佛教”的研究，并在20世纪40—70年代的欧洲文化圈内形成“黄金时代”，标志是三种期刊和“两位佛学大师及其弟子”著作的出版。这三种刊物是《佛学书目》《汉学和佛学丛刊》《法宝义林》。“两位佛学大师及其弟子”是指戴密微和拉摩特(Etienne Lamotte，1903—1982年）等人。戴密微不仅培养了一批研究佛经的弟子，还大力推动于1974年正式成立巴黎国立图书馆馆藏伯希和敦煌汉文写本编目研究小组（敦煌文献与资料研究组)，对敦煌写本中的佛教传统经籍、民俗、大众化的佛教信仰等，开展了大量的研究。20世纪70年代末80年代初以来，欧美对于佛教的研究趋向于某一特定宗派研究，法国也是如此，如佛博纳(Bernard Fauer）和戴思博（Catherine Despeux）的禅宗研究、吉荷德（Fédéric Girard）的华严宗研究等。①

4. 文学

20世纪50—80年代，法国汉学界形成了空前的中国文学“热”，且不再仅热衷于古典文学，出现了古典诗歌、古典长篇小说和现当代文学三大热点。

（1）古典诗歌

此一时期的中国古典诗歌研究，方法和思路丰富多彩，既有宏观研究，也有对某个作家、某一主题的钩沉发微。代表性人物为戴密微，他发起联合法国当代知名汉学家共同研究、编译、出版中国古诗，把法国的中国古典诗歌翻译和研究推上了新的阶段。代表性作品，除由戴密微直接领导、主持出版的《中国古典诗歌选》（1962年）和他的唐代民间诗人王梵志研究之外，还有吴德明的《宫廷诗人司马相如》，递尼的《古诗十九首》《牧女与蚕娘》，侯思孟的《嵇康的生平和思想》《诗与政治：阮籍》，程纪贤（Fraucois Cheng）的《唐代诗人张若虚的诗歌结构分析》《中国诗语言》等。

（2）古典长篇小说

一直以来，西方读者对中国的短篇“风俗和言情”小说“颇为好奇”，而对长篇小说则“望而生畏”。② 法国读者也不例外，但1957年《西游记》法译本的问世使情况发生了变化，《水浒传》

① 郭利英：《法国对汉传佛教研究的历史与现状》，载《世界汉学》创刊号，1998。

② 雷威安（André Levy）：《法国对中国文学史的研究》，见戴仁主编：《法国当代中国学》，耿昇译，320页，北京，中国社会科学出版社，1998。

（1979年）[1]、《红楼梦》（1981年）和《金瓶梅》（1985年）[2]法文全译本的问世，则把法国的中国古典小说译介推向了高潮，其中又以《红楼梦》所引起的反响最大。

19世纪出版的《法国大百科全书》最早介绍了《红楼梦》。20世纪80年代，推动《红楼梦》翻译和研究掀起高潮、迈上新台阶的，是华裔汉学家李治华和陈庆浩。李治华早年就读于中法大学，后在巴黎第八大学中文系任教，一直热心于将中国文学翻译介绍到法国。《红楼梦》从翻译、修改到审校等，共历时27个年头，于1981年作为“七星文库”名著丛书之一得以问世，并附有译者长篇《序言》、木刻绣像199幅、翻译参考书目、400多人名对照表、许多注释等。尤其是译本的序言是一篇很有分量的评论文章，颇受评论界的好评。陈庆浩毕业于香港中文大学中文系，在中国台湾著名红学家潘重规的指导下，曾主持过《红楼梦研究专刊》的编辑，后在巴黎第七大学任教，并在远东研究中心任研究员。他的《新编石头记脂砚斋评语》和法文版《脂评研究》等，不仅在法国，在国际《红楼梦》研究界都享有盛誉。[3]

（3）现当代文学

中国现当代文学“热”几乎是与古典小说热同时出现的，也是在20世纪七八十年代形成高潮。当时，波尔多大学、埃克斯-昂-普罗旺斯大学、巴黎第七大学、巴黎东方语言文化学院等许多大学

① 伽利玛出版社出版，译者雅克·达尔斯，是120回的全译本，由艾田扑作序。

② 《金瓶梅》于1985年纳入伽利玛出版社的“七星文库”，除译者雷威安的长篇“导言”外，还有艾田扑的“序言”，代表了这一时期法国《金瓶梅》研究的最高水平。

③ 胡文彬：《“红楼梦”在国外》（十一），北京，中华书局，1993。

里，都开设了现当代中国文学课程。①

这一高潮，源于鲁迅作品的翻译研究。20 世纪 70 年代，几乎每年都有鲁迅的译作问世。评论方面，鲁阿夫人（Michelle loi）的《论战与讽刺·前言》是“法国鲁迅研究史”上“第一次”对鲁迅作“全面”的介绍与评价；朱利安的《作家鲁迅·1925 年展望，形象的象征主义与暴露的象征主义》，对鲁迅的具体作品提出了一些“新的见解”。②

鲁迅之后，是茅盾、巴金、老舍、丁玲等作家作品的翻译和研究高潮。其中，巴金为“除鲁迅外”法译作品“最多的一位中国现代作家”。老舍的《骆驼祥子》1973 年重译出版，1980 年《茶馆》在巴黎公演，1982 年《北京市民》译本问世。③

不过，与翻译相较，研究方面法国远远地落后于德国、日本和美国。这三个国家，不仅是对中国大陆方面的了解，就是对中国台湾地区或生活在美国的中国作家的了解，也比法国“先进发达得多”④。这可能与法国的研究观念深受政治影响有关。⑤ 不过，这种状况后来发生了很大转变。

5. 汉语

20 世纪 60 年代，李嘉乐（A. Rygaloff）发起了编写汉法辞典的庞大计划，吸引了一批从事中国语言研究的人员。此后虽因种种

---

① 居里安（Annie Curien）:《法国对中国当代文学的研究》，见戴仁主编：《法国当代中国学》，耿昇译，北京，中国社会科学出版社，1998。

② 钱林森:《中国文学在法国》，第 5 章，广州，花城出版社，1990。

③ 钱林森:《中国文学在法国》，第 5 章，广州，花城出版社，1990。

④ 居里安（Annie Curien）:《法国对中国当代文学的研究》，见戴仁主编：《法国当代中国学》，耿昇译，北京，中国社会科学出版社，1998。

⑤ 钱林森:《中国文学在法国》，第 1 章“导言”，广州，花城出版社，1990。

原因，编写辞典的工作没有取得预期的成果，但却因此团结了一批力量，使中国语言学在法国获得重大发展。1976 年，艾乐桐（Viviane Alleton）、贝罗贝（A. Peyraube）《东亚语言研究丛刊》的创办，标志法国的中国语言学进入了“成熟时期”。

战后法国汉语研究以现代汉语为主，但古汉语、少数民族语言、聋哑人的手势语等方面也取得了很大的成就。而且，法国汉语语言学者大多不急于把自己归在某个理论的框架下，而是注重汉语事实，但对其他国家学者的研究成果并不忽视。

这一时期，从事汉语研究的代表性人物有研究语法的艾乐桐、海然热（CL. Hagège）、白丽梅、李嘉乐、贝罗贝等，研究语音、方言、少数民族语言的郭幽（M. Coyaud）、佛朗索瓦·德勒（F. Dell）、李嘉乐、沙加尔（Laurent Sagart）。其中最有影响的是李嘉乐、贝罗贝和艾乐桐等。

（五）主要汉学机构与组织

法国的主要汉学机构有法兰西学院、法国远东学院、巴黎高等汉学研究所、巴黎研究实践学院、国立科学研究中心等。

在众多的汉学机构中，法兰西学院（Collège de France）历史悠久，颇负盛名，目前设有 50 种专学的讲座和一个研究中心——中央及高原亚洲研究中心（Centre de Recherche sur l'Asie Centrale et Haute Asie）。

法兰西远东学院（Ecole Francaise d'Extrême-Orient）1900 年在河内成立。其前身是法国在越南的考古研究中心（Mission archeologique d'Indochine，1899 年）。1956 年研究院的本部迁往巴黎。该院的研究范围包括亚洲各国的方方面面，其中汉学与印度学为主要研究对象。在法国学府中负责教学和研究的汉学家，几乎都曾是该院的院士。学院还备有出版专款，已出版的研究成果，质与量都非同小可。[①] 研究院除了巴黎本部外，在印度、东南亚及日本等地另有分部或特派驻地研究员。其中，与汉学有直接关系的是日本的法义林研究所。该研究所的主要工作是编写《法宝义林》佛教百科全书，由戴密微创始于 1926 年。

巴黎高等汉学研究所（Institut des Hautes Etudes chinoises），1919 年由巴黎大学教授班乐卫（Paul Painleve，1863—1933 年）和其他中法名流一起筹组，1920 年正式成立，开办的费用由中法教育基金委员会补助。1929 年起改属巴黎大学。1973 年从巴黎大学分出来，同其他几个原来也属于巴黎大学的主要研究远东文化的研究所，组成印度及远东亚洲研究部（Institut de l'Asie Indienne et Extrême Orientale），直属法兰西学院。研究所专事研究，大部分经费用来添购图书。因而，该研究所图书馆所收藏的汉学文献，其丰富与齐全位居法国和西欧各国同类图书馆之首。[②] 此外，研究所还拨专款出版研究成果，如《巴黎汉学研究所专著丛刊》《汉学目录通检丛刊》《唐代文明研究丛刊》等。

巴黎研究实践学院（Ecole Pratique des Hautes Etudes）成立于 1868 年，包括第一至第四部门。1886 年、1947 年先后增设了第五、第六部门。其中第四部门（历史与文献科学）、第五部门（宗教科学）、第六部门（经济与社会科学）先后分别设有汉学讲座。这三

---

① 陈祚龙：《浅评简介法国的汉学研究》，载《书目季刊》，第 23 卷，第 1 期，23 页。

② 陈三井：《巴黎汉学研究所的汉学研究》，载《汉学研究通讯》，第 2 卷，1983（1），47 页。

个部门中还分设有一些专学单位，如第四部门的历史与语言研究中心的敦煌文献研究组；第五部门的中国通俗宗教研究中心、西藏宗教研究中心和宗教史文献中心的远东部；第六部门的远东文献中心和中国语言中心。[①] 1975 年，第六部门发展成为“高等社会科学院”（Cole des Hautes Etudes en Sciences Sociales）。

国立科学研究中心（Centre National de la Recherche Scientifique）成立于 1939 年，是国际著名的庞大组织，旨在发展、引导并协调各方面的科学研究。科研中心主要是为研究人员及技术合作者提供津贴、科研资料及出版研究成果的条件，所以虽然组织严密，却非常灵活。[②] 很多附属于科研中心的研究组（简称 ERA）及实验室（简称 LA）是由它发放研究人员工资并资助研究计划，然而同时又归属于其他研究机构。

20 世纪 50 年代末和 60 年代初，一些专门研究中国近现代和当代问题的研究机构开始建立，规模最大的是 1959 年 1 月 1 日成立的“当代中国研究文献中心”（Centre de Recherche et de Documentation sur la Chine Contemporaine）[③]，标志法国汉学研究进入新的阶段。当代中国研究文献中心简称“中国中心”，设在“高等社会科学院”内，成员多为国家科研中心研究人员和各院校的教学人员。该中心出版两种系列专题出版物：《中国中心手册》（*Cahier du Centre Chine*）、《文献和书目》（*Documents et Inventaires*）。同时该中心还定期出版《中国中心研究文摘》（*Les Notes de Recherches du*

① 陈祚龙：《浅评简介法国的汉学研究》，载《书目季刊》，第 23 卷，第 1 期，23 页。

② 程艾蓝：《法国汉学研究机构的现状》，见丁守和、方行主编：《中国文化研究集刊》，第 2 辑，342 页，上海，复旦大学出版社，1985。

③ 其前身为“远东文献中心”。

Centre Chine)。由“法国中国研究学会”(Association Francaise d'Etudes Chinoises)出版的《中国研究》(*Etudes Chinoises*)编辑室，也设在这里。该中心拥有法国最丰富的关于现代中国的资料。

设在高等社会科学院内的研究机构除了当代中国研究文献中心，还有“东亚语言研究中心”(Centre de Recherches Linguistiques sur l'Asie Orientale)、“汉语世界比较研究中心”(entre d'Etude Comparatives du Monde Chinois)。东亚语言研究中心成立于1960年，以汉语研究为主[1]。该中心同时隶属法国国立科学研究中心。该中心出版期刊《东亚语言手册》(*Cahiers de Linguistique Asie Orientale*)与两套丛书:《东亚语言手册丛书》《交叉丛书》(Langues Croisées)。该中心在国际学术界颇有影响，出版的图书刊物为世界各大图书馆所收藏。该中心与中国大陆的中国社会科学院语言研究所、北京大学和北京语言大学有联系。

汉语世界比较研究中心(Centre d'Etedes Comparatives du Monde Chinois)，主要研究“中国传统文化的表现及其文字的作用”“俗文化：文化的交接处”等。该中心出版期刊《汉学图书杂志》(*Revue Bibliographique de Sinologue*)，每年一期。此外，这里还设有“汉学图书杂志”国际联络网。

此外，自20世纪70年代开始，汉学学者还打破长期独立研究的局面，组织了一批专题研究组。这些研究组均属于高等汉学研究所，同时在物质及行政上又附属于国立科学研究中心。如敦煌手稿研究组(ERA438)、道教研究组(LA140)、中国历史与文学研究组(ERA586)等。法国耶稣会传教士也组建了利奇研究所，以研

---

① 其前身为“中国语言中心”。

究中国传统医学中的哲学思想为主，并讲授针灸。其设在中国台湾地区的分所研究商代金文、中国哲学、佛教、道教，编纂了《汉法词典》（1976年）、《汉西词典》（1977年）等工具书。

（六）汉语教学

法国的汉语教学始于大学，之后向中学、小学不断延伸。如前所述，1814年法兰西学院开设汉学讲座，至2004年，有12所大学开设汉语专业课程（LLCE或LEA），其中东方语言学院汉语系人数最多，从20世纪20年代初的十几名学生增加到2004年的2000名。①

法国国立东方语言文化学院（Institut National des Langues et Civilisations Orientales）是培养东方语人才的摇篮，其前身是法国国立东方语言学院（Ecole Nationale des Langues Orientales Vivantes）。1843年，法国国立东方语言学院创设中国语文讲座（Chaire de Langue Chinioise），巴赞出任教授。② 1968年，改名为“法国国立东方语言文化学院”，并与巴黎第三大学合作，负责该大学的汉语系的教研任务。该学院是当今法国权威的汉语教学中心。汉语系在东方语言文化学院属第二大系，教学体系等与其他普通高校一样。③

该学院另设“中国研究中心”（1975年），主要研究：（1）中国哲学及美学，尤其注重荀子思想及章太炎思想；（2）1911—1981

① 白乐桑：《法国汉语教学历史沿革与现状》，张放编译，载《法语学习》，2005（2）。

② 刘增泉：《汉学研究在法国》，见林徐典编：《汉学研究之回顾与前瞻》（下册），235页，北京，中华书局，1995。

③ 晓阳：《巴黎东方语言文化学院汉语系概况》，见何寅主编：《中国文化与世界》，第6辑，425页，上海，上海外语教育出版社，1998。

年之间的中国政治、经济及社会史；（3）中国古典及现代文学。中心除出版专题论文丛书外，还有一份定期刊物《中国研究学报》。[①]

另外，著名的巴黎大学（Universitée de Paris）1920 年开始在其文学院中设有一门“中国文明史”课程，由葛兰言主讲。1957 年，文学院正式设立“中国语言与文明讲座”（Chaire de Langue et Civilisation Chinoises），谢和耐为主讲人。1968 年，法国整个高等教育制度进行改革，巴黎的大学分成 13 所。其中第三、第五、第七、第八大学都设有关于汉学的课程。第八大学还成立了“汉学综合研究所”，主要研究当代中国的文化和意识形态，出版期刊《远东与远西》。

2012 年，150 多所法国大学开设中文课，含入门课，短期教学课等。[②] 1958 年蒙治隆实验中学在西方国家的中学第一次开设汉语课，1985 年巴黎第 13 区（华人区）成立的国际法－华学校（小学）。2017 年，700 多所中小学开设汉语课程。

第三节　英国汉学（中国学）的产生和发展

一、19 世纪的汉学

（一）概　述

英国人对中国文化的了解和研究，不仅落后于欧洲汉学先驱法

① 何金兰：《法国东方语言文化研究院，中国语言文化系及中国研究中心》，载《汉学研究通讯》，第 3 卷，1984（3），186 页。

② 法国大中院校争相开设中文课学汉语人数增至 3 万，http：//www. chinanews. com/hwjy/2012/04-06/3800742. shtml。

国，也赶不上后起的德国。

18世纪中叶开始，在东印度公司的经营下，英中贸易已有很大进展。18世纪后半期，英国率先完成产业革命，为了进一步扩大中国市场，急于同中国建立正式的经贸与外交关系。1793年、1816年两次派使团来华，都因种种原因，没有完成使命。不过，第一次马戛尔尼勋爵率团访华时，使团副使乔治·斯当东爵士12岁的儿子托马斯·斯当东（George Thomas Staunton）也跟随同行，不久就初步熟悉了汉语，遂取代别人充当翻译。他替马戛尔尼缮写的汉文国书，语义明晰，且凭着出众的语言天赋深得乾隆皇帝欢心。此后，他的汉语日益精进，1810年译出《大清律例》流传欧洲，1823年与高普洛克协力创办皇家亚洲学会。1816年阿美士德率英国第二个使团访华时，仍由斯当东任随团翻译。托马斯·斯当东为英国汉学的先驱。

中国的大门也不向来华的英国传教士敞开。1807年，伦敦会传教士马礼逊（Robert Morrison，1782—1834年）经纽约到达广州，因清廷禁教，不得不暂居东印度公司驻广州办事处当了翻译。几年后，伦敦会的另一个教士米怜（William Milne，1785—1822年）也来到广州，又被驱逐出境。不过，他们并没有放弃努力。马礼逊在伦教时曾师从一名华侨学习汉语，到达广州后结识了斯当东，继续悉心钻研，为后来创立拜上帝会的洪秀全译过《圣经》（这是世界上第一部《圣经》汉译全本）。他还在米怜协助下在马六甲创办了英华书院，并设立印书馆，发行《中英杂志》。1812年，马礼逊用英语编成第一部《汉语语法》，两年后又编成第一部《华英词典》共6卷（实际是用英语编写的汉语词典）。米怜曾任英华书院院长，他除了辅助马礼逊翻译《圣经》外，还于1817年独立完成了《圣谕广训》的英译。但从1838年起，欧洲传教活动在北京也已绝迹，英国的教会人员更只能望洋兴叹了。

19世纪后半叶，英国汉学史掀开了新的一页，步入了令人瞩目的“汉学时期”。期间，如之前的斯当东、马礼逊一样，许多外交官和传教士为促进这一时期的到来作出了重要贡献。

19世纪40年代，英国殖民者用炮舰轰开了中国的大门。1842年《南京条约》的签订，中国被迫开放了5个通商口岸。1858年，英国通过《天津条约》又取得了在中国内地自由传教的权利。此后，清政府又被迫接受一系列不平等条约。中华帝国壁垒森严的禁苑，开始沦为不再设防的自由世界。

传教士捷足先登，他们怀着与法德等国同行一样的宗教热情，期待将中国改造成上帝的乐园。除行动最早势力最大的伦敦道会外，圣公会、浸礼会、长老会等，几乎每个教派都派来了自己的教会人员，戴德生还在1866年建立了跨宗派的内地会。同时来华的还有大批的外交官。鸦片战争以后，通商口岸越开越多，英国几乎在所有重要港口都设立领事馆，派驻外交官控制中国的海关、税务，执掌中国的财政大权。正是这些传教士和外交官，作为主要媒介，沟通着19世纪40年代之后的中英关系，包括两国文化的交流与互播。

开始阶段，面对中国大门初开后雪崩般大批出现的资料，很多人，包括道听途说者，纷纷撰文阐述自己的见闻。但这些游记故事充斥着明显的错误，甚至是荒诞透顶。读者从这类文字中所能见到的，尽是些所谓盗匪的暴行、酷刑、丢弃女婴以及其他种种证明中国人奸猾邪恶的惨状。虽然不能说这些触目惊心的文字全然都是无中生有的向壁虚构，但至少是以歧视的目光对中国形象所作的变形或歪曲，字里行间都烙下了早期殖民者的傲慢与偏见。[①]

不过，也有人迈出了比较扎实的步履，苏格兰人罗伯特·福钧就是一位。福钧是位普通的园艺家，从1843年起被东印度公司派到中国考察植物情况尤其是种茶技艺，以便在印度建立茶叶种植园。1803—1860年，他四次到中国长期考察，走遍了中国各地，为欧洲带回了大量的新植物，还写成四部有关中国的著作。这些著作很快被译成法文，在欧洲大陆产生了影响，向西方提供了当时人们还不甚了解的中国内地的一幅幅相对真实的画面。尽管包括福钧在内的实地初探者人数寥寥，但是他们的工作意义重大。

后来，随着语言障碍的不断清除，在千年古国文化的吸引下，来华的英国传教士的心态逐渐发生变化。传教士们原来就有一定的文化素养，因为自13世纪起，一些教会就本着“为了战胜异教，必须学习异教”的宗旨介入和接受大学教育，并形成传统。且中世纪后期教会学校亦以人文学科作为神学的基础课程，因此几乎每个传教士都了解人文知识，并不完全是偏执的宗教狂。他们企图征服东方的异教世界，但在感受到这个世界本身的魅力后，慢慢形成了一个特殊的文化群体，他们在移植伟大的西方文明的同时，也感应着同样伟大的东方文明。

在外交官中也存在类似的情况。诚然，来华的英国外交官中的相当一部分盛气凌人、目空一切，处心积虑地榨取中国人民的血汗。但也有部分人出身牛津、剑桥，温文尔雅，不乏学养，不知不觉地对中国文化发生了兴趣；有的还因中途爱上中国的哲学、历史、文学、艺术而改行专攻汉学。在他们身上，体现着英国文明与

① 雅克·布洛斯：《从西方发现中国到国际汉学的缘起》，见《国际汉学》编委会：《国际汉学》1，469~470页，北京，商务印书馆，1995。

中国文化的交融和契合。

《天津条约》签订后，外交官、传教士在中国各地星罗棋布，中国的政治、经济、地理、文学、语言等都进入了研究者的视野。

与此前的沉寂局面大相径庭，19 世纪 50 年代以后，汉学家及其成果的涌现势如雨后春笋。其中，除理雅各、德庇士、翟理思被称为 19 世纪英国汉学的三大星座外，还有一批人也取得了不小的成绩。

本笃会的苏慧廉（William Edward Soothill），1878 年来华，1906 年转任山西大学校长。1910 年，继理雅各之后任牛津中文教授，著有《中国的三教》（1913 年）等专著。

出身外交官的威妥玛（Thomas Francis Wade），早年投身英国远征军侵华行列，后任上海副领事、驻华公使等职。回国后入剑桥大学从事中文教学，发明的威氏汉字拼音法被长期通用于西方国家。

英国驻华舰队牧师毕尔（Sammul Beal），于 1852 年来华学习汉语，后到伦敦大学附属东方语言学校讲授汉学。在佛教方面著述甚丰，开中国佛教文献研究的先河。

曾任驻华领事的曼彻斯特大学教授巴克尔（Edward Harper Parker），研究范围颇为广泛。他的著作《中国古代史略》《鞑靼千年史》等在英语国家拥有众多读者。

伦敦会教士伟烈亚力（Alexander Wylie）1847 年来华，后由大英圣公会派赴中国内地勘查，走遍 17 个省份，搜寻各种文献资料以做深入研究。他所收集的大批典籍，后来成为上海皇家亚细亚学会华北分会图书馆的基础。

另外，还有一些研究中国边远地区或少数民族的学者。例如，长老会教士甘为霖（William Camplell）1871年到中国台南，所著《荷兰人统治下的台湾》，具有珍贵的史料价值。曾任皇家考古学会总裁的霍渥斯（H. H. Howorth），致力于中国西北边疆史研究，写成《九世纪至十九世纪蒙古史》4卷，分叙蒙古本部族族史、钦察汗国史、伊尔汗国史，流传甚广。柏尔，深通藏语，久居拉萨，所著《西藏人民生活》《西藏的过去与现在》的内容皆出自身居藏区十余年间的直接见闻，所述详密而准确。

英国汉学家还有人研究绘画、制陶、考古等。如驻华使馆医生巴沙尔（S. W. Bushell），居华30年，有《中国艺术》等著述。外交官霍布金，曾考订殷墟甲骨文字，研究古币，为欧洲人从事同类研究的最早记录。宾容（Robert Laurence Binyon），牛津出身，以研究东方画著称，1893年供职大英博物馆，七年后任东方绘画部部长。著作有《远东的画》《英国收藏的中国画》等。

不过，19世纪下半叶以降，汉学的繁荣并不仅限英伦一隅，尤其是法、德两国的汉学硕果累累，把欧洲汉学推向了新的高度与深度。

进入20世纪，尤其是第一次世界大战以后，亲眼目睹人类历史上大规模空前自相残杀的欧洲知识界，开始怀疑欧洲中心论的陈腐信念。从此，西方的东方文化研究，开始进入平等对话的时代。这是西方汉学总体发展的第三阶段。但英国的汉学界直到第二次世界大战结束才开始这一进程。

（二）代表性人物

1. 理雅各

理雅各（James Legge，1815—1897年），近代英国第一位著名汉学家，与法国学者顾赛芬、德国学者卫礼贤并称汉籍欧译三大师。中国学者则称其为英国汉学界的玄奘。① 他早年曾在大英博物馆图书馆学习中文，1839 年来华，居留中国 30 余年，回国后在牛津大学任教 20 多年。他以博闻强识著称，对欧洲的拉丁文古籍素有偏好，接触中文后又对中国传统文化发生了强烈兴趣。其汉学研究的主要功绩是系统译介儒家经典著作，因为他认为："只有透彻地掌握中国人的经书，亲自考察中国圣贤所建立的道德、社会和政治生活基础的整个思想领域，才能被认为与自己所处的地位和承担的职责相称。"②

理雅各倾注几十年辛劳译就的卷帙浩繁的《中国经典》陆续出版后，在西方引起了轰动，欧美人士由此得以深入了解中国传统文化。理氏亦因此书先后荣获法兰西学院儒莲奖和爱丁堡大学法学博士荣誉学位。后来的汉学家小翟理思（lionel Giles）③ 也对理氏译本大加称颂："五十余年来，使得英国读者皆能博览孔子经典者，吾人不能不感激理雅各氏不朽之作也。"④ 至今虽逾百年，《中国经典》仍被尊为权威的标准译本。

理雅各能取得这样的成绩，原因是多方面的：

（1）精通汉语。理雅各 1839 年来华，20 年后才计划将儒家的四书五经译成英文。期间，已精通中国的语言。

---

① 莫东寅：《汉学发达史》，120 页，上海，上海书店，1989。

② 忻剑飞：《世界的中国观——近二千年来世界对中国的认识史纲》，294、317 页，上海，学林出版社，1991。

③ 汉学家翟理思之子，生于中国，曾主持大英博物馆图书馆东方部汉籍科写本股工作，也曾协助父亲撰写大英百科全书有关中文部分，另翻译、研究中国经典，成果颇丰。

④ 忻平：《王韬评传》，79 页，上海，华东师范大学出版社，1990。

（2）与学养深厚的华人合作。理雅各翻译四书也就是《中国经典》第一、二卷时，传教士湛约瀚、麦高温、史超活、合信、谢扶利和华人黄胜等人参加助译工作。从五经开始，理雅各得到了中国学者王韬的助译。此前，王韬已有多年的译书经验，曾助麦都思汉译《圣经·新约》。他的译笔辞采华美、语意精当，理雅各实为激赏，遂诚邀王韬与之合作。王韬对理雅各的学问和钻研、翻译汉籍的不倦精神也同样极表敬佩，于是接受邀请。

首先译《书经》和《竹书纪年》。《书经》不仅文词古奥费解，而且在秦始皇焚书后已没有完整本子。《竹书纪年》为考究远古至战国历史情况的第一手文献资料，文字亦颇艰涩。要在严密考证、去伪存真的基础上符合原意地转译成英文，难度可想而知。理雅各参考了王韬辑集诸家注释之长撰就的《皇清经解校勘记》，以求较为确切地解释并传达词义。1865 年，《书经》译毕，即由英商渣甸约瑟资助印行。这是《中国经典》第三卷。

1862 年起，理氏依靠王韬协助始译《诗经》。王韬又著《毛诗集释》以为理雅各参用，译书速度因而加快。1871 年，《诗经》译本出版，这是《中国经典》第四卷。

此后，在《中国经典》第五卷《春秋》、第六卷《易经》、第七卷《礼记》的翻译过程中，国学造诣深厚的王韬都不仅常为理氏阐释经意，比较中西文化的异同，而且为此撰写相应解释性著作，有的还被收入相应译作的序言中。理雅各获益于王韬的辅佐，翻译工作进展更为顺利。两位学者配合默契，相得益彰。

（3）旁征博引。在整个翻译过程中，理雅各始终采取严谨的治学态度。除了认真参考和吸取王韬的研究成果外，还将之前用拉丁、英、法、意等语种译出的有关文字，凡能找到的，都拿来认真参考，然后反复斟酌，慎重落笔，甚至常常数易其稿。王韬这样赞赏他的合作者："理君雅各先生槖笔东游……注全力于十三经，贯穿考核，讨流溯源，别具见解，不随风俗。"①

（4）假以时日。从 1858 年制定翻译《中国经典》的恢弘计划，到最后一卷《礼记》于 1885 年出版，前后历时 27 年，可见其恒心与毅力，也可见其对工作的要求之严。

（5）得到资助。英国鸦片商人查顿、颠地等的大力资助，是理雅各翻译工作的坚实经济支撑。

从 16 世纪末到 18 世纪初，西方来华的传教士对中国典籍曾多有译述，但都只译片断，且往往谬误百出。理雅各自己精通汉语，在中国学者通力协作下系统完整译出的儒家经典，并各自附以原文、注释及长篇结论，出版后在西方引起轰动。

除了《中国经典》以外，理雅各的译著还有《道德经》《孝经》《庄子》《佛国记》《离骚》等。他还写下了许多著作，如《中国人关于神鬼的概念》《西安府大秦景教流行中国碑考》《法显行传》《中国编年史》《孔子的生平和学说》《孟子的生平和学说》《中国的宗教：儒教和道教评述及其同基督教的比较》等，同样在西方汉学界产生广泛影响。

2. 德庇士

德庇士（1795—1890 年），早年在东印度公司任职，后投身外交界。

他在鸦片战争前后集中考察了中国的社会与政治状况，写作了《中国概览》（1836 年）、《中国见闻与鸦片战争的观察和思考》

① 忻剑飞：《世界的中国观——近二千年来世界对中国的认识史纲》，294、317 页，上海，学林出版社，1991。

(1841 年) 等。《中国概览》原名《中国人、中华帝国及其居民综述》，被公认为 19 世纪对中国的最全面的报道，1836 年出版后不久，就被译成法语、德语、意大利语等各种文本。

德庇士对中国文学也有浓厚的兴趣，译有元杂剧《老生儿》(1817 年)、《汉宫秋》(1829 年)、《中国小说选》(1822 年) 等。此外，还著有《中国诗歌评论》(1829 年)。

不过，受其身份与经历的影响，同理雅各和翟理思相比，德庇士的汉学研究带有更多的政治色彩，如对大英帝国的商业和外交方面的考虑，时常左右着他的研究视野。

3. 翟理思

翟理思 (Herbert Allen Giles，1845—1935 年)，是一位外交官出身的汉学家，治学领域极广，著述甚丰，《汉英字典》被认为是一生的最大成就，但最引人注目的是在中国文学方面的贡献。选译《聊斋志异》160 余篇 (1880 年出版)，编译《中国文学瑰宝》(2 卷，1883 年出版) 等，尤其是《中国文学史》影响深广。

《中国文学史》于 1901 年由伦敦威廉·海涅曼公司出版。诚如作者在序言中所说，这部《中国文学史》在相当程度上是为学习中国文学的英国大学生写的，基本上以历代王朝为依据，将中国文学的历史分成八个时期：春秋战国、汉朝、魏晋南北朝与隋朝 (原书的标题是“小朝廷”)、唐朝、宋、元、明、清。

《中国文学史》的写作很有特点。(1) 注意作为文学媒介的语言文字的变迁情况。例如，论述了《说文解字》的产生对写作文字规范化的影响。(2) 关注社会发展对文学的影响。如谈到了纸笔和活字印刷术的发明对推动文学创作的意义。(3) 对影响文学发展的其他文化思潮进行了论述，如佛教传入的影响。(4) 根据文学观念的演变情况选择译介的文学作品。(5) 叙述方式的多元。在基本依循朝代的先后历时性叙述的基础上，有时又连类归并，灵活处理。如将《西游记》同《三国演义》《水浒传》放在一起评论。(6) 中西对比。作者时常把中国文学的某些篇章同英国读者熟悉的本国作品相比较。例如，在评介《西游记》时联系《天路历程》(英国 17 世纪著名小说家约翰·班扬作品)。(7) 用相当大的篇幅译述作品。考虑到由于语言的隔阂，许多中国的文学作品普通英国读者根本无从知晓，如果泛泛而谈，无异于凭空说玄，所以首先把作品概貌介绍给读者。(8) 灵活的翻译。如白居易《长恨歌》的成功翻译在西方学界一度引起轰动。译者把这首一气呵成的长诗分成了各附标题的八个部分：厌倦、丽质、欢宴、出逃、流亡、回京、家园、仙境。这样一来，一首以抒情为主调的古典歌行，俨然成了一首情节分明的爱情叙事诗。这一变通处理后的译本，自然更贴近英国读者的欣赏习惯。

翟理思的《中国文学史》首次向英国读者展现了中国文学漫长发展历程中的全貌，向西方人士呈现了一个富有东方异国风味的文学长廊。其成功的原因是多方面的，主要有：

(1) 前辈学人的积累。从某种意义上说，《中国文学史》不仅是瞿理思个人的专门工作，也是 19 世纪以来英国汉学界翻译、介绍与研究中国文学的一个总结，是当时学术水平与译介成就的结晶与升华。

(2) 个人的努力。翟理思自 22 岁起在中国生活了 20 余年，在写《中国文学史》之前，已选编翻译了两大卷《中国文学瑰宝》，选译范围始自周秦，迄于晚清，甚至包括曾国藩、梁启超的作品。因此，对中国长达 2000 多年的历史长河中各位作家及其作品有了充分的了解，也清楚他们在中国文学发展史中的地位。

（3）“史的意识”与“总体观念”的影响。中国文学的历史虽逾2000年，却未曾留下一部真正意义上的文学史著作，原因在于文学从未获得过主体地位，更在于翟理思在他的《中国文学史》序言里所批评的，中国的学者往往沉浸于对个别作家作品的评论与鉴赏。相比之下，文艺复兴以来，文学艺术即被欧洲人认为是人类创造活动的重要方面。尤其到了19世纪，以法国学者朗松为代表的一批文学研究者，已经把文学史建设成为一门初具规模的学科。受此影响，翟理思能自觉地以史的意识与总体观念来观照中国文学。

（三）代表性机构

一般认为，到19世纪上半叶，英国汉学尚处于业余研究的阶段，19世纪下半叶，牛津、剑桥和伦敦等大学汉学讲座的创立，标志英国汉学的专业化。

牛津大学于1876年创立汉学讲座，理雅各为首届荣誉教授。[①]他主持汉学讲座22年，讲授中国文化多方面的文化内容，培养了不少后起之秀。理雅各之后，继任者有布勒克、苏慧廉等。

剑桥大学的汉学讲座于1888年开设，首任教授是外交官出身的威妥玛，接任的是翟理思，后又有慕阿德等。翟理思是于1892年接替去世的威妥玛继任此职的，他培养的汉学人才尽管人数极少，却是精英，其中最优秀的人物就是后来以研究范围广泛、治学成果丰硕著称的亚瑟·韦利。

---

① 理雅各既非牛津或剑桥毕业，又非英国国教信徒（当时，牛津、剑桥等大学中，英国国教即安立甘宗很有影响），按常规本无资格受聘牛津教授。他得以破格荣登这所一流学府的讲坛，完全是由于他在汉学领域的杰出造诣和美好声誉。

最早举办汉学讲座的是伦敦大学。早在 1825 年至 1828 年间，马礼逊曾办过短期的伦敦东方语言学校。1837 年，由托马斯·斯当东倡议，伦敦大学设立了英国汉学史上第一个汉学讲座。1917 年元旦，经过多年筹备，由英国政府授权正式成立伦敦大学东方学院。

汉学讲座在英国大学的创设，虽标明了英国汉学职业化的走向，但英国政府推行的殖民政策和实利主义，规定着汉学教育的目标，也限制了它的发展规模。即使牛津、剑桥也不例外，讲座的主要任务，乃是培养驻华的领事、海关人员、教会人员以及其他诸如此类的人才，其学术性倾向远不足以与其实用性目的相匹敌。为此，翟理思不无沮丧地说："我在剑桥十年，仅有一个学文字的学生。我教过许多学口语的学生，有商人、传教士等，但学文字的仅此一人。我怀疑牛津是否有上这么一个。"①

当然，限于当时的现实条件，也难以要求英国汉学界做得更多更好。况且，以理雅各和翟理思为代表的中华文化的笃学者毕竟把较为纯正的学术空气带进了牛津、剑桥和伦敦等高等学府，使其成为后代汉学家成长的摇篮。

从 19 世纪开始，到 20 世纪初叶，英国汉学渐次走上真正确立和发展的阶段。这个阶段的来临，既反映了英国继续推进对华关系的实际需要，也得力于英国国力在全球范围的迅速扩张。

① 忻剑飞：《世界的中国观——近二千年来世界对中国的认识史纲》，296 页，上海，学林出版社，1991。

二、20世纪的汉学（中国学）

（一）概　述

第一次世界大战前夕，英国在华势力范围已经确定，且德国等后起工业国家越来越威胁其世界霸权地位，英国有涉及更大地域的紧迫问题需要考虑，对中国的兴趣也就相应减弱。二战期间，各大学里学习汉语的学生人数减少了很多，如1940—1941年期间总共才有26人。二战结束后，英国政府意识到由于缺乏汉学人才，导致缺乏对中国及亚洲各国历史文化的深入了解，因此在战争中遇到了不少困难，于是在战后改变了一直以来对汉学的忽视态度，尤其是1947年斯卡布勒（Scarbrough）和1961年海特（Hayter）的调查报告，推动了英国汉学的进展，新的以学院派为主的汉学家开始涌现出来。但海特报告之后的二十余年，由于撒切尔主义的影响等，英国政府一直再未过问过东方研究的状况。不少学者迫于形势，只好前往他国或转入其他领域的研究。到了70年代初期，英国的汉学学者不超过50人。① 总之，第二次世界大战后，英国丧失了世界霸主地位，经济困难，与其他欧洲国家、美国、苏联及日本相比，汉学研究水平存在相当大的差距。

然而，英中人民之间的交流并没有因此而中断，学习中文、研究中国的人虽然不多，但涌现出了新一代的汉学家，如李约瑟、韦利、霍克斯等。与此同时，一批旅英华人学者进入了英国汉学界。如协助李约瑟的王铃，在剑桥大学任教多年、在考古学上颇有建树

① 李真：《简论20世纪初期至今的英国汉学》，见魏崇新主编：《人文丛刊》，第三辑，北京，学苑出版社，2008。

的郑德坤及专治中国古代文学史的张心沧，在伦敦大学任教近20年、以研究中国哲学知名的刘殿爵等。

英国汉学在内容与方法上出现了一些新特点。如研究的范围不再局限于人文领域，最引人注目的例子就是李约瑟对中国古代科学技术史的研究。另外，学者们比以前更重视研究对象的文化内涵。如韦利对楚辞的研究，霍克斯（David Hawkes）对元杂剧的研究，李约瑟的科技史研究，都体现出一种开阔的文化视野。

在文学领域，研究的重点发生了转移。20世纪前半叶英国汉学家的兴趣仍偏重在古代的作家作品上。但到了70年代后期，即中国“文化大革命”结束后，英国汉学界又有人对中国现实的政治、经济状况表现出浓厚的兴趣。关注当代，关心现状，成为一种新时尚，文学研究方向也为之一变，现当代文学受到了青睐和重视。

20世纪80年代以来，由于中国开放政策所提供的契机，更由于不同文化之间前所未有的相互沟通、吸纳和融合的全球性态势，英国汉学界中的有识之士，也试图从政治、经济、哲学、宗教、文艺、民族心理等方面对中国进行多方位的观察和研究。如当代英国汉学家莱芒·道逊所著《中华帝国的文明》（*The Chinese Experience*）一书，全面探讨上自夏朝、下迄清末几千年内中国帝制时期的历史文明。该著援引汉文古籍多达数百，论述简约且具创意。此外，它的可贵之处在于能从对历史的叙述中引发出对近现代中国社会变迁的思考与理解。

英国政府也再次意识到自己在中国研究方面所处的劣势，于是产生了1986年的帕克报告（Parker report），报告对英国的中国研究现状进行了严厉的批评，之后情况有所好转。然而，由于80年代末政治风波的影响等，1996 年英国全国性的研究评估（RAE）显示，一些有关中国的科研和教学机构相继关闭，与中国直接或间接相关的研究者仅占全国 5700 名研究者的 0.7%。然而，中国的迅速发展及国际地位的提高，使得英国朝野上下无法忽视了解中国的重要性，中国研究因此进入了一个新的发展阶段，呈现出四个明显的特征：推动力主要来自政府及相关机构，重视政策相关研究，关注当代中国，中国渐成“中国学”主体。①

纵观英国汉学的发展历程，可以发现，从总体上来看，当代英国的中国研究仍然未能完全摆脱实用主义的桎梏，这在很大程度上影响了中国研究的广度和深度，使其难以同新起的美国和老资格的法国相提并论。

（二）代表性汉学家

英国汉学得以缓慢而执着地发展，要归功于一批毕生辛勤工作、艰苦耕耘的英国汉学家，代表性的是李约瑟、韦利、霍克斯。

1. 李约瑟

李约瑟（Joseph Needham，1900—1995）是世界著名的生物化学家、胚胎学家，英国皇家学会会员、英国学术院院士。1931 年，他出版三卷本巨著《化学胚胎学》，十年后又在进一步研究的基础上出版了《生物化学与形态发生》，因此被公认为生物化学这门新兴学科的创始人。但他之闻名于世，主要由于编写了《中国科技史》（*Science and Civilization in China*）这部巨著。

1942 年，李约瑟受英国政府委派，作为皇家学会代表来到中

① 刘宏：《当代英国的中国研究特征》，载《国际社会科学》，2009（6）。

国。目睹中国当时的状况，他决心在科学技术方面帮助中国做些实际工作：主持建立中英科学合作会馆（Sino-British Science Cooperation Office）①，提供中国国内缺乏的新刊图书，代购中国迫切需要的仪器和化学药剂，竭力介绍中国国内科学家的汉文在国外学术期刊发表，推荐多人到英国进修、研究，也邀请一些英国学者来华讲学并协助他工作。在华工作期间（1942—1946年），李约瑟与中国科学界和中国人民结下了非同寻常的深厚友谊。

《中国科技史》不仅空前完备地综述了中国古代的科学技术对世界文明发展所起的巨大作用，而且要缔造一个“大同世界”②。对李约瑟来说，科学就是实现大同理想的最佳手段，因为“科学所具有的社会意义是不容回避的……由于科学自身精确性的日益提高，并由于其语言是对事实的描述，科学已经可以在不同的观念之间找到本质上完全能互相理解的语言……科学早已成为一种‘共同体’，一种公社……在人类的活动中，也许只有科学已经找到了理解的线索”③。

李约瑟认为，中国古代文化无论在发生时间之早，还是在完美程度上，都堪与古希腊文化媲美。西方世界流行对古希腊文明的崇拜，有人甚至说，无论何时，当现代人登上了一座新征服的智慧之巅时，都会发现希腊人早在2000年之前已经在那里留下了脚印。对此，李约瑟认为：“凡了解中国文化的人都会加上一句，即：只

---

① 1945年，合作会馆刊行《中国科学》（*Chinese Science*）。1948年，他又出版了《科学前哨》（*Science Outpost*），向世界公布抗战期间中国科学界在困难条件下获得的优异成绩。

② 李约瑟：《中国科技史》，序，17页，北京，科学出版社，1975。

③ 张孟闻：《李约瑟博士及其〈中国科技史〉》，120页，上海，华东师范大学出版社，1989。

要这个现代人再定睛细瞧，就会发现那里还有中国人遗下的足迹。”[①] 不过，这产生了一个相当严肃的问题，它在《中国科技史》问世后引起了更大范围的关注和反思，因而被称之为“李约瑟之问”。它集中考索的是：为什么曾在中国取得光辉成就的古代科学技术，没有能在同一片领土发展成为近代科学？李约瑟比较中西文明后认为，科学活动并非孤立的社会现象，它与社会体制、经济结构、意识形态等因素密切相关。他进而分析到，中国传统社会划分的“仕农工商”等级制，以及在此基础上形成的官僚封建制度，其特点是趋向稳定，反对竞争，是社会进步、变革和科技发展的最大障碍。因此，中国古典理论，如阴阳五行说起源很早，但却长期处于初级经验阶段，没有将科学方法和系统实验引入对自然界的探索中。而当中国需要产生伽利略式的人物时，阻碍科学进步的其他因素又起了消极作用。

李约瑟的《中国科技史》不仅对促进东西文化交流发挥了重大作用，还引起了科技史上思维方式的革命，从而推动了国际范围内对中国科技文明的研究。《中国科技史》也突出地标志着英国的汉学研究提高到了更广泛更系统化的水平。历来的汉学研究大多集中在人文学科领域，李约瑟开拓到了自然科学的疆界，这一重大意义无论怎样估价都不会过分。

2. 韦利

亚瑟·韦利（Arthur Waley，1889—1966 年）是英国第二代汉学家中最杰出的代表。他以没有到过中国的“中国通”而闻名，一生出版译著 27 部，发表论文近 60 篇，研究范围除文学外，还涉及

---

① 张孟闻：《李约瑟博士及其〈中国科技史〉》，122 页，上海，华东师范大学出版社，1989。

艺术、宗教、哲学、中国与印度和日本的文化交流等。1953 年，韦利获得女皇诗歌勋章。

(1) 诗经翻译与三大诗人研究

韦利是继翟理思之后译介《诗经》的卓有贡献者，以译文准确、典雅广受好评。

除了《诗经》，唐诗始终是韦利兴趣最浓，用力也最勤的领域。唐代大诗人白居易最早引起了韦利的注意。他先后译出白居易各体诗歌 108 首，还撰写了一部传记：《白居易的生平与时代》（1949 年伦敦阿伦与昂汶公司出版），向英国和西方读者全面介绍了这位中唐诗杰。韦利高度评价白诗的最大特点——平实易懂，指出正是这点造成了白诗的深远影响，包括在国外的影响。

李白是吸引韦利目光的另一位唐代大诗人。遗憾的是，囿于英国传统、保守的价值标准，韦利对于兼具辉煌艺术创造和复杂人格现象的李白的解读，并不准确。在《李白的诗歌与生平》（1950 年）的结语部分，韦利这样评价李白："如果我们作为讲道德的人来衡量他（李白），那很明显，会有许多人出来声明，反对他的道德品行。在他的作品里，李白表现得自夸自负，冷漠无情，挥霍放荡，不负责任和不诚实。"不过，韦利的这本李白传记也有长处。比如考证了李白的出生地在中亚碎叶，注意到了李白与佛教的关系，这些都具有启发意义。

为了破除英国人以为只有在中国的古典时代才有出色的诗歌作品的成见，1956 年，韦利刊行了他的第三本中国诗人传记《18 世纪的中国诗人袁枚》。

(2) 楚辞及巫文化研究

中国古代诗歌中一种更为古老和特殊的形式——楚辞，也是韦利关注的。他1955年出版的《九歌：中国古代巫文化研究》（阿伦与昂汶公司出版），不仅打破了此前都是个别单篇译介的局限，而是就一个单元进行研究，还引入了人类学的方法，把《九歌》当作研究古代巫术的文献。

韦利翻译的《楚辞》，质量上乘，不同凡响，但也有瑕疵。在作品章句的理解方面，如在《九歌》篇章中具体词句的归属上，即哪些是神灵所唱，哪些是巫或伴唱歌队所唱，与原意有出入。另外，受西方神巫二元模式的局限，韦利不能从作品的实际出发，考察与了解中国古代巫术文化更早的原始形态。

3. 霍克斯

这一时期英国汉学界的另一个重要人物是戴维·霍克斯（David Hawkes）。他师承韦利，并于1948—1951年在北京大学攻读研究生，后任教于牛津大学。在中国文学与文化的研究方面，除和老师一样严谨外，霍克斯非常重要的贡献是在古典文学作品的研究中引入文化学、人类学的研究方法，也就是非常注重作品不同版本之间的比较及其产生的社会文化背景，从而在对作品理解的准确度方面更胜一筹。

(1)《楚辞》研究

继韦利之后，霍克斯在译介《楚辞》方面做了进一步的工作。他的《楚辞：南方之歌——中国古代诗歌选》（牛津大学出版社，1959），在仔细选择版本的基础上，翻译了楚辞18篇。译本采取逐字逐句翻译与自由翻译之间的中间道路，但优先考虑意译。全书还采用脚注和尾注两种注释方式。脚注简单扼要，尾注极详，颇有学术价值。

(2) 巫文化研究

霍克斯也师承了韦利的巫文化研究专长。1967年，他在《大亚细亚》(第十三卷) 杂志发表了一篇重要论文《女神的求索》，认为楚辞与汉赋共有的巫术文化内核，是两者嬗递最关键的内在机制。一是两者都以巫术性的巡游作为重要题材。如楚辞《九歌》中的《湘君》篇，清晰地描写巫者追求湘水女神的游历，这只可能是在祭祀活动中，借用巫术，通过象征性的环境布置与道具而进行的想象性巡游。在汉赋中，如司马相如的《上林赋》《大人赋》《远游》等，同样写了帝王在众多神灵与灵物的护卫下的巡游。这种巡游，原是巫术法力的显示与证明。二是楚辞和汉赋所反映的时空观，都有注重空间位置而忽略时间过程的特点。《湘君》《离骚》等，只重于列举到达的重要地点。汉赋里，这种从东、南、西、北方位依次描述的手法更加突出。两者共有的“依次列举手法”是巫术常用的。三是两者都体现了一定的宇宙观。《远游》描述了一个环行活动的过程，最后到达环行活动的中心，即巫术法力的中心，由此祭祀活动达到高潮。在汉赋里，这种由四个方面及至中央的宇宙模式表现得更为突出。

因此，原来主要在民间流传的楚辞，能够毫不费力地演变为服务于宫廷的汉赋。显示巫者法术力量并表明巫者与神灵同在的巡游，转而变成了帝王炫耀权力与威风的仪式。霍克斯运用文化学和人类学方法，侧重从文化背景与心理模式的角度分析两者的必然联系，是有说服力的。他证明了，在巫术文化的共同影响下，通过想象把握空间的宇宙，是这一历史时期文学想象共有的“原型”。

(3) “全真剧”与道教文化研究

金、元以来，道教盛行，杂剧创作受宗教影响，在题材上专门有一类描写神仙或真人度化凡众的剧作，一般称为“神仙道化剧”。“全真剧”是指描写元代流行的道教宗派——全真教事迹的剧目，是“神仙道化剧”中的一种。霍克斯对于“全真剧”的研究，在方法论方面具有超前性，因为他分析了宗教与文学的关系。具体讲，就是霍克斯分析了元代全真剧的流行对杂剧创作的影响，以及杂剧作品里曲折反映的全真教祖师的形象及其有关宗教传说形成的过程。在研究的过程中，霍克斯一如既往地严谨，非常讲究文本，不仅把剧本的曲调与宾白区分开来，还注意不同版本的比较。

（4）全译本《红楼梦》

霍克斯全译的《红楼梦》于1973年作为“企鹅古典丛书”的一种推出，改变了以往只有节译的状况，出版后多次再版，后又在英、美两国同时出版了布面精装本。

霍克斯的译本不仅考订严密，还充分考虑了西方读者的阅读习惯。如霍克斯把英文译名定为《石头记》，除认为既然是全译，应尊重全书以通灵宝玉入人世为顽石的情节主线及原始书名外，还从西方读者的文化背景出发，考虑到在西方读者心里，“红楼”与“梦”结合下的意象容易把大家引入歧途，使之被误认为是一部哥特式小说。

鉴于《红楼梦》流传过程中各种版本的差异性和复杂性，在选择底本和决定文本时，霍克斯最终选择并遵循了这样的原则：译者“可以在不同版本之间斟酌，选择他认为足以构成最佳故事的东西，自行组织一个特殊本子”。[①] 而这样的译法难度更高，因为牵涉一系列的基本问题：小说的作者情况及其发展演变、评注者身份的确

① 霍克斯：《译者，宝鉴与梦》，载《翻译》，1980（13）。他还用中文写了《西人管窥〈红楼梦〉》，载《红楼梦学刊》，1980（1）。

定、早期编辑者的可信程度，如此等等。所有这些，霍克斯都根据自己的研究做了相应处理。不少地方，即使对国内红学界也不乏参考价值。

（三）主要汉学机构与汉语教学

在世界文化交流日益频繁的形势下，自20世纪80年代以来，英国汉学研究与教学机构的建设逐渐得到重视与加强，如开设中文或汉语学科的大学数目增加，采取建立语言实验室和聘用中国学者任教等措施加强汉语教学，进一步建立中国文化研究中心，通过传媒介绍中国的情况，扩大中文和汉语的影响。如英国国家广播电台（BBC）开办“讲中文”节目，请专家讲授。

英国的中国研究基本上集中在10个左右的研究型大学中。它们分为两类：一类是在第二次世界大战之前就已建立的汉学基础上传承和发展起来的，包括剑桥、牛津和伦敦大学亚非学院；另一类是20世纪60年代之后陆续建立的以近现代中国研究为主的中国学中心。据2008年的RAE评估，这些院校有关亚洲（主要是中国）研究的排名依次为：伦敦、牛津、剑桥、利兹、曼彻斯特、威斯敏斯特、诺丁汉、谢菲尔德、爱丁堡和北安普顿大学。此外，伦敦经济政治学院的中国研究力量亦十分雄厚，但它未参加亚洲研究学科的评估。[①] 一些学校中文学科的具体设置如下：

伦敦大学的中文科属于亚非学院（School of Oriental and African Studies）的远东语言文化学系。亚非学院另有10个系：印度巴基斯坦及锡兰语言文化学系、东南亚语言文化学系、近东及中东语言

① 刘宏：《当代英国的中国研究特征》，载《国际社会科学》，2009（6）。

文化学系、非洲语言文化学系、语言音韵学系、历史系、法律系、人类学暨社会学系、经济与政治学系、地理学系。

牛津大学的中文科隶属于东方文化研究学院（Institute of Oriental Studies）。学院根据东方各语种设置各系，中文即是其中一系。

剑桥大学的中文系设在东方文化学院（Faculty of Oriental Studies），体制上和牛津大学相似。

利兹大学的中文系1963年建立，附设在文学院内，但发展十分迅速，注重学生实际能力的训练。另外，该系还设有英国独一无二的蒙古学，形成了一大特色。

除大学外，英国还有一些汉学组织，在中国研究中发挥着重要作用，如英国汉学协会、皇家亚洲学会等。英国汉学协会（也称英国中国学协会，British Association for Chinese Studies），是英国汉学唯一的全国性组织，创立于1976年，每年召开一次年会，由各成员单位轮流负责。汉学协会在英国学术界影响很大，是公认的汉学中心和权威机构。皇家亚洲学会（亚洲文会，Royal Asiatic Society），是英国梵语学家亨利·托马斯·科尔布鲁克（Henry Thomas Colebrooks，1765—1837年）1823年创建的，是英国最古老的专门研究亚洲的学术机构。该会曾于1847年在香港成立了一个中国分会，1890年在伦敦大学建立了“现代东方语言学院”，但由于经费困难等多方面的原因，仅作为一个名义上的汉学机构而存在，直至1916年才得以正式成立，1938年更名为东方与亚洲研究学院，即现在的伦敦大学亚非学院。

第四节 德国汉学的产生和发展

一、19 世纪及 20 世纪初的汉学

（一）概 述

德国的汉学萌芽较早。17 世纪，基歇尔、米勒、门采尔和巴耶尔，在生活在中国的耶稣会士们的帮助下，开启了欧洲本土的中国研究。其中，基歇尔所著《中国图说》，以其神奇的内容、美丽的插图、百科全书式的介绍，给欧洲人打开了一扇了解东方的大门。该书一经出版，就在欧洲引起了很大的反应，很快就被翻译为荷兰文、法文、英文出版。《中国图说》1986 年英文版译者查尔斯·范图尔（Charles D. Van Tuyl）说，在“该书出版后的二百多年内，在形成西方人对中国及其邻国的认识上，基歇尔的《中国图说》可能是有着独一无二的最重要的著作”。[①] 汤若望在 1617 出版的德文著作《基督教信仰输入大中华帝国史》中，有少量（占全书的 2.4%）关于中国历史的介绍。[②]

到了 18 世纪，许多与中国有关的著作被译成了德文。杜哈尔得（Jean Baptiste Du Halde，1674—1743）所著《中华帝国全志》（1735）是一部多卷本的中国百科全书，影响很大，是伏尔泰、孟

① 张西平：《17 世纪德国汉学研究——以基歇尔、米勒、门采尔、巴耶尔为中心》，载《中国文化研究》，2008 年冬之卷。

② 王维江：《20 世纪德国的汉学研究》，载《史林》，2004（5）。

德斯鸠等了解中国的重要资源来源。席勒曾阅读过大量有关中国的作品，写有中国合集，表达了对中国文化的认同和中西文化交流的渴望，还曾试图改编中国小说和剧本。莱布尼兹（Gottfried Wilhelm Freiherr von leibnz，1646—1714年），则曾经仔细地研究和阅读过传教士的报告，将其中一部分编译成《中国近事》。他仔细地研究过《易经》，并指出阴阳变化给他发明二进制重要的启示。到中国传教的戴进贤（P. Igany koegier，1680—1746年）、魏继晋（P. Florian Bahr，1706—1771年）等，在带来现代西方科学知识的同时，传播了东方的文明。如魏继晋乾隆年间在北京编著过一部德华词典，收入了2200多个汉字。但当时并未出版，直到1937年由德国学者福克思（Water Fuchs）整理出版，命名为《首部德华词汇》，一时成为德国汉学界的必备参考书。①

19世纪，由于政治的交往和商业关系的往来，欧洲各国都急需懂得中文、了解中国历史和地理环境的人才，这也为德国了解中国文化奠定了新的基础。

虽然当时德国的大学尚无能力为德国学术界培养专门的汉学人才，中国文化爱好学者要么自学成才，要么求学于法国，但他们写作了一些著作，为德国汉学的建立打下了基础。如帕拉特（Johann Heinrich Plath，1802—1874年），原是古代语言学家，1829年在哥廷根完成埃及史教授资格论文。后自学汉语，潜心研究中国文化，对中国文化持尊重态度，推出数卷以儒学经典为主的中国文化经典教材，并写作了至今仍有使用价值的《满族部落史》第一卷（1830年），《孔子及其弟子生平和学说》则因史实丰富和分析精湛

① 胡建敏：《20世纪前的德国汉学研究回顾》，载《文学界》（理论版），2012（6）。

为德国汉学界所称道。但去世后几乎被人遗忘，直到 20 世纪才重新受人关注，并对 20 世纪德国汉学家福兰阁和佛尔克等产生很大影响。

不过，由于德国不能为这些汉学的爱好者提供专业对口的工作，许多颇有前途的年轻学者不得不离开家乡前往国外谋生，如克拉普洛特（Heinrich Julius Klaproth，1783—1835 年）前往俄罗斯彼得堡学院，并于 1815 年定居法国巴黎。诺伊曼（Karl Friedrich Neumann，1793—1870 年）到了英国。克拉普洛特对德国汉学的贡献在于对柏林普鲁士皇家图书馆汉文、满文图书进行了编目（在当时柏林普鲁士皇家图书馆已拥有不少汉文、满文图书，但在数量上不能同法国巴黎国家图书馆相比）。诺伊曼对德国汉学的贡献，在于致力于建立慕尼黑国立图书馆中文藏书馆。①

可喜的是，柏林大学于 1816 年建立了亚洲语言文学研究院，克拉普洛特被聘为教授。之后，著名汉学家和语言学家硕特（Wilhelm Schott，1802—1889 年）和嘎伯冷兹（George von Gabelentz，1840—1893 年）也在柏林大学任教。硕特的博士论文以研究中国语言特点为主，其教授资格论文以孔子为研究对象。嘎伯冷兹的博

① 诺伊曼学过亚美尼亚语，后师从法国汉学首任教授雷慕沙学习。他对当时慕尼黑图书馆仅有的 20 册中文图书进行编目后，便于 1829 年坐船前往中国，购得 6000 余册专业水平很高的中文图书后，于 1831 年回国，将其中的 3500 册赠送给慕尼黑图书馆，为该馆中文藏书奠定了基础（该馆的其余部分中文图书则从柏林普鲁士皇家图书馆获得）。此次购书具有很高的专业水平，所购中文图书都是有关中国文化、历史的经典著作。1833 年，诺伊曼被任命为慕尼黑大学包括汉语和亚美尼亚语的地理民族学教授。在诺伊曼之前，库尔兹曾任慕尼黑大学汉语教师。他在巴黎学习汉语并发表了数篇汉学论文，1831 年到慕尼黑后因出版具有自由思想倾向的周刊与当局发生了冲突，次年被判两年监禁，出狱后定居瑞士，主要历史论文有《秦始皇》，此外还译有《太上感应篇》、马融的《今古奇观》。

士论文则涉及《太极图说》。1878 年，嘎伯冷兹应聘担任莱比锡大学东亚语言学院副教授。需要说明的是，硕特和嘎伯冷兹的研究从属于东方学和普通语言学，是在一般东方学和普通语言学范围内论及汉语这一语言。①

1871 年德国统一，为实现经济和国际贸易腾飞，越来越频繁地与其他国家进行接触，急需外语和地理概况培训机构。因此，在俾斯麦宰相的倡议下，德国第一所以实用语言培训为主的东方语言学院于 1887 年 10 月 27 日在柏林大学建立。

尽管汉语地位日趋重要，但直到 20 世纪初，德国大学汉学学科还是空缺。这使得夏德（Friedrich Hirth，1845—1927 年）这样有名望的汉学家也需到美国发展。1870—1895 年，夏德在担任中国海关顾问期间，逐渐成为汉学家，重点研究早期中西文化交流，并写作了具有划时代意义的著作《中国与东罗马》（*China and the Roman Orient*，1885 年）。但那时德国大学不重视甚至排挤汉语②，夏德最后去了美国，并于 1912 年就任哥伦比亚大学教授。

汉学的转机开始于 1905 年，德国殖民学会在柏林举行年会，与会者一致通过了建立汉学学科的决定。1909 年国家接受了德国殖民学会再度提呈的建立汉学学科的提案，德国第一个汉学学科在

---

① 努力使汉学从东方学和普通语言学中分离而出，使汉学成为独立学科的汉学家有顾路柏和希尔特。顾路柏的《中国文学史》（1902 年）直至 20 世纪 60 年代一直是德国最有权威的中国文学史专著，此外还有众多译作如《孟子》《李太白全集》和《西厢记》等。1901 年由顾路柏在柏林博物院东亚馆推出了“北京民俗”专题展览，这是他 1888—1889 年中国之行的成果。顾路特去世后，他收藏的很有学术价值的私人图书由莱比锡大学东亚学学院（1914 年）接管。可惜这些图书在第二次世界大战中遭到了毁灭。

② 此阶段德国普通大学都设有印度语和阿拉伯语学科，绝大多数大学拥有埃及学学科，唯独没有汉语专业。

汉堡大学的前身——汉堡殖民学院诞生。福兰阁（Otto Franke）为第一位教授，他主张不能机械地理解东亚文化的表层现象，而是要全面领会这些文化现象的思想内涵及其历史发展与形成的内在关系。

继汉堡大学后，柏林大学也在1887年东方语言学院开始汉语教学后，于1912年建立了更注重科研的汉学学科。荷兰民俗学家和汉学家哥罗特（J. J. M. de Groot）担任首任教席教授，其后任分别为奥托·福兰阁和海尼士（Erich Haenisch，1880—1966年）。之后，莱比锡大学和法兰克福大学也分别于1922年和1925年建立了汉学专业。卫礼贤（Richard Wilhelm）担任了法兰克福大学汉学学科教席教授。在此期间，哥廷根和波恩大学也有了相应的专业，在不到20年的时间内，德国汉学学科在科研师资配备方面赶上了欧洲其他国家，在中文图书数量和质量上，柏林大学和汉堡大学在国内名列前茅。

与此相应，德国对中国的研究由语言、文学、哲学和历史扩大至社会等领域。这同卫礼贤、佛尔克（Alfred Forke）和福兰阁的努力是分不开的。他们的中国哲学经典译本和研究专著，在德国文化界唤起了人们对中国的浓厚兴趣。

20世纪，西方汉学接受语言学、社会学和民俗学等学科视角，逐渐向以学科专业分类为特点的方向发展。

在汉学刊物方面，主要有《中国》（*Sinica*）、《德国东方学学会杂志》（*Zeitschrift der Deutschen Morgenlaendischen Gesellschaft*）、《东亚杂志》（*Ostasiatische Zeitschrift*）、《柏林大学东方语学院通讯》（*Mitteilungen des Seminars fuer orientalische Sprachen an der Friedrich-Wilhelm-Universitaet*）和《亚洲通讯》（*Asia Major*）等。

（二）主要汉学家

1. 卫礼贤

卫礼贤（Richard Wihelm，1873—1930 年），1899—1921 年在中国青岛任传教士。1921—1929 年任北京大学名誉教授，1924 年应聘为法兰克福大学汉学教授。回到德国后，卫礼贤在最后五六年的有生之年，一边以惊人的创造力推出一部部中国文化丛书，一边到处作报告，以赢得德国各阶层对中国文化世界的理解。同时，建立中国学社，为中西文化交流架起一座桥梁。

卫礼贤回国后的第二年，成立了中国学社。学社的日常工作主要是编杂志，主办各种中国文化报告会和展览会。从欧洲角度看，中国学社致力于帮助西方人理解中国文化。从中国方面看，中国学社也是中国留德学生的活动中心。

卫礼贤虽然也撰写过一些著作，但他最主要的贡献还是儒家经典的译解，尤其是他翻译的《易经》，已再版二十多次，享有盛誉。

《易经》的翻译花费了卫礼贤数十年的心血。辛亥革命后，众多儒家学者包括劳乃宣栖身青岛。劳先生不仅向卫礼贤介绍了儒家经典，而且首次向卫礼贤深入介绍了《易经》这部中国哲学的源头之作，使卫礼贤产生将其译成德文的兴趣。虽然有劳先生的鼎力支持，但因战乱等原因，翻译工作几经周折。卫礼贤始终坚持德文译本尽可能正确地反映原有思想，为此，他甚至把德文译本返译回中文。《易经》德文译本见书时，卫礼贤已返回德国，劳先生也已与世长辞。

在中国长达 25 年的生活和对中国哲学的浓厚兴趣，使卫礼贤成为 20 世纪初德国最重要的汉学家之一。他的贡献在于，通过数十年的努力，使得德国人对中国的“黄祸”之感在第一次世界大战后发生了一定程度的改变。

2. 福兰阁

福兰阁（Otto Franke，1863—1946 年），1887 年学习汉语前，福兰阁学习过历史、法律，并于 1884 年获印度语言学博士学位。1888—1901 年先后在北京、天津和上海公使馆工作。期间，他有机会前往中国各地。1903 年在柏林大学完成汉学教授资格论文，之后在汉堡殖民学院、汉堡大学、柏林大学任教授。福兰阁不仅是德国汉学史上第一位专职汉学教授，培养了众多人才，而且也是众多汉学家中第一位名副其实的历史学家。

福兰阁一生发表专著、论文达 200 多种，其中最负盛名的是五卷本《中国通史》[①]。此书以儒家史和儒家国家观为红线，在丰富的原始史料的基础上对长达几千年的中国政治、思想史进行了连贯的阐述，改变了以往以历史史实编年、朝代为主的纪实性研究方式，而是从中国传统的儒家文化角度阐述中国文化与中国历史发展的关系和中国历史发展的过程。他的《中国通史》不仅具有史学家的宏观，而且也有独特的理论深度，一直是德国汉学界公认的中国史、中国哲学史研究的必读书。

3. 佛尔克

佛尔克（Alfred Forke，1867—1944 年），在 1890 年获法学博士学位的同时，完成了柏林大学东亚语言学院汉语专业的学习，前往中国担任德国驻华公使馆翻译。1903—1935 年任柏林大学东方语言学院主任教授。

---

① 由于当时条件限制，作者无法按计划完成全书，最后一卷是在福兰阁去世后由其子女整理出版的。

佛尔克在对中国哲学进行潜心研究的基础上，完成了通贯3000年的三卷本中国哲学史专著，达到了其中国哲学研究的顶峰。这部著作对丰富的中文原始资料旁征博引，向西方读者介绍了150多位中国哲学家和思想家，成为西方中国哲学史研究不可缺少的参考书。此外，佛尔克还翻译了《论衡——王充哲学散文选》（1907年）、《墨子》（1912年）等中国哲学经典，为西方的普通读者写作了《中国人的世界观》（1925年）和《中国文化的思想世界》（1927年）。

4. 孔拉迪

孔拉迪（August Conrady，1864—1925年），在维尔茨堡大学学习古代语言学和印度语言学，并完成博士论文。1896年起在莱比锡大学任教，建立了以研究上古中国语言文化为主的汉学专业，为德国汉学的发展培养了一大批学者，如哈隆（Gustav Haloun，1898—1951年）、艾克斯（Eduard Erkes，1891—1958年）、申德勒（Bruno Schindler，1882—1964年）等，他们同导师孔拉迪一起共同形成了20世纪二三十年代德国汉学界的“莱比锡学派”。

1925年孔拉迪去世后，海尼士从柏林大学受聘来到莱比锡大学，继任汉学系主任教授职务。

语言学一直是孔拉迪中国研究的主要方面，主要学术成果有《印度支那语使役动词和派生动词的构成》（1896年）和《东西方的古文化词汇》（1925年）。不过，孔拉迪未发表的手稿远远超过已发表的。孔拉迪接受曾任莱比锡大学校长蓝布若希德（Karl Lamprecht）世界通史和普通民族学的研究方法和学术视角，将汉学置于世界文化和历史背景之中，从社会、宗教和历史学角度综合阐释中国古代史，改变了以往汉学家只是依据中国古书进行翻译、注解的方式，奠定了莱比锡学派的汉学特点。

除了在大学以及研究机构中的学者之外，一些在中国进行传教、行政工作的专家，汉学成就往往不在那些“职业汉学家”之下，其中最著名的有郭士立、花之安和艾德。①

郭士立（Karl Friedrich August Gützlaff，1803—1850 年），1824 年受荷兰布道会派遣到暹罗传教，并在那里学会了福建方言。他多次在中国游历、调查，1842 年出任《南京条约》的译员和谈判人。郭士立是一位狂热的传教者，他坚信，基督教和西方进步科学是人类的福祉，即使违背当地人的意愿，也应带给世界各地的人们。郭士立曾撰写过一部卷帙浩繁的《中华帝国历史》，1836 年首先以英文出版，1847 年德文版出版。他认为中国文化固然可敬可佩，但已经无法和西方同日而语了。

花之安（又名化之安，Ernst Faber，1839—1899 年），德国礼贤会传教士，1865 年到香港，后到内地。他后来回德国，于 1888 年获得耶纳大学的神学博士学位。1898 年，到当时德国的殖民地青岛传教，次年病逝于该地。花之安对中国哲学、宗教、历史、社会以及植物学均有很深的研究，并且能用德、英、中三种文字写作。在汉学方面的主要著作有《儒学汇纂》《中国宗教学导论》等。

艾德（Ernst Johann Eitel，1838—1908 年），1862 年由巴色会派到广州传教，1879 年辞去教职。艾德曾任《中国评论》编辑多年，并用英文写过多种有关中国宗教、民俗、历史的著作。1877 年，他与礼贤会教士叶道胜共出版了《粤方言汉英词典》，对近代

① 详见李雪涛：《德国汉学的滥觞及其在 19、20 世纪之交的发展》，载《国际汉学》，2007（1）

广州方言研究具有重要的意义。

（三）主要研究领域

汉学学科在德国大学相继建立后，汉学开始进入学科化阶段，研究领域涉及中国社会和文化的方方面面。

1. 哲学

中国哲学成为德国汉学的重要领域，很大程度上得益于卫礼贤①和佛尔克的努力。

佛尔克除通过翻译向德国读者介绍中国哲学外，三卷本的中国哲学史为其中国哲学研究的顶峰。该著不仅收入重要的中国哲学家和思想家，也不遗漏那些影响甚微的人物，是名副其实的中国哲学通史。中国哲学研究方面还须提及的是福兰阁的《儒教史和中国国教史研究》（1920年）、埃贝哈德（Wolfram Eberhard）的《汉代中国宇宙观》（1933年）。

他们的工作唤起德国学术界乃至整个文化界对中国哲学的兴趣，改变了之前最多在专著或大学哲学讲座中偶尔援引一些中国哲学有关内容和词句的局面。

2. 宗教

这一阶段德国汉学对中国宗教的研究主要集中于古代祭祀及禅宗。

代表性著作有顾路柏的《中国宗教与祭祀》（1910年）和申德勒（Bruno Schindler）的《古代中国神职人员》（1919年）。另外，卡尔·亨策（Carl Hentze）与众不同之处在于，他不依文献而是选

① 卫礼贤的详细介绍见前文。

择商朝和周朝时期的青铜器和其他艺术品对古代中国文化符号进行解释。论著主要有《古代中国青铜器祭祀图案》（1937 年）和《古代中国文化中祭祀青铜器及其文化意义》（1941 年）。

3. 历史

中国古代历史是这个时期德国汉学的重要研究对象。福兰阁和孔拉迪（August Conrady）是重要代表。孔拉迪的《中国历史纲要》（1910 年）不仅在方法论上采用了突破性的民族比较认知法，而且其精辟的思想评论迄今仍能给人以启发，当然，某些方面说法的过时是不可避免的。福兰阁的 5 卷本《中国通史》，在很长时间内被视为研究上古至明代中国历史的指南。

除通史外，断代史主要关注唐代和清代史，专题史关注的有古代中国部落居住形式、中国采地制度、三国时期的功利主义、汉代王莽和古代中国边民问题等。巴拉茨斯（Stefan Balazs）的《唐代经济史》，既是断代史，又是专题史。此专著采用韦伯奠定的社会探索法对中古中国社会的经济和社会因素进行详细分析，勾勒出中国唐代的经济状况，改变了以儒学为主流的中国历史编纂方式，成为德国汉学中国史研究的新方式。

4. 社会

德国社会学家韦伯（Max Weber，1864—1920 年），虽然在研究资料方面依赖精通汉语的汉学家，但以思想史与社会史相结合的新型认知法阐述中国社会，给人们理解中国社会提供了新的视角。

中国社会的法律制度和涉外法也是德国汉学的重要内容，涉及的课题有习惯法、地产法和古代法律思想等，主要论著有福兰阁的《中国地产法》（1935 年）和《中国治外法史》（1935 年）等。

5. 民俗

对中国民俗进行介绍的有斯坦茨（Gerhard Stenz）的《山东南部地区民俗研究》（1907年），卫礼贤的《中国童话》（1914年），埃贝哈德的《中国民间童话》（1937年）、《古代中国地域文化》（1942年）和《中国边民文化和居住形式》（1942年）。

6. 文学

经典翻译是这一时期德国汉学的主体，文学评论和文学研究尚未引起人们的重视。诗歌翻译方面有霍夫曼（Alfred Hoffmann）等翻译的楚辞以及李白、杜甫诗歌等，小说方面有库恩（Franz Kuhn）和埃里希·施密特（Erich Schmidt）等翻译的《二度梅》（1927年）、《金瓶梅》（1930年）、《红楼梦》（1932年）、《水浒传》（1932年）《三国演义》（1936年）、《封神演义》以及《聊斋志异》的节译等，戏剧方面有洪德豪森（Vinzenz Hundhausen）翻译的《西厢记》（1926年）、《琵琶记》（1950年）、《牡丹亭》（1933年）等。如同卫礼贤在中国哲学经典翻译中的地位一样，库恩成为中国文学德语翻译的翘楚。文学史方面有顾路柏的《中国文学史》（1909年）和卫礼贤的《中国文学》（1930年）。

7. 艺术

中国艺术史、绘画和建筑风格等是此阶段德国汉学研究的重要方面。屈曼尔（Otto Kuemmel，1874—1954年）的中国艺术和东亚艺术研究达到了较高学术水平，主要论著有《东亚艺术》（1921年）、《中国、日本和朝鲜艺术》（1929年）。另外，明斯特贝格尔（Oskar Muensterbery）两卷本的《中国艺术史》（1910年、1912年）具有比较高的资料价值，弗舍尔（Otto Fischer）的《中国风景画》（1920年）和《汉代中国绘画》（1931年），以及佛德尔森

（Martin Feddersen）的《中国工艺美术》（1939年）也比较有见解。建筑艺术和建筑方面的论著有伯施曼（Frnst Boerschmann，1873—1949年）的《中国建筑艺术和宗教文化》（1911年、1914年、1931年）、《中国建筑》（1925年）、《中国建筑陶器》（1927年）及布林（Anneliese Bulling）的《中国汉唐建筑史》（1935年）。

8. 考古

古代青铜器、古瓷和古币为此阶段中国考古研究的主要对象。主要著作有：洛恩（Max Loehr）的《前古中国青铜器汇编》（1936年），特吕布纳（Joerg Truebner）的《青铜器类型探索》（1929年），齐默尔曼（Ernst Zimmermann，1866—1940年）的《中国瓷器和陶器》（1923年）、雷德曼斯特尔（Leopold Reidemeister）的《瑞典博物馆中国明代瓷器》（1935年）以及施罗塞尔（Richard Schloesser）的《中国古币》（1935年）等。

9. 语言

中国语言没有像哲学、文学和法律那样受到汉学家的重视，主要成果是汉语教材，如海尼士的《汉语教程》（共4册，1931—1957年出版），阿伦特（Carl Arendt，1838—1902年）的《中国北方口语手册》（1891年），佛尔克编著的柏林大学东方语言系列汉语教材《新汉语书面语手册》（1911年），特里特尔（Walter Trittel）和佩尔尼茨（M. G. Pernitzsch）合编的《现代中国小说教材》（1939年）等。除教材外，此阶段还推出数本词典，但影响未超越德语地区。

二、二战后的汉学（中国学）

（一）概　述

由于纳粹专政和种族歧视政策，在法西斯统治的十多年里，许多德国汉学家被迫出走美国和其他欧洲国家。如曾经师从福兰阁的优秀青年学者白乐日（Etienne Balazs）、受卫礼贤影响颇深的艾伯哈德（Wolfram Eberhard）等。魏特夫（K. A. Wittfogel）从集中营里出来后，几经周折借道伦敦抵达美国，1949 年他与冯家升先生共同撰写的《辽代中国社会史》正式出版，享誉西方汉学界。

战后，原本汉学力量相当强大的柏林大学和莱比锡大学因战祸而人才、资料两空。幸免于难的汉堡大学汉学系自 1948 年颜复礼教授退休后，也无人为继，停办汉学讲座数年。一段时间内全德国仅有慕尼黑大学开设汉学专业，且只有海尼士（Erich Haenisch）教授一人授课。他回忆说："在慕尼黑，我们夏天有时在过道里，有时在木板棚下上课，冬天则在属于语言研究所的那座唯一完整的房子里。后来 1949 年夏季学期我们才获得一间属于自己的房子，它既是图书馆，又做教室，又当办公室。"① 但是，海尼士还是凭借渊博的知识和一丝不苟的作风培养出了鲍吾刚（Wolfgang Bauer）和德博（G. Debon）等著名汉学大师。

自 1950 年起，慕尼黑、汉堡、莱比锡等大学的汉学陆续恢复。与此同时，1873 年创刊的德国第一本东方杂志《德国东方协会杂志》（ZDMG）、《德国东亚自然和人类学会通讯》（NOAG）等陆续

---

① Wolfgang Bauer, *Herbert Franke und deutshe Chinaforschung nach dem Kriege*, Wiesbaden, 1989.

复刊，还新创了《远东学报》(*Oriens Extremus*)（至今仍为德国最有声望的东亚学术杂志之一)、《东方研究所学报》等。恢复出版了《德国东亚自然与人类学会报告》等丛书，其中《哥廷根亚洲研究——南亚、东亚和中亚民族的历史、语言和文学研究丛书》，至1958年所出10部，几乎全部是关于中国学特别是中国蒙古、突厥等古代边疆少数民族的语言和历史的专著。1959年，波恩大学开始编辑出版《亚洲研究——东亚与中亚历史、文化和语言研究丛书》，实际上是《哥廷根亚洲研究》的续绵。

有学者认为，战后十余年，德国汉学呈现出三分天下的格局：(1) 汉堡学派，以傅吾康为首，主要研究明清史及中国近现代史。(2) 慕尼黑学派，以福赫伯为首，主要研究中国中古史。(3) 莱比锡学派，以艾克斯为首，主要研究中国先秦文史。20世纪60年代，逐渐形成了多元格局。[①]

这一时期的汉学家主要有：中国思想史专家鲍吾刚（Wolfgang Bauer)，中国古代农民起义问题专家艾士宏（Werner Eichhorn)，明史专家葛林（Tilemann Grimm)，蒙古学专家海西希，专攻清史和满文文献的福克斯，擅长中国古典诗词翻译和研究的霍夫曼（Alfred Hoffmann)，中国诗学研究专家德博（Günter Debon）等，他们承上启下，为德国汉学立下了汗马功劳。但是，当时很多德国大学汉学系比较关注古代中国。

自20世纪60年代后期开始，德国汉学界开始十分关注中国的现实和变化，并明显受到“文化大革命”的影响。如柏林自由大学东亚系在教学计划中取消了原有的“经典文献”学习内容，代之以

① 张国刚：《德国的汉学研究》，北京，中华书局，1994。

《毛泽东选集》和《人民日报》文章选读。①

20 世纪 70 年代后期开始，伴随着德国经济起飞、中德建交、中国的改革开放，各大学纷纷设立汉学系，甚至形成了没有汉学系不成为大学的有趣局面。② 如一些大学开始增设经济学与汉学相结合的课程。有的学校提出培养“经济汉学家”的目标，增设“东亚销售学”专业。③

在研究方面，受到了法国、英国和美国的影响，德国汉学不再局限于传统中国研究，逐步加强了对中国社会和经济史的研究，且朝着日益专门化的方向发展，如德博为第一个研究文论的德国汉学家，艾士宏的《中国文化史》先后被译成荷兰文和英文，陶泽德主编的《儒家思想和中国的现代化》得到社会各方关注。而且，随着交叉学科的发展，德国的汉学开始渗透到哲学、法学、政治学、社会学、国际关系学、民族学、历史学和教育学等学科专业中。如亚琛科技大学社会学专业设有“社会学与中国社会”的课程，柏林工业大学设有“中国科技史”课程等。德国汉学也渐渐有了一个新的名字——中国学。

另外，德国的中国研究得到了众多基金会的支持。其中，大众汽车基金会“中国项目”资助了波鸿大学哲学系何仑施坦（F. Holenstein）教授与中国社会科学院哲学所李幼蒸副研究员合作的“儒家注疏的研究”、波恩大学东方语言学院顾彬（W. Kubin）教授的“电脑检索汉语歇后语词典”项目等。据 1991 年的《大众

① 巴巴拉·霍斯特《德国汉学概述》，见《国际汉学》编委会：《国际汉学》1，359~360 页，北京，商务印书馆，1995。

② 王维江：《20 世纪德国的汉学研究》，载《史林》，2004（5）。

③ 巴巴拉·霍斯特《德国汉学概述》，见《国际汉学》编委会：《国际汉学》1，359~360 页，北京，商务印书馆，1995。

基金会通报》公布，计有257个专项获得大众汽车基金会“中国项目”的资助。此外，慕尼黑大学鲍吾刚教授（W. Bauer）主持的“中国哲学及其与欧洲哲学的关系”国际学术研讨会也曾得到该专项资助。

总之，战后的德国汉学经历了一个艰难的恢复和重建过程后，更加专业化，研究对象也从传统的古文字学、哲学扩展到了社会、经济、近代史、现代文学等各个领域。同时，德国汉学家既加强了与中国，也加强了与美、英、法等国的交流与合作。如今，德国汉学与英美汉学、法国汉学鼎足而三。①

（二）代表性人物

1. 傅吾康

傅吾康（Wolfgang Franke，1912—2007）生于汉堡，自幼深受其父德国汉学界泰斗福兰阁的影响。1935年以《康有为及其变法派的国家政治改革尝试》取得汉堡大学博士学位。1937年来华，访学，任教，编辑《中德学志》《汉学集刊》等，并同毕业于天津南开大学的胡隽吟（Chun-yin Hu）女士结婚。1950年傅吾康回德国，接受汉堡大学的聘请，出任中国语言文化研究所教授兼所长，直至1977年退休。傅吾康在20世纪50—70年代还先后担任了美国哈佛大学客座研究员、马来西亚大学、（新加坡）南洋大学和夏威夷大学的客座教授。

傅吾康的代表作《明代史籍汇考》（*Preliminary Notes on the Important Chinese Literary Sources for History of the Ming Dynasty*）出版于

① 陆宏成：《20世纪德国汉学概说》，见李学勤主编：《国际汉学著作提要》，398~400页，南昌，江西教育出版社，1996。

1948 年，是西方公认的明史研究重要著作。1958 年在慕尼黑出版的《中国百年革命史（1851—1949）》（*Das Jahrhundert der Chinesischen Revolution* 1851—1949），把太平天国以来的中国近代史历史事件看成一个连续的发展过程，在西方学术界颇获好评。1977 年退休后，他再次受聘到马来西亚大学中文系任教授，1978 年与陈悌凡（Chen Tieh Fan）合作出版了《马来西亚的华人碑文》。

2. 福赫伯

福赫伯（Herbert Franke，1914—2011）出生于科隆，其父是一位博学的书商，喜欢与文人学士交往。福赫伯阅读了库恩（Franz Kuhn）翻译的很多中国古典小说，便对中国历史和古典文学产生了浓厚的兴趣。福赫伯在柏林大学的第一专业是法学，但他对中文的学习十分投入，于 1936 年取得了柏林大学东语所中文专业毕业文凭。两年后，他又完成了中文专业教授论文。1952 年，福赫伯出任慕尼黑大学汉学教授，主持慕尼黑大学的汉学讲座，直至 1979 年退休。

福赫伯的《蒙古人统治下的中国货币与经济》（*Geld und Wirtschaft in China unter Mongolenherrschaftem*）影响极广，认为至今西方对元代经济史的研究还没有超过这部书的水平。福赫伯一直笔耕不辍，1987 年发表了多年研究的力作《南宋战争史的研究与文献》（*Studien und Texte zur Kriegsgeschichte der südlichen Sogzeit*）。此外，他还担任了《剑桥中国史》第六卷《辽夏金元》卷的主编。

福赫伯也是出色的学术活动家。他编杂志，成立学术团体，打开德国汉学界与英美汉学界交往的大门，如他曾担任德国东方学会主席、国际东方学会联盟秘书长、美国西雅图华盛顿大学客座教授，德国科协副主席和巴伐利亚科学院院长等重要职务。在他的努力下慕尼黑大学成为德国又一个汉学重镇。[①]

3. 艾克斯

战后东德汉学的教学和研究中心先以莱比锡大学为主，后逐步转向柏林洪堡大学，此外，柏林科学院古代东方历史与考古研究所也开展了对汉学的研究。期间，受中苏关系恶化影响，东德地区的汉学研究停滞，20 世纪 80 年代初开始恢复。

艾克斯（duard Erkes，1891—1958 年）是孔拉迪的得意门生，22 岁时即以研究屈原的《招魂》获得莱比锡大学的博士学位，26 岁又以《论〈淮南子〉的世界观》通过教授论文。20 世纪 30 年代，艾克斯已是莱比锡大学教授和颇有声望的汉学家。后因参加社会民主党遭纳粹迫害，隐姓埋名流落他乡。1947 年，莱比锡大学又请艾克斯担任东亚系主任兼教授。1950 年柏林洪堡大学新设汉学课程，聘请艾克斯为兼职教授。

艾克斯的研究最初集中在《诗经》和《楚辞》，1950 年以后开始重视中国历史，代表作为《远古至现代中国社会的发展》和《从中国历史的开端到外国资本的入侵》。

（三）研究关注点

由于大多数汉学家是按个人兴趣选择课题，独立开展研究的，因此，研究领域涉及中国的政治、经济、法律、地理、哲学等多方面。[②] 这里仅简要叙述几个被关注的点。

---

① 王维江：《20 世纪德国的汉学研究》，载《史林》，2004（5）。

② Otto Frank：《现下在德国之中国学》，见《研究与进步》（上），北京，中德学会，1939。

1. 历史

德国出版的中国历史研究书籍相当多，汉堡大学、波恩大学、慕尼黑大学是三大重镇。艾伯哈德（Wolfram Eberhard）的《中国历史》（*Geschichte Chinas*）影响深广，因为其不以考察王朝的更替、政治事件和历史人物为主要内容，而是着重考察各个时期的经济生活、社会组织方式的变更及其在有关文化中的反映、发展和融合。指出中国文化一开始就是由诸民族文化融合而成，且并非一成不变，纠正了中国历史静止说的偏差。维尔茨堡大学库恩（Dieter Kuhn）教授 1988 年出版的《宋代文化史》（*Die Song-Dyanstie*）具体地描述了宋代文化所取得的成就，涉及社会生活的方方面面，且附有很多插图和文献照片，给读者以非常直观的印象。此外，波恩大学威尔斯（Michael Weiers）教授主编的《蒙古历史与文化》（*Die Monglen，Beitrage zu ihrer Geschichte und Kultur*）被视为一部提供全面知识的综合性著作。

2. 道教

《老子》有 50 多种德文译本，不少德国思想家、哲学家和文学家受其影响。泰宁格（Hans Staniger）教授被公认为欧洲最重要的道教专家之一，主编的维尔茨堡“中国学与日本学研究丛书”，收有多部研究道教的著作，主持的欧洲研究计划中的《道藏》项目，引起世人瞩目。此外，赖特（Florian C. Reiter）、科恩（Livia Koehn）的研究也颇有成绩。

3. 《易经》

《易经》在德国也有多种译本，在德国书店，《易经》的相关著作比儒学的更易于看到。卫礼贤（Richard Wilhelm）和卫德明（Helmut Wilhelm）父子的译著《易经》和论文集《周易要术——

关于易经的八篇论文》受到学术界的重视。恩格勒尔（F. K. Engler）、施密特（Gerhard Schmit）对《易经》也颇有研究。

4. 儒学

在德国汉学界，儒家思想被视作对现代中国人产生较大影响的传统文化，但很大部分人对其持否定态度。

5. 少数民族

蒙古学专家海西希在维也纳大学获得博士学位后，曾多次访问内蒙古地区，著有蒙古文文学编年史《水晶念珠》、两卷本巨著《蒙古文学史》和《蒙古的宗教》等。主攻清史和满文文献的福克斯，在柏林大学完成博士论文后，自 1926 年起在中国居住了 20 多年，担任过“中德学会”会长，出版了《康熙时代耶稣会士的地图》两大册、《十八世纪乾隆皇帝南巡图册》以及《满洲图书文献学研究》等著作。

6. 文学

20 世纪 80 年代后，德国汉学家对中国文学的研究不再局限于古典的，还研究近代的和现代的中国文学。葛凌策（H. Schmidt Gintzer）的《中国文学史》是一部详尽介绍中国文学历史的综合性著作。波恩大学教授顾彬写作和出版了 5 卷本《中国文学史》和《中国现代文学和文学批评论集》等。特利尔大学卜松山（K. H. Pohl）教授致力于撰写《中国文学批评史》。慕尼黑大学的东亚研究丛书也收有不少文学著作，如《元好问的文学批评》《1100—1450 年的中国戏剧》《中国中古早期的诗歌——诗人王灿的生平和诗作》《明代戏剧和小说中的郑和探险故事》等。

7. 艺术

艺术方面，《华裔学志丛书》（*Monumenta Serica Monograph*

Series），收入了高水平的以传统汉学为主的研究著作，如卜松山（Kark Heinz Pohl）的《郑板桥诗：诗人、画家、书法家》代表了西方从艺术史的角度全面研究郑板桥的诗、画和书法的成果。

8. 近代中德关系

著名汉学大师鲍吾刚、傅吾康以及冯门德（Erling Von Mende）和马丁（Bernd Martin）等都曾研究过近代中德关系，明斯特大学、特利尔大学，尤其是柏林自由大学东亚研究所都很重视近代德中关系研究。

在德国汉学界的教授中，科研重点为“传统中国”的约占三分之二，只有三分之一左右的人研究近现代中国，但在中青年学者和博士生中，研究近现代中国的人数略占上风。然而，在大学教学中，关于近现代中国的教学却占有明显的优势。当然，也有一些大学的研究和教学重点都是近现代中国，如柏林洪堡大学亚洲学院。

（四）主要汉学机构与汉语教学

德国大学设立汉学专业较晚。莱比锡大学 1878 年决定设立东亚语言专业副教授一职并于翌年 7 月开始授课，为德国大学设立汉学专业的滥觞。[①] 但直到第一次世界大战之后，才形成了汉堡（1909）、柏林（1912）、莱比锡（1922）和法兰克福（1925）4 大汉学中心。同时，其他一些大学，如哥廷根大学、波恩大学、慕尼黑大学等也开设了汉语课。[②] 近年来，随着中德双方交流的不断深化，德国的汉语教学不断升温。截至 2006 年，德国有 40 多所高等

① 其实，早在 1816 年波恩大学筹建时（1818 年建校）就决定设汉学教授的职位，但由于该职位唯一的候选人滞留巴黎不归而未果，成为德国汉学史上的一件憾事。

② 关山：《德国汉学的历史与现状》，载《国外社会科学》，2005（2）。

院校及语言教学机构开设汉学专业，有92所成人大学举办汉语班，有42所中学开设汉语课。其中，现有的113所综合性大学中，进行汉语教学和汉学研究的为24所，占总数的21%，著名的如慕尼黑大学、科隆大学、海德堡大学、汉堡大学、特里尔大学、法兰克福大学等。①

与美国不同，德国汉学在大学里始终独立，没有被分解到历史、哲学、宗教等系科中去。因为，汉学在德国一直保留着传统意义上的涉及面颇广的汉学概念，如福赫伯所下的定义："汉学如同其名一样，是涉及中国语言、文学、历史和宗教的科学，简言之，即对这个国家的精神和物质文化进行研究。"② 汉学在德国综合性大学中有的归入东亚系或东方学院，有的归入中国语言文化系或语言文学学院，也有的归入古典学学院或哲学学院或文化学学院。

综合性大学的汉学专业几乎都有授予汉学或相近名称的硕士和博士学位资格。汉学专业的学制一般为四年。前两年是基础阶段，以学习汉语为主，通过中期考试者，才有资格进入后两年高级阶段的学习，但绝大部分学生完成学业的年限均超过四年。

德国大学的教授岗位控制很严，师资定编也很紧。汉学专业的教师基本结构一般是主任教授一人，讲师一人，语言教师一人。中等规模的在此基础又增加非主任教授一名，讲师和语言教师各一名。更大规模的则有两位主任教授。因此，德国大学的汉学专业一般只有六七个教席，最多十余个教席，小的仅有三个教席。

20世纪70年代后，各大学汉学系针对不计划将汉学作为专业，

① 李湘萍：《德国汉语教学的现状》，载《社会科学家》，2006（10）。

② Herbert Franke, Zur Geschichte der westlichen Sinologie, in: *Forschung und Information*, Band 26, Berlin, 1980, S. 9.

但对中国感兴趣的学生，在传统的课程（汉学一类）之外，又增加了当代史的内容（汉学二类）。

德国的汉学图书收藏虽然不如美国、英国和法国，但战后德国学术界和教育界十分重视图书馆的恢复和扩建，总体上是令人满意的。① 一般来说，汉学专业所在的院系都有自己独立的汉学资料室，学生除了可以借阅当地的图书资料外，也可以通过图书馆邮借异地图书馆拥有的汉学书籍，查阅图书资料较为方便。

第五节　美国中国学的产生与发展

美国中国学是在欧洲汉学的基础上发展起来的，但后来居上，目前在世界中国学领域位置非常重要，且逐渐将欧洲汉学那种对中国传统文化的研究扩展到对近代乃至当代中国的研究；在方法上也采取当代社会科学的各种方法，而不仅仅局限于文史哲领域，他们将这种研究称为 China studies（中国研究），这可以看作是“汉学”的现代形态。

1784 年，美国建国仅 8 年，即中国的乾隆四十九年，第一艘美国商船“中国皇后号”到广州进行丝、茶贸易，年轻的美国与古老中国的交往就此拉开序幕。不过，对于中国研究，商人们既无兴趣也无精力，因为他们更多关心的是经济利益。

---

① 巴巴拉·霍斯特：《德国汉学概述》，见《国际汉学》编委会：《国际汉学》1，362 页，北京，商务印书馆，1995。但可能是因视角不同，驻德教育处的许宽华、陈国权认为，德国汉学的图书资料总体比较老化，只有个别经费充足的大学除外，如慕尼黑大学、海德堡大学、科隆大学、特里尔大学。见许宽化、陈国权：《德国汉语教学和治学研究一瞥》，载《德国研究》，1997（1）。

美国的中国学源于19世纪的传教士。1829年，传教士裨治文到广东等地传教。此后，一些美国传教士陆续来到中国。在传播福音的过程中，他们逐渐认识到，以中国人熟悉的方式传教布道效果更好，因此，研究中国尤其是中国文化成为他们布道之外的重要内容。正是在这些传教士中间产生了早期重要的美国汉学家。此后大约100年的时间，是美国中国学的第一阶段（童年阶段），在华传教士是中国问题的主要研究者，主要研究中国的历史和文化。

虽然那时活跃在美国的许多汉学家都有着在欧洲学习或工作的背景，美国汉学本质上是欧洲汉学的一个分支，但在某些方面已经开始起步。如组织建设方面，最重大的事件当属1842年美国东方学会（American Oriental Society）的成立；资料建设方面，一些图书馆陆续开始建立中文馆藏；在人才培养方面，汉语教学进入高等学府。且已经具备它自己的特性：已超出了欧洲汉学注重典籍与人文传统的人文学科范畴，而带有社会科学研究的特点，同时又粗具强烈的致用目的。

20世纪二三十年代是第二阶段（少年阶段），第一次世界大战使欧洲无暇东顾，美国加紧对中国的势力扩张，为此资助中国研究，成立正式的研究机构，专职的研究人员也开始出现。(1) 不少与中国研究有关的亚洲或东亚研究机构和学术团体成立，如对外关系理事会（1921）、社会科学研究理事会（1923）、太平洋学会（1925）、布鲁金斯学会（1927）、哈佛燕京学社（1928）、美国远东学会（1938）等。(2) 中国研究在高等教育机构中取得发展。继1901年哥伦比亚大学建立最早的东亚研究系并开办中文讲座之后①，一些大学陆续开始中国研究，并逐渐形成各自的特色。这与一些基金会的积极支持密切相关，如20世纪20年代以后，美国洛克菲勒基金会为中国研究的发展作出了重要贡献。与此相应，一些图书馆开始收藏中文图书。为了使更多的人了解中国，这一时期还加强了对中国历史和文化著作的翻译和出版。

不过，美国对中国的研究，虽说初步搭建起了研究构架，但直到太平洋战争爆发前，从事东亚研究的专业学者不过50人，东亚研究领域的状态与家庭手工业十分相似。美国没有一所大学能够开设完整的中国历史专业，即使在著名的哈佛大学，也几乎没有一个博士生是以东亚史为专业的。中国研究依然处于传统的欧洲汉学的藩篱之下，若干重要汉学家来自巴黎，东亚研究竟然成为法国文化的一个分支，要研究首先就要精通两门欧洲语言，然后再学习古代汉语。人们对近现代中国更是少有兴趣。

可见，与欧洲相较，美国的汉学起步较晚，且早期活跃在美国的许多汉学家都有着在欧洲学习或工作的背景。受欧洲汉学的影响，直到第二次世界大战结束前，美国对中国的研究都以人文科学研究为主，且侧重于对古代中国的研究。当然，这也与美国的非西方世界研究的主流趋势相一致，截止到1940年，美国大学培养的研究非西方世界的博士生大多研究古代，研究现代的还不足60名。

第二次世界大战到20世纪50年代是第三阶段（青年阶段）。二战前，美国的汉学研究就开始向区域研究过渡；太平洋战争使美国政府深深意识到太平洋及远东地区对美国的战略价值，于是加大了对中国问题研究的支持，此期间完成了向区域研究的过渡。同

① 黎白平：《推动美国汉学研究的“猪仔”》，载《百科新说》，2013（6）。

时，在美国中国学中一直占主体地位的历史研究中，中国近现代史也取代中国古代史，成为一个自为主体的研究领域。[①] 当然，这与美国开始扮演世界性角色，与弱小民族和国家成为冷战追求霸权的战场密切相关。

20 世纪 40 年代起，美国中国学开始走向独立，并逐渐成为西方中国学研究的重镇和领军。对此发挥关键性作用的是有学术企业家之称的哈佛大学教授费正清。他被称为“美国当代中国学之父”，也是美国第四代中国学家的杰出代表。费正清于 1936 年获得牛津大学博士学位，随后为哈佛大学所聘用。战后，费正清和很多学者由军事部门、政府部门回到高等学校执教。他回到哈佛后主要做了三件事：一是倡导成立区域性研究，将对中国的研究涵括在内；二是开设了“1790 年以来的远东”课程；三是鼓励学生研究文件档案，不为语言的学习所束缚。费正清所培养出来的中国问题专家，并不像传统的汉学家那样博学，但极富现实感，可以直接服务于美国政界。于是，当代中国学研究的影响也很快超过传统汉学研究。

然而，由于战后国际政治格局发生了重大变化，“冷战”取代合作；而 1949 年中华人民共和国成立，极大震动了美国朝野，质问谁“丢失了中国”。共和党参议员约瑟夫·麦卡锡（Joseph R. McCarthy）抓住了美国当时“反对国际共产主义威胁”政治运动的时机，在国内掀起了一场政治迫害运动（麦卡锡主义）。在这场反共迫害政治运动中，与现当代中国研究相关的学者、机构、基金会（如一度为中国研究等作出很大贡献的洛克菲勒基金会）都不同程度遭受打击，现当代中国研究在美国成了学术雷区。相当数量的美

① ［美］艾恺：《当前西方史学界研究中国地方史的趋势》，载《历史研究》，1983（4），67 页。

国汉学家、中国问题专家和亚洲问题专家被打入冷宫，甚至流落他乡，包括美国中国学的奠基者欧文·拉铁摩尔（Owen J. Lattimore）、费正清、弗雷德里克·范德比尔特·菲尔德等人。

1954年后，随着麦卡锡主义阴霾逐渐散去，特别是中国影响力的不断扩大，美国社会各界强烈呼吁大力开展中国研究。因此，美国联邦政府、基金会及各高校积极资助中国研究。其中，福特基金会决定出资3000万美元用于东亚研究起了关键性作用；《国防教育法》决定对学习包括现代汉语在内的“重要语言”的学生颁发政府奖学金，也起了重要推动作用。

由于二战的创伤，欧洲的东方学、汉学研究都受到冲击。相比之下，美国的中国问题研究顺利发展，“远东协会”等重要的学术组织和团体出现。现代意义的、以近现代中国问题为主要研究内容的中国学崭露头角。当然，这时的中国学，仍由历史学唱主角，政治学、法学、社会学等专家还缺乏热情。

20世纪六七十年代是第四阶段（壮年阶段），是美国中国学研究的猛进时期。1959年是美国当代中国学发展史上的“里程碑之年”：在美国政府和福特基金会经济上的大力支持下，美国学术团体理事会和社会科学研究理事会在纽约召开联合会议，讨论如何加强现代中国问题研究。会议决定成立以“促进当代中国研究”为宗旨的当代中国联合委员会，下设中国社会研究、中国政府和政策、中国法律、中国经济等小组委员会。其任务是鼓励各大学研究中心之间的合作及发展自1949年以来的中国研究。20世纪60年代，中国历史在各大学的地位已相当于西欧各国的历史。1958—1970年的12年间，各大基金会对中国研究的拨款总额共达25,933,462美元（为1933—1945年12年拨款总额的7倍多），美国政府对中国研究的拨款总额达 1,504,000 美元，美国各大学对中国研究的拨款总额约 2,000 万美元，福特基金会和洛克菲勒基金会还对国外（英国、法国、联邦德国、日本等）的中国研究拨款。加上其他来源，在这 12 年中，美国对中国研究的各种公私资助超过 7,000 万美元。其中以福特基金会出资最多，达 29,747,710 美元。① 亚洲研究协会、美国历史协会、美国政治协会、美国地理协会、美国现代语言协会、美国东方学会以及美国学术团体理事会所属的亚洲研究联合委员会和中国文化研究委员会等机构，对促进中国研究也起了很大作用。1970 年代初，有关研究中国的机构近千个，其规模大体与对苏研究相当。

与此相应，哈佛东亚研究中心②、当代中国研究委员会③等机构出版了大量研究中国的论著，尤其是施坚雅组织全美乃至世界其他国家中国学家历时十年花费 75 万美元才编撰而成的大型工具书《近代中国社会研究：论著类目索引》于 1973 年出版，被人誉为“中国学发展历程中的一个重要里程碑”④。

综观这一时期美国的中国学，可谓喜忧参半。忧的是，很多中国学学者在研究方向上很大程度地受到美国官方意志的左右，从一开始就怀着一种“刺探敌情”的心态，主要是为了对最新情报进行

---

① 孙越生、陈书梅主编：《美国中国学手册》（增订本），10 页，北京，中国社会科学出版社，1993。

② 费正清：《费正清对华回忆录》，陆惠勒、陈祖怀译，437 页，上海，知识出版社，1991。

③ George E. Taylor. Special Report: The Joint Committee on Contemporary China, 1959—1969. *Asian Studies Professional Review*, 1971, (1): 80.

④ Edwin G. Beal, "An Analysis of the Bibliography", *Journal of Asian Studies*, Vol. 35, Issue 2 (Feb., 1976), p. 277.

分析和为决策服务，而不是长期的学术研究。衡量一名中国学家的学术生涯是否成功，往往要看他是否得到一份华盛顿提供的工作，而不是看他是否出版了一本开拓性的著作。一些中国学家在观察中国和对数据进行解释时佩戴着政治的透镜，严重妨碍了他们正确客观地认识和研究新中国。况且，因研究资料匮乏，他们几乎完全依靠中华人民共和国的官方文件，更没有在中国大陆进行实地研究或与大陆学术界进行学术交流的机会。①

喜的是，正是在此期间，美国哈佛大学的历史学家、政治学家费正清（John King Fairbank，1907—1991）开创了现代的美国中国学，也因此被誉为“中国学之父”。费正清认为，在研究中国问题时，每一个具体的历史问题背后，都存在着一个更加严峻的挑战，即必须努力理解中国文明和美国文明之间的巨大差异。他认识到，中国近代革命的深刻原因不仅在于与西方的接触，还在于他本身的历史。这种看法的合理性在今天看来是显而易见的，在 20 世纪 30 年代的西方汉学界却并未成为普遍的共识。②

20 世纪 80 年代以来是第五阶段，世界局势的新变革、中国的改革开放和科学技术的飞速发展，美国中国学的研究条件、研究队伍、研究内容、学科地位和组织形式都发生了巨大变化，跨学科和诸学科的综合研究趋势更加突出，东方文化、儒家文化得到海外学者前所未有的关注和挖掘。斯坦福大学亚太研究中心主任、社会学资深研究员华尔德（Andrew G. Walder）认为，重建美国当代中国研究，“起自 1979 年……中国不再被视为一个边缘的神秘话题，它

---

① 裴宜理：《中华人民共和国和美国的中国学研究：50 年》，黄育馥摘译，载《国外社会科学》，2004（2）。

② Fairbank，John King，in http：//www. fas. harvard. edu/~fairbank/JKF. html.

已经移上了中心舞台”①。

较之以往，研究者不仅跨越社会科学与历史学、人类学与历史学之间的理论鸿沟，将社会科学与人类学的研究方法引进到历史学，作跨学科的中国学研究；还将历史学、社会学、地理学、政治学、人类学等众多学科组织在一起，作多学科的研究和探讨。对中国问题各类资料的搜集范围、搜集速度、收藏水准，相当惊人。现代化电子技术手段的介入，使多学科、跨学科的美国中国学综合研究趋势如虎添翼。②

美国智囊机构兰德公司和美国学术团体亚洲研究协会（AAS）是两个代表着不同研究出发点和侧重点的机构。前者成立于1946年，是美国第一个被称为“思想库”的机构，其使命是通过研究和分析为美国政府决策服务。后者成立于1941年，是一个非政治、非营利，向所有对亚洲感兴趣的人开放的学术团体，旨在促进学者间的接触和信息交流。如果说兰德公司对中国的研究主要反映了美国官方关心的问题，那么，美国亚洲研究协会历次年会上发表的论文则更多地反映了学术界广大中国学家关注的问题。在1995—2004年的历届年会上，共发表有关中国研究的论文2282篇，其中80%是由美国中国学家提交的。这些论文在研究的时期、学科和问题的覆盖面上都远远超过了兰德公司。对这些论文的主题进行调查的结果表明，从研究的时期来看，它们覆盖了从古至今的各个历史时期；从研究的学科来看，它们涉及到历史学、哲学、伦理学、美

① Walder, Andrew G., 2002, The Transformation of Contemporary China Studies, 1977—2002, Produced by The Berkeley Electronic Press, UCIAS Edited Volumes Vol. 3 [2002], Article 8, in http://repositories.cdlib.org/uciaspubs/editedvolumes/3/8.

② 黄育馥：《20世纪80年代以来美国中国学的几点变化》，载《国外社会科学》，2004（5）。

学、文学、艺术学、考古学、语言学、教育学、人类学、民族学、民俗学、法学、宗教学、政治学、经济学、社会学、新闻学、传播学、图书馆学、信息学、文献学、建筑学、医学、植物学等众多学科；从研究的问题来看，从宏观到微观，从整体到局部，从历史回顾到未来预测，古往今来中国的方方面面——大到中国的大政方针或国际角色，小到乡镇企业或下岗女工——均有学者进行研究。可以说，作为一个具有悠久的历史和丰富的文化遗产，并在世界上发挥着日趋重要作用的东方大国，中国的一切都在强烈地吸引着美国的中国学家。①

美国中国学的发展进程是欧洲汉学的美国化进程，是欧洲汉学经美国国家利益和价值观调整以后的美国本土化进程。这一演变的突出的标志性结果就是，由专注于对中国的历史和文化的研究转到了对于近现代中国问题的探讨。二次大战是这一历史进程的关键转折点。大战的爆发和中国成为主要战场之后，越来越多的学者意识到，专注于古典研究的内容不适应世界新形势的需要。美国的世界头号强国地位的确立，使以近、现代中国社会为主要研究内容的美国中国学居于世界中国问题研究的中心地位。

---

① 转引自黄育馥：《20 世纪 80 年代以来美国中国学的几点变化》，载《国外社会科学》，2004（5）。亚洲研究协会每年举办一次为期 4 天的年会，会议期间与会者们就研究和教学中以及各种亚洲事务方面的问题进行研讨，中国问题是学者们研究和探讨的重要方面。如 2004 年年会上有关中国的研究论文占全部论文的 39%。1995 年以来历届年会论文提要可见 ANNUAL MEETING ABSTRACTS，http：//www. aasianst. org/absts/main. htm。

第四章　西方中国学与我国学术出版“走出去”

西方几百年中国学的发展，为当今的中国学术出版走出去提供了很多机遇，主要有：中国学为学术出版走出去奠定了历史基础、“中国中心论”的确立为学术出版走出去奠定了坚实的观念基础、中国学家是学术出版走出去的桥梁与纽带，中国学有助于学术出版走出去内容质量的提升、中国学有利于翻译问题的解决、中国学的研究主题为学术出版精准走出去的选题提供参考、中国学的迅速发展为出版走出去提供了市场空间、各种学术机构和组织及交流活动为学术出版走出去提供了与专家面对面交流的机会与平台、人才辈出的中国学为出版走出去提供了人才保障、中国学学科地位的提升为学术出版走出去提供了更加广阔的前景，等等。同时，我们也必须看到，中国学也向学术出版走出去提出了一些挑战，如西方中心主义影响对中国学术出版物进行客观评价；西方中国学总体上的边缘地位，使其在推动民众接受中国出版物、形成对中国的客观认识方面作用有限；克服意识形态方面的分歧任重道远，中国学术的国外接受度提升还有很长的路要走。不过，从总体上看，西方中国学的发展为当今的中国学术出版走出去提供的机遇远远大于挑战。

第一节 西方中国学为学术出版“走出去”提供的机遇

一、中国学为学术出版“走出去”奠定了坚实的历史基础

几百年的中国学不仅积累下了丰富的历史文化资源，也积累了中西文化交流与融合的丰富历史经验，从而形成了学术出版走向世界的坚实历史基础。

纵观人类文明史，以中国为代表的东亚儒家文化圈，与欧洲基督教文化圈、南亚佛教文化圈、西亚北非伊斯兰文化圈，是整个世界文化格局中最主要的文明形态。其中，后几种文明在政治、宗教、语言等方面都曾经有比较密切的联系，唯独中华文明具有相对独立的文化品格。

15世纪末，随着世界航海时代的到来，欧洲的商船和战舰远航世界各地，也到了中国海岸。商人们年年往还，但活动范围只局限于几个沿海港口，到后来更只限于广州，而且只允许在短暂的贸易期停留，所接触的中国人不外几个官员和商人，他们的见闻是局部、零星和肤浅的。清朝前期曾有十几个欧洲贸易使团来访，有的还得以进京，但中国的外交理念中没有这项内容，只要求他们履行贡国来使的应有礼节后即刻离开，所以这些使团虽然在京城被待为上宾，却没有活动自由，也难以接触礼部官员以外的士民。所以，历次出使人员虽留下了许多访华报告，也不乏脍炙人口之作，但就传递有关中国的信息而言，除了朝廷礼仪及沿途目击的景色为亲身

体验外，其他关于中国的描述大多为想象再加道听途说拼凑而成。

16 世纪末，中国学的先驱——耶稣会士进入中国后，情况发生了改变。耶稣会是欧洲当时最好教育的提供者，耶稣会士凭借深厚的学识、良好的素养，以其非凡的创造精神克服了中国社会对外来文化的排斥态度，成为唯一获官方许可在中国内地自由活动的外国人群体。这种特权以及他们主动积极学习中国语言和文化的态度，不仅使他们在中国赢得比其他宗教修会大得多的传教成果和势力范围，也使他们成为向欧洲全面和深入介绍中国文化的先驱。依据传统，耶稣会成员要定期报告其传播福音之地的人情风俗和地理情况，这些报告依据惯例被定期编辑出版，其中代表性的有《耶稣会士书简集》等，杜赫德的《中华帝国全志》则是书信的集大成者，在向欧洲普及中国文化方面发挥了重要作用。孟德斯鸠、卢梭、伏尔泰、休谟、百科全书派等都深受其影响。甚至身在美国费城的富兰克林也参考这本书进行写作，可见其影响之大。另外，耶稣会士研究中国的专著也不断出版，知名的如利玛窦的《基督教远征中国史》、曾德昭的《大中国志》、卫匡国的《中国新地图集》等。这种介绍与翻译是开拓性的，开始以先秦汉儒为主，后来扩展到宋明理学，甚至旁及道家和诸子。这些作品的影响远远超出了翻译者的预期，不仅成为欧洲人接触并了解中国宗教、思想、历史的重要依据，而且使得西方文明面对传统中国独特的文化韵味发生了认同危机。如欧洲一直用《圣经》中巴别塔的经文解释人类语言的起源，用《圣经》编年学解释人类的历史，但是，当基督教文明与古老的中国文明相遇时，就面临着如何用《圣经》解释中国古老的语言起源与比《圣经》还古老的中国上古史问题。此外，在 17—18 世纪急剧变化的欧洲社会，中国的道德哲学也引起莱布尼茨、伏尔泰这样的启蒙时代旗手的纵情欢呼，认为中国的道德哲学对于西方社会的变革是有益的。[①] 英国剑桥大学1998年出版的《剑桥十七世纪哲学史》的第一部分，就把中国哲学的西传和欧洲哲学的回应作为17世纪欧洲近代哲学形成的一个重要背景加以概述。[②] “法国比较文学大家艾田蒲两卷本的《中国之欧洲》、美国史学巨匠唐纳德·拉赫穷毕生之力完成的三部九卷本《欧洲形成中的亚洲》，以大量第一手资料证明，中国文化不仅促发了西方资本主义的形成、文艺复兴运动的兴起，至启蒙时代更成了西方崇拜的偶像，‘中国几乎成为西方文化向往的乌托邦’。尽管中国文化在‘形成’近现代欧洲进程中的作用，理性地说，或多或少源自西方对中国文化的误读，我们仍可以说，没有中华文明，便没有我们今天所看到的欧洲及其新生儿美国，也就是我们所谓的广义的西方世界。中华文明的诸多元素，乃至价值观，今天仍然活在西方文明的许多精彩章节里。”[③] 这一切成绩的取得，主要是中国学家的功劳。

自1814年法兰西学院首次设立汉学讲座之后，不断专业化的中国学不但取得了丰硕的研究成果，而且通过各大学、研究机构、报刊媒体等以各种方式向西方世界传达中国信息，越来越多的大学还开展了中国语言教学工作，使得一些西方人通过语言学习更加直接地认识和了解中国。这些都为中学西传以及中国学术出版走出去奠定了坚实的历史基础。况且，仅就深受中国文化影响的启蒙思想家而言，也不局限于近代，更不局限于欧洲，而是对于之后的世界

① 刘海涛：《启蒙时代的中学西传——耶稣会士与中西初识》，载《中国民族报》，2011年1月11日。

② 转引自张允熠：《东学西传、西学东渐和中西融合》，载《光明日报》，2015年8月12日。

③ 刘锋：《中国文化“走出去”：为什么？如何“走”?》，载《民主》，2011（7）。

都有持续、深刻的影响。如伏尔泰的一生几乎跨越了整个启蒙时代，他崇高的威望、广泛的社会影响和大无畏的斗争精神，不仅推动了法国启蒙运动的发展并使其影响扩展到整个欧洲，而且其“我并不同意你的观点，但是我誓死捍卫你说话的权利”[①] 等观点，对于今天的世界仍然意义重大。

二、“中国中心论”的确立为学术出版“走出去”奠定了观念基础

第一次世界大战带来的巨大灾难与痛苦，撕碎了西方文化优越的美梦，“西方中心论”开始遭到质疑，东方文化的魅力重新得到关注。第二次世界大战加剧了这一进程，但是，理念的建立不是朝夕之功。

由“西方中心论”转向“中国中心论”是美国的中国学形成后最引人注目的变化。所谓“西方中心论”，流行于 20 世纪五六十年代，认为中国和西方的关系是“西方挑战，中国响应”，中国近代化的推进、社会结构的变化，主要是西方的影响所致。所谓“中国中心论”认为，中国历史并不像有些人所说的是那种被动的“响应”性发展，完全有自己的内在动因。20 世纪 80 年代美国历史学家柯文的《在中国发现历史》一书的问世，是“中国中心论”确立的标志。柯文全面回顾美国中国学的发展进程，批判曾占统治地位的“冲击—反应”“传统—近代”和“帝国主义”三种模式，认为这三种模式“以不同的方式使我们对 19 世纪、20 世纪的中国产生了一种以西方为中心的曲解”。[②] 柯文在反思和批判的基础上建

① 这句话虽然不是伏尔泰本人说的，但的确是伏尔泰的思想。

② ［美］柯文：《在中国发现历史》，林同奇译，北京，中华书局，1989。

立的中国近代史研究的理论架构和指导思想——“中国中心观”——重视中国内部充满动态的全景的考察，注意中国内部存在的按一定方向发展的长期趋势的发现，注意对中国广阔空间存在的差异性和不平衡性的揭示。这不仅对美国中国学的宏观和微观研究产生了革命性的影响，而且改变了世界上相当一部分学者对中国的看法。“中国中心论”是美国中国学研究中的重要学案。当然，“中国中心观”作为一种研究模式仍不完善，还不能称之为一个完整的、逻辑严谨的方法论体系，随着历史的发展，“中国中心观”模式需要充实新的内容。

“中国中心论”的确立使中国及其文化越来越被平视，这为中国出版走出去奠定了坚实的观念基础。

三、中国学家是学术出版“走出去”的桥梁与纽带

自古以来，西方的中国学家就是中西文化交流最重要的桥梁与纽带，如中国古代经典的翻译过程中，罗明坚在16世纪就翻译了朱熹的著作，还首次将四书译成拉丁文，并将朱熹理学介绍到了欧洲，在中西文化交流史上是开创性的。之后，所有的中国传统文化的经典著作，无论是四书、五经，还是唐诗宋词、小说、戏剧等等中的重要作品，几乎都被翻译为西文，有的还有好几个版本。不仅如此，有的人还在翻译的基础上进行研究，并取得了不错的成绩。有的研究作品至今仍然有参考价值，甚至成为经典之作。这对于中西文化的交流是非常重要的。因为，如前所述，不仅中华文明与世界其他文明的交流起步较晚，而且，依据传播学的理论，中西文明之间的差异是比较大的，交流并不容易。时至今日，目前我国大多出版机构虽然把图书版权输出的目标定位在欧美市场，然而我国的

图书版权输出市场仍旧以说中文、文化中包含汉元素的亚洲国家、地区为主，欧美国家由于语言和文化上的隔阂，对中国的图书还缺乏足够的认识和需求。以 2014 年为例，我国对英美市场的图书输出版权总量为 1723 种，对日本、韩国、新加坡三个亚洲国家的图书输出版权为 1446 种，对我国港澳台地区输出版权总和为 3393 种。① 因此，中国学家的努力与作用就显得更加重要。

诚如做了 30 多年出版工作的上海外语教育出版社社长庄智象所说，外教社曾经与我国台湾省的一家出版社合作出版一本英汉双解词典，获得授权后，为满足大陆读者的需要，又对整部词典从头至尾重新修订、审校一遍。因为其中很多术语、用词、句式与大陆不同，有的甚至差别较大。出版社出版海外非汉语母语者的翻译作品问题就更多了。② 反之，中国图书走出去，也是一样的。因为原作是为满足国内读者需要设计的，无论是内容、表达方式还是知识背景等都是针对国内读者的，直接翻译很难有好的效果。汉语图书直接出口的话，真正能用汉语阅读学术著作的群体非常小，也很难产生效果和影响。所以，对原作进行改编、注释等工作就非常重要。遍观中国所有走出去的学术图书，很少有按照原文直译的，都要经过一定程度的再加工工作，其中绝大部分都有外国学者针对外国读者写作的长篇的说明性导言。否则，外国读者的阅读、接受是非常困难的。总之，我们在选定一批作品通过翻译走出去、走向世界时，最好对这些作品进行必要的梳理整合，甚至以改写或重写的方式选择合适的内容、适当的表达顺序和方式，用双方易于接受的方式讲好中国的故事，传递好中国的声音。

---

① 依据国家版权局网站公布的数字统计。

② 庄智象：《学术出版与学术走出去的若干问题》，载《编辑学刊》，2014（1）。

而对原作进行再加工，某种意义上是一次新的创作，需要改编者既懂得中西两种文化，熟悉两种文化读者的阅读习惯，又具备必需的专业知识。说实话，能胜任这样工作的人数量不多，非优秀的中国学家莫属。如上海交通大学出版社出版的东京审判系列丛书第一本《东京审判：中国的记忆与观点》，在剑桥出版社将该书英文版纳入“剑桥中国文库”后，邀请在国际学术界有影响力的学者、《哈佛中国史》作者、中国学家卜正民为该书撰写序言，使该书真正走入西方图书市场，让更多的人了解东京审判。

四、中国学有助于学术出版“走出去”内容质量的提升

学术出版走出去，核心是学术具备走出去的品质。出版是学术传承的载体与传播的媒介，学术出版走出去的实质是学术走出去。要使学术出版走出去有更大的发展，前提是要中国的学术研究有更大的突破，学术水平有更大的提高，没有理论、方法、观念、技术等创新，学术出版难以走向国际。学术强则学术出版强，学术出版强才有国际市场。所以，应通过多种方式提高我们的科研水平，提高我们的创作水平。

目前，虽然我国的学术出版规模不小，但是高水平的学术著作、具有创新意义的学术出版成果却非常有限，与发达国家学术出版水平相比，还存在很大差距，这成为进一步扩大我国学术出版走出去规模的制约因素。

我国对学术图书的标准放得较宽，缺乏严格的学术出版评审制度，博士论文、文章结集等均可直接出版。绝大多数图书以中国读者和国内市场为对象，其内容结构、写作方式与国际通行的学术写作标准相差甚远。另外，我国目前对学术出版的技术规范执行得不

够完善，与国际学术出版标准不能接轨，在引文、注释、参考文献和索引等要件上处理得较为随意。这些直接影响了我国学术出版物的严谨性和权威性，也影响到世界上对我国学术图书的接受和认可。

“在中国期刊网上大部分发表在学报上的论文，甚至几年都没有一次点击率和下载率，高投入低产出，如此惊人的资源浪费造就大量学术垃圾。”①

他山之石，可以攻玉。中国学者往往能从中国学中“接触到某些新的或竟大出意外的见解，大可思考的问题。我认为这无论思维方法、研究视野、工作领域，都有助于丰富、拓宽、开发我们自己的眼光和悟力”②。

五、中国学有利于翻译问题的解决

学术著作的翻译要求高、难度大，需要译者既对语言有良好的把握能力，又具备相应的学术背景知识。学术图书有其特定的语言体系和修辞方式，不少学术书在翻译的过程中由于译者不具备相关学术训练，翻译成外文后学术气质尽失，直接影响了图书出版后的效果。而有关中国传统文史哲研究的专著，很多内容都是首次译成外文，特定概念、专有名称的翻译如何既准确，又能被国外读者理解，需要诸多推敲，其翻译过程也是学术研究过程，绝非一般人可以胜任。但是，寻找到优秀的译者难度非常大，而且需要投入的经济成本和时间成本也很高，在短期内，优质译者资源短缺与学术图

① 孙钰：《学报编辑的“固守”与“转型”》，载《编辑学刊》，2013（5）。

② 何寅、许光华主编：《国外汉学史》，序，1页，上海，上海外语教育出版社，2002。

书外译需求日益增大的矛盾难以解决。因此，翻译问题在几乎每一家打造走出去产品的出版单位负责人那里，都被列为头号难题，他们在各种场合反复强调这一问题。如原中央编译出版社社长兼总编辑和龑就指出，据权威部门统计，中国能胜任出版产业需要的大社科类翻译不足200人。①

2013年8月29日的《光明日报》刊载了该报记者李苑的一篇题为《认真阅读与艰难的翻译》的文章，叙述了著名作家张炜的作品在与加拿大皇家科林斯出版集团有限公司合伙人Eric签约时，Eric和他的搭档的手都在发抖。因为张炜曾说过：“美文不可译。”这让Eric深感重任在肩。如果只是简单地把张炜作品的美感用英文表达出来那是对他作品的亵渎。张炜认为：“到目前为止，文学翻译仍然是一个大问题。翻译就是把你的语言艺术转化为另一种语言艺术，比想象的难多了。具备这样的创造性，又深谙文学语言的翻译家我认为全世界范围不超过200人。”

上海外语教育出版社社长、总编辑，上海外国语大学教授、博士生导师庄智象博士深谙翻译之难：汉译外准确理解不难，而准确表达甚难，外语非母语者往往功力不够。我们很多经典和重要的作品的翻译往往有一支由中外翻译家合作组成的队伍来承担，不然很难达到尽善尽美的境地。②

---

① 和龑：《“中国出版走出去”北京责无旁贷——从法兰克福书展“非遗”活动说起》，载《北京观察》，2010（1）。

② 庄智象：《学术出版与学术走出去的若干问题》，载《编辑学刊》，2014（1）。

六、中国学的研究主题为学术出版精准“走出去”的选题提供参考

诚如《出版参考》杂志社常务副社长李建红先生所说：“不能盲目地走出去，而要尽可能精准地走出去。中华文化要走出国门，走向哪里，产生怎样的价值和作用，这是十分重要的问题。出版社不能闭门造车、凭空想象，不能想当然。而要通过各种途径，贴近国外市场，增加沟通交流，把握本土需求，策划好有价值的外向型图书选题。策划走出去的图书，眼睛要盯着海外的市场和海外的读者，不了解海外需求的走出去与盲人走路差别不大，如果再没有盲杖和导盲犬，碰壁在所难免。”① 对此，研究中国的众多海外学者的文章、著作讨论的话题，都可以成为出版社策划外向型选题的重要参考，针对他们的话题，我们可以策划接着说、商榷说、另面说等方方面面的选题。

对此，关注各主要刊物刊发的相关文章以及各主要学术出版社出版的关于中国的图书非常重要。目前，随着中国学的迅速发展，相关期刊、论著越来越多。在此仅以美国为例：

1978 年，美国就有 188 个机构出版中国学著作。据 1979 年统计，在大学中任教和从事研究的中国学博士已达约 1000 人，中国学家（不包括研究生）约 3000 人。②

1993 年出版的《美国中国学手册》介绍了 225 种刊载研究中

① 李建红：《做好出版走出去工作需要厘清三个问题》，载《出版参考》，2014(9)。

② 孙越生、陈书梅主编：《美国中国学手册》（增订本），1~11 页，北京，中国社会科学出版社，1993。

国问题的文章的期刊，其中冠以“中国”字样的刊物有 52 种。[①] 2004 年，美国加利福尼亚大学洛杉矶分校东亚研究中心网站公布了一批中国学学术刊物的名单，在名称中有“中国”二字的美国刊物 25 种，其中 17 种是《美国中国学手册》中没有出现过的刊物。[②] 新增刊物中，史学类、文学类和语言学类刊物占 47%，而有关中国的综合类刊物和政治学、经济学类刊物占 53%。这也从一个侧面反映了今天的美国中国学注重社会科学学科研究和跨学科综合研究的倾向。[③]

其他比较著名的中国研究刊物还有：《巴黎汉学研究所研究纪要丛刊》（*Memories de l' Institut des Hautes Etudes Chinoises*）、《德国东方学学会杂志》（*Zeitschrift der Deutschen Morgenlaendischen Gesellschaft*）、《通报》（*T'oung Pao*）、《中国中心手册》（*Cahier du Centre Chine*）等。[④]

这些刊物、出版物提供的丰富信息，为出版社研究出版方向、确立出版选题提供了参考与依据，为出版走出去提供了出版内容指南与努力方向方面的信息。如美国著名历史学家和传记作家加拉第（John A. Garraty，1920—2007）在《中西人物传记：一种比较研究》一文中认为，翻译更多的中国典型人物传记很有必要，因为这

① 孙越生、陈书梅主编：《美国中国学手册》（增订本），661～681 页，北京，中国社会科学出版社，1993。

② UCLA Center for East Asian Studies（CEAS），CEAS Educational Resources，Asian Studies Journals：China，in http：//www. isop. ucla. edu/eas/journal/china. htm.

③ UCLA Center for East Asian Studies（CEAS），CEAS Educational Resources，Asian Studies Journals：China，in http：//www. isop. ucla. edu/eas/journal/china. htm.

④ 详细参考何寅、许光华主编：《国外汉学史》，664、665 页，上海，上海外语教育出版社，2002。

些传记能够反映不同时代的变化，而且非常有趣。[①] 法国巴黎高等社会科学院前院长萨班（Françoise Sabban）教授在《法国学术界对中国社会科学领域的研究》一文中，总结了当代法国学者对中国政治、经济、社会、文化等的关注重点。[②]

不过，需要说明的是，目前众多的刊物、著作提供的信息特别丰富，需要各家出版单位或者编辑依据自身的特色或者关注领域进行进一步的选择，因为每一家出版单位的出版能力都是有限的，眉毛胡子一把抓，在当今学科专业化水平越来越高的社会，已经很难适应。

七、中国学的迅速发展为出版“走出去”提供了市场空间

当今世界范围内的汉语学习者超过 2500 万；在全世界 85 个国家中，超过 2100 家高等教育机构在开设汉语教学，甚至蔓延至公立小学和初中，超过 700 所大学将汉语列为选修课。意大利针对中国展开研究的高等研究中心从 8 个增至 20 个。在德国，原来没有设立东亚研究的高等学校也陆续开始设立；已经设立的，则将中国独立出来，成为单独的研究中心。小小的瑞士，已经有 7 个城市开展汉语教学。在法国，教育部长在视察和指导时，特别关注小学和初中的汉语教学。西班牙、俄罗斯的情况也类似。[③]

---

① 朱政惠主编：《海外中国学评论》，第 5 辑，249 页，上海，上海辞书出版社，2015。

② 朱政惠主编：《海外中国学评论》，第 5 辑，178、179 页，上海，上海辞书出版社，2015。

③ 劳尔·鲁伊斯（Raúl Ramírez-Ruiz）：《欧洲汉学更重要的是“欧洲”观念》，见朱政惠主编：《海外中国学评论》，第 5 辑，185 页，上海，上海辞书出版社，2015。

中国学的兴起必然带动图书馆对中国文献的收藏，为出版走出去提供市场。据统计，到1975年6月，美国90多所大学图书馆和东亚图书馆的中文藏书达140万种，400余万册。① 据美国东亚图书馆理事会（CEAL）统计，到2003年6月30日，美国50个主要的亚洲研究机构共有中文藏书7,922,378册，占全部东亚图书馆藏（14,388,389册）的55.06%；2002年6月30日至2003年6月30日新增中文图书341,438册，占全部新增东亚图书（533,163册）的64.04%。②

1869年，美国政府与中国政府以"种子交换"的方式获得了许多中文书籍，中国政府为其提供的15—19世纪的图书大约1000册，成为现在美国和世界最大的境外中文藏书机构美国国会图书馆的中文核心馆藏。③ 随着美国对中国的研究不断升温，其东亚图书馆也伴随着对东亚地区研究的重视程度而不断形成和发展，数量迅速增加，藏书也各具特色。

美国的东亚图书馆大多隶属于国家图书馆、公共图书馆和大学图书馆，另外还有专藏图书馆。其中，中文藏书最丰富的无疑是大学图书馆。据统计，美国13个最大的中文藏书单位，除国会图书馆外其余都是大学图书馆。全美50个万册以上的中文藏书机构中，大学图书馆占了42个之多。美国大学最早从事研究中国的是一所不太闻名的科罗拉多妇女学院，它起始自1866年。1876年，耶鲁

① 孙越生、陈书梅主编：《美国中国学手册》（增订本），612页，北京，中国社会科学出版社，1993。

② Holdings of East Asian Materials of North American Institutions as of June 30, 2003, in http://www2. lib. ku. edu/ceal/stat 20022003 ceal stat15431102 03. pdf.

③ Stam, David H., *The Development of Chinese Library Collections in the United States*, in http://www. lib. pku. edu. cn/98conf/paper/ c/DavidStam. htm.

大学破天荒地开设了中国语文课。次年，哈佛大学建立了美国最早的大学东方图书馆。[①] 现在，华盛顿大学、哥伦比亚大学、普林斯顿大学、耶鲁大学、芝加哥大学、康奈尔大学、斯坦福大学、加州大学等的东亚图书馆都很有名。公共图书馆中也收藏有很多中文文献，其中收藏中文文献最多的是纽约公共图书馆（The NewYork Public Library）。[②] 到 20 世纪 90 年代，美国有 3.75 万个图书馆，其中 43%是公共图书馆，4700 个是大学、学院图书馆。[③]

随着信息技术的发展，数字图书馆在美国取得了令人瞩目的发展，中国学方面也不例外。如早在 1996 年以前，美国学者、中文图书馆馆员就与中国台湾“中央研究院”等机构共同创建了中国 25 个朝代历史全文数据库。[④] 2000 年，西蒙斯学院、清华大学、北京大学、台湾大学等高等院校设立“建设中国学全球数字图书馆合作研究课题”，参与各方汇集其珍贵馆藏，构成中国学全球数字图书馆的核心馆藏。[⑤] 2003 年，美籍华人图书馆员协会 2000—2001 年出版委员会发起建立“北美欧洲中文馆藏数据库”（NAECCO），以帮助用户获得有关北美和欧洲高校中的中国学研究计划和中文馆

① 王建辉：《简介美国大学图书馆中文藏书的发展》，载《图书馆杂志》，1983（3）。

② 杨丹：《美国东亚图书馆的中文藏书》，载《国外社会科学》，2005（6）。

③ http：//firstsearch. oclc. org WebZ FSFETCH? fetchtype = fullrecord：sessionid = sp01sw07 - 43331 - dmoewv3x - wfanji：entitypagenum = 27：0：recno = 12：resultset = 10：format = FI：next = html record. html：bad = error badfetch. html：entitytoprec no = 12：entity-currecno = 12：numrecs = 1.

④ Sinology By Computer? Session 99：ROUNDTABLE，in http：//www. aasianst. org/absts/1996abst china/c99. htm.

⑤ Project Web Site：CMNet（Chinese Memory Net）：U. S. - Sino Collaborative Research toward a Global Digital Library in Chinese Studies，Project summary，in http：//www. dli2. nsf. gov/internationalprojects sino/CMNet. pdf.

藏的信息。[①] 图书馆数字化无疑对中国学研究起到了巨大的推进作用，同时，也为出版行业获取出版信息、推广图书提供了迅速、便捷的通道。而且，图书馆的数字化，使图书馆的馆藏量不再受限于空间的大小，大大扩充了各家图书馆的馆容，为采购各类图书提供了更加便捷的条件。

美国现在几乎每一个党派、军种、企业，包括国会，都有关于中国研究的智库，或相关的研究机构，方方面面的中国问题都有其思考的足迹……类似的情况不仅美国有，全世界又何止成百上千。[②]

八、各种学术机构、组织及交流活动为学术出版“走出去”提供了与专家面对面交流的机会与平台

近年来，在政府有关部门的推动以及出版界、学术界的大力努力下，中国的图书版权贸易的输出与引进比率不断缩小，但是仍然存在比较大的逆差，其中很重要的因素就是由于语言、文化等方面的天然障碍，中外文化界、学术界和出版界之间的交流仍然存在着比较严重的信息不对称，从而限制了中国图书在更大范围内为国际社会了解、认同和传播。

数量众多的中国研究机构、组织及其组织的交流活动，为学术出版走出去提供了与专家面对面交流的机会与平台。对此，除前文所述数量众多的大学与研究中心外，在众多的学术组织中，最为著名的为亚洲研究学会。该学会每年召开一次年会，其中，关于中国的专题会议数量众多。专家学者齐聚一堂，是学术交流的盛会，也是各家学术出版单位活跃的平台，无论是西方的著名学术出版机

① http://international.ucla.edu/asia/article.asp?parentid=3951.

② 朱政惠主编：《海外中国学评论》，第5辑，9页，上海，上海辞书出版社，2015。

构，还是中国致力于出版走出去的出版社，都年年与会。如中国的社会科学文献出版社、北京大学出版社等，都是其年会积极的参会者。

另外，来中国大陆与大陆学生出国交流、留学者日渐增多。仍以美国为例，改革开放以前，美国中国学家几乎无人到过中国大陆。1979 年以后，中美恢复了中断多年的教育和科学交流，其发展速度远远超乎当时人们的想象，并成为美国对外学术关系中规模最大、发展最快的部分。

1979 年秋，在美国学术界影响巨大的美国国家科学院、美国社会科学研究理事会和美国学术团体理事会组成的对华学术交流委员会开始派送学生到中国大陆学习语言，不久后又派送研究人员。众多从事中国研究的师生开始改变“去台湾学语言，去香港做博士论文”的老路，直接到大陆开展实地调查。2001 年在华的美国留学生超过 5 万人，占全体在华留学生的 33%。①

1978 年，美国只有 50 名来自中国大陆的留学生。② 如今，每年大约 30 万中国学生赴美留学。

中美两国的研究机构之间也陆续建立了合作关系和交流计划。自 1979 年以来，由美国国家科学院、社会科学研究理事会、美国学术团体理事会和美国对华学术交流委员会共同支持中国研究，并与中国科学院、中国社会科学院、国家教育部等机构和部门建立合作关系，促进中美学术界的合作与交流。③

到 20 世纪 90 年代初，一批从国外学成归来的中国学者为合作

① http：//english. peopledaily. com. cn/200202/26/eng20020226-91018. shtml.

② http：//english. peopledaily. com. cn 200202/26/eng20020226-91018. shtml.

③ http：//english. peopledaily. com. cn 200202/26/eng20020226-91018. shtml.

研究进一步拓宽了道路，合作研究课题的范围广泛，形式多样。之后，这种交流越来越频繁和普遍，一些以前不可能进行的社会科学领域的课题也开始实施。①

学者之间的交流与合作一方面促进了学术的发展与进步，另一方面也为出版工作与国外专家进行交流提供了便利，使出版工作人员可以接触到最前沿的研究信息，为选题策划提供思路与素材。

九、人才辈出的中国学为学术出版“走出去”提供了人才保障

仅以美国为例，基金会、大学、研究机构等经济上的大力支持与灵活多变的研究机制使得美国的中国学研究充满活力，人才辈出为出版走出去提供了良好的作者资源。

美国的中国学多年来一直得到美国政府部门、大学、学术团体、基金会或企业的支持。美国教育部每年都拨款支持高等院校中的“国际教育”（包括外语教学计划、区域研究和国际研究项目）。② 大学是组织和资助中国学研究的重要基地。如哈佛大学费正清东亚研究中心、哈佛燕京学社、斯坦福大学、加利福尼亚大学洛杉矶分校等，都为美国学生和学者从事中国研究提供有力的经费支持。③ 基金会一直是美国中国学研究的重要资助来源之一。福特

① Thurston, Anne F.; Turner-Gottschang, Karen & Reed, Linda A., 1994, China Bound Revised: A Guide to Academic Life and Work in PRC, The National Academy of Sciences, in http://www.nap openbook 0309049326 html.

② International Education, in http://web99.ed.gov/GTEP/Program2.nsf/9f7174e36cc662958525645d005843b9/126194 fff55a27c68525659b00582060? Open Document.

③ UCLA Asia Institute - fellowship opportunities, Category Search: Chinese Studies UCLA, in http://www.isop.ucla.edu/eas/fellowships/studychina.htm.

基金会、亨利·卢斯基金会、富布赖特基金会、亚洲基金会等，都长期资助中国学研究。美国的中国学研究还得到世界银行等国际组织的支持。

在强大财力的支持下，20世纪以来美国中国学在组织形式上的最大变化是大批灵活的研究中心、研究所和研究计划的出现。传统的美国中国学通常被纳入“亚洲研究”或“东亚研究”的范畴，主要在官方设立的研究机构（如美国中央情报局等部门）、非营利的民办研究机构（如布鲁金斯学会等）、大学中的系和研究机构、公司企业中的研究部门中进行。如今的中国学在美国的大学中不再单纯以系的形式（如“东方语言文学系”或“亚洲研究系”等）出现，而越来越多地采取了“研究所”“研究中心”或“研究计划”的形式。它们通常不提供奖学金，而是通过组织或支持多学科的系列讲座、研究课题、研讨会、培训班、出版、馆藏计划等多种多样的活动，吸引来自人文社会科学各个学科和专业院校的师生。①

雄厚的经济基础与灵活多变的研究机制使得美国迅速成长为西方中国研究的第一大国。研究机构从第二次世界大战的5所增长到200所左右，职业中国学家1000余人，每年的中国学博士生约有1000人，若将图书馆的东亚部、学生、研究机构算在一起总体人数约有6000人。②

美国中国学的发展还刺激了中国学者对美国中国学的研究，越来越多的学者投身美国中国学研究中来，而且认识到对美国中国学进行研究，至关重要的是了解美国人出于何种价值观念看中国。在

---

① http：//www. harvard. edu/listing/.

② 张西平：《海外汉学热：从入华传教士开始——汉学的历史及其当代特点》，载《中国图书商报》，2005年7月22日。

此基础上采用正确的观点和方法论，才能作出科学准确的判断和分析，引申出我们可以取鉴的东西。这为出版界了解美国人的思维方式等提供了条件，对于出版工作走出去是至关重要的。

十、中国学学科地位的提升为学术出版“走出去”提供了更加广阔的前景

仍然以美国为例，与美国其他区域研究的情况一样，美国的中国学从一开始就面临着与专业学科的紧张关系。中国学家通常很少了解或关心中国以外的其他国家的情况，很少阅读学科的刊物，更少在上面发表论文。即使他们知道自己所属学科中的理论和研究焦点，也对它们感兴趣，但通常也不知道如何将自己的研究与它们联系起来。美国各主流学科认为，中国学家所从事的根本不是什么跨学科研究，而是非学科研究。这种状况使中国学在美国人文社会科学学科中长期处于边际地位。

20 世纪 80 年代以来，美国中国学经历了发展、转型和知识上的重新定向，在中国研究和学科研究的整合方面取得了引人瞩目的进步，使得中国学与主流学科之间的长期紧张关系大大缓解，在某些方面甚至已经消失。事实上，关于当代中国的某些研究不仅已经进入主流学科，而且已经成为某些学科内部的分支领域。美国斯坦福大学的 A. 魏昂德教授（Andrew G. Walder）对 20 世纪 80 年代美国中国学的转型进行了细致的分析，认为已经形成了一个在 20 世纪 70 年代并不存在的新的中国学。他指出，今天的中国学家从其各自学科关注的问题出发开展的研究已经成为学科对话的一部分，他们使用的理论和分析方法也得到这些学科的承认。这一方面是由于 20 世纪 80 年代以来的中国学得以用过去根本无法获得的数据资

料来探讨本学科内部长期关注的问题，另一方面是由于中国的改革开放为中国学家提出了大量新的研究课题。① 一些重要的学术期刊，如《美国经济评论》（*American Economic Review*）、《政治经济学杂志》（*Journal of Political Economy*）、《经济发展与文化变迁》（*Economic Development and Cultural Change*）《美国社会学评论》（*American Sociological Review*）和《美国社会学杂志》（*American Journal of Sociology*）等，发表了大量有关中国研究的文章。

上述情况表明，今天的美国中国学，正在逐渐脱离原来孤立的区域研究，而逐渐融入学科研究的领域。事实上，中国学研究已经成为区域研究与学科研究的结合体，成为一个新的快速增长的社会科学综合学科和跨学科研究领域。活跃在这一领域中的不仅有老一辈的汉学家和年轻一代的中国学家，也有一大批来自不同学科的、对中国问题情有独钟的专家学者。他们把原来所从事的学科视为自己的学术故乡，并通过研究中国为各自学科的发展作出贡献。不同的学科背景为他们观察和研究中国提供了不同的视角，共同促进了中国学领域的繁荣。②

学科地位的提升必然会催生越来越多优秀的研究成果，我国的出版单位如果能抓住机会，争取到其出版权，对于出版走出去是很好的机会。

---

① Walder, Andrew G., 2002, *The Transformation of Contemporary China Studies*, 1977—2002, Produced by The Berkeley Electronic Press, UCIAS Edited Volumes Vol. 3 [2002], Article 8, in http://repositories.cdlib.org/uciaspubs/editedvolumes/3/8.

② Department of Asian and Asian American Studies (AAAS), California State University, Long Beach, in http://www.csulb.edu/depts./as.

第二节 西方中国学对学术出版“走出去”提出的挑战

一、西方中心主义影响对中国学术出版物进行客观评价

早期美国的中国学学者主体是传教士，诚如王思聪在《赖德烈美国中国学的维度、比较与特色》一文中所言，虽然他们的研究成果不乏客观性，但是其自身的信仰视角使其研究具有一定的局限性。[①] 后来，中国学受政治事件以及国家现实需求的影响比较大。自中国中心论确立以来，众多学者的中国本位意识大大增强，研究成果的客观性获得提升，但受历史传统以及本身生活在美国这一客观条件的限制，西方中心的影响不容忽视。[②] 诚如华东师范大学许纪霖教授所说，不管承认与否，我们都会发现，学术界还是处于一个等级化的发展状态，就是说，美国中国学的很多理论、灵感、思路、方法，还是会受到来自美国的美国史、欧洲史研究的影响。[③] 西方中心范式的内涵包括：西方历史经验的普适化；以西方经验，或是以建立在西方经验基础上的理论思考、解释、评判、预测、规

① 王思聪：《赖德烈美国中国学的维度、比较与特色》，载《学术界》，2014（6）。

② 有关于此的论述文献很多，典型的如顾斌、高行健等人的论述，有兴趣的读者可以通过“西方中心”“东方主义”等关键词在中国知网上进行检索。

③ 朱政惠：《“北美中国学的历史与现状”国际学术研讨会述评》，载《史学理论研究》，2012（1）。

范中国社会。[①]

即使在西方学者内部，很多人也认为美国的中国学有些霸道。对此，德国学者顾彬（Wolfgang Kubin）说：“谁不能像以英语为母语的人那样写作，谁不能符合北美中国学家的集体思路，谁就没有希望在英语国家办的专业杂志中发表自己的论文。人们喜爱说起欧洲的反美主义，却从未说过潜在的美国反欧主义。显而易见，欧洲的研究成果经常由于语言和思想方面的原因，被美国国际会议论文出版物拒之门外，如果谁想总是卓有成效地发表有关中国的论著的话，不仅仅要用英文，还必须屈从于美国的主流思潮而形成自己的词汇以及自我的思维定式。”[②] 西班牙学者则认为：英国中国学具有两面性：软实力和硬枪硬炮；德国中国学被植入了种族民族主义特征。但是，法国中国学是最接近中国人思想的。[③]

这影响美国学者以及民众对中国出版物进行比较客观的认识，进而影响其接受度，影响文化交流的开展。当然，我们并不是否认美国学者从自身历史文化角度出发对中国进行研究，提出与中国学者不同的认识，只是对其中的美国中心主义持批判态度。

诚然，对国外学者的中国学研究成果，由于他们大多生活在与我们不同或很不相同的文化背景、语境中，加上语言文字和社会历史等方面的某些隔阂，我们应重视从中得到的某些启发、某些补充，而对其中与我们不同或我们不能赞同的意见，则要有容忍和商

① 韦磊：《美国中国学中的西方中心范式——以中国民族主义研究为例》，载《人文杂志》，2008（6）。

② 朱政惠：《“北美中国学的历史与现状”国际学术研讨会述评》，载《史学理论研究》，2012（1）。

③ 劳尔·鲁伊斯：《欧洲汉学更重要的是“欧洲”观念》，见朱政惠主编：《海外中国学评论》，第5辑，185页，上海，上海辞书出版社，2015。

榷的雅量，不能作求全、无疵的苛索。因为，如果我们也进行类似的学术研究，这种局限同样也会显现，而只有互相容忍和客观商榷，才能取得沟通、互补之益，否则不可能共同探索到科学真理。[①]

二、中国学在推动民众接受中国出版物、形成对中国的客观认识方面作用有限

德国汉学经历了几十年的发展，20世纪80年代从研究机构和学校走向社会。随着中国的改革开放，德国加强了与中国各方面的交流，越来越多的人对中国产生了兴趣。介绍中国的报刊和电视、广播等大众媒体制作的专题报道大量增多，当时专门介绍中国的杂志有《中文教学》《中国贸易》《龙舟》等十几种。到80年代中期，德国每年新出版关于中国的书籍约400本。以汉学为专业的大学生人数也大幅度增加，据1989年统计，在德国以汉学为主修专业的学生约6000人左右。[②] 参加中文语言培训的各类人员更是增长迅速，不定期的中文速成班、短训班如雨后春笋般地在中学和成人高校中开设。

但是，中国学仍然处于主流学术的边缘区域，社会影响不大，在推动民众接受中国出版物、形成对中国的客观认识方面作用甚微。匹兹堡大学许倬云教授认为：大约从19世纪末发轫，经历了100多年的发展，美国中国学发生了极大的变化。中国研究的领域逐渐由国家转向社会，由精英思想转向平民心态，由典章制度转向日常生活，由使用文献转向访谈与计量，由单一现象转向多向的整

---

① 何寅、许光华主编：《国外汉学史》，序，2页，上海，上海外语教育出版社，2002。

② *European Association of Chinese Studies*, Newsletter, No. 3, 1990, p. 7.

体讨论，但中国研究目前仍然处于主流学术的边缘区域。而且，与大部分中国学家不生活在中国，不会用汉语写作的情形一样，美国的一些中国研究者中文能力和文史知识有限，却又想在学坛立足扬名，往往有走捷径、立异说的取巧心理。杨联陞先生称西洋人对于古汉语的误解，可以出一本《笑林广记》。①

由于从总体上处于边缘地位，西方中国学对社会的影响仍然是有限的。大众媒体在吸引眼球的利益驱动下对中国事件的片面报道，对广大民众的影响不容忽视，因此而形成的刻板印象非常影响其对于中国出版物的接受度，影响中国出版走出去。

三、意识形态方面分歧的克服任重道远

意识形态方面的分歧影响中国研究的客观性，不利于深入交流的展开。剑桥大学出版社翻译出版北京大学出版社的《中华文明史》的过程就很有代表性。即当双方即将签约之时，剑桥出版社的学术总监到北大出版社，谈了一个很委婉的希望，说这个书可不可以不要进入剑桥文库，也就是剑桥只做发行或销售，不以剑桥的名义出版。最重要的原因是意识形态方面的，也就是因为书是中国人写的，是在马克思主义指导下编辑的，不符合西方的学术导向。后来经过多方协商，最后达成一致：在此书的前面加一个英文版序，请西方主流的学者写一篇导读，来理解书的真正意义。② 虽然书最后顺利出版，并且取得了很好的效果，但是也说明了意识形态障碍的克服任重道远。因为，作为学术声誉国内一流的北京大学出版

① 朱政惠：《“北美中国学的历史与现状”国际学术研讨会述评》，载《史学理论研究》，2012（1）。

② 李英整理：《学术出版“走出去”，任重道远》，载《出版广角》，2013（1）。

社，还会遭遇这样的问题，其他出版社就更不乐观。

美国哈佛大学政治系教授亨廷顿 1993 年夏在美国《外交》(*Foreign Affairs*, Summer 1993) 杂志上发表《文明的冲突?》一文认为，“文明”将取代“民族国家”成为国际政治的主体，称“文明的冲突将左右全球政治，下一次世界大战将是文明之战”。与“文明的冲突”相呼应的另一种论调“中国威胁论”，差不多同时出现。1992 年 9 月美国传统基金会刊物《政策研究》发表题为《正在觉醒的龙：在亚洲的真正危险来自中国》的文章；不久，美国的一些刊物上连篇累牍地登载有关“中国威胁论”文章，攻击中国加强国防是为了“对外扩张”，中国经济发展后会对亚洲国家构成威胁，“把中国看作是潜在的敌人”。① 1995 年初，美国重要决策智囊机构兰德公司的一些中国问题专家也接二连三地提出“中国威胁论”的观点，鼓吹“中国是一个存在着的威胁，大得太可怕了”。② 他们宣称，“随着经济资源和军事力量的增长，中国将试图在亚洲称霸，从而成为近期内对美国在该地区利益的首要威胁”，建议美国要把中国作为一个潜在的对手来考虑。

近年来，西方尤其是美国政府的外交政策表明，中国威胁论的影响仍然是巨大的，克服意识形态方面的分歧任重道远。这无论是对西方中国学的进一步发展，还是对于出版等方面的文化交流都是不利的。

总之，经过一百多年的发展，与整个学术的变迁相联系，西方中国学已经从跨学科、多学科的合作发展到后学科时代。越来越多的学者开始注意到，现有的基于西方经验基础上的社会科学理论无

---

① 吕其昌：《关于美国对华政策的几点看法》，载《现代国际关系》，1995 (2)。

② ［美］钱达：《对龙的恐惧》，载《现代外国哲学社会科学文摘》，1996 (8)。

法解释很多新的现象，需要以非西方的经验，包括中国经验来修正、完善现有的理论。

虽然西方中国学有为所在国家利益服务、为其推行全球战略服务的一面，但西方中国学者的努力，也有助于改变西方民众和媒体对中国的认识，让更多的西方人更加客观地了解当代中国的政治、经济、历史文化和社会现实，有利于消除“中国威胁论”在西方乃至世界其他地区产生的消极影响，有利于中国的文化、出版走出去，有利于为中国的和平发展创造良好的国内国际环境。

对此，出版界应充分利用这些有利的时机与条件，一方面请进来，请相关专家指导出版工作，学习国外先进的出版经验；另一方面要走出去，紧密联系中国学家，关注会议信息、期刊动态，与当今世界主要的中国研究组织机构建立联系，尤其需要关注正在成长的中国学家，为中国学术出版走出去创造条件、积蓄力量。

第五章　学术出版“走出去”的策略与路径

第一节　学术出版“走出去”的策略

一、增强信心，提升“走出去”意识

面对美国、德国、日本等出版强国的巨大出版能力，中国的出版工作确实还有很长的路要走。可能也正是因此，很多出版单位对走出去的信心不是很足，倾向于依赖国家资助、完成任务，比较被动。但是，我们也应该看到，中国学术出版走出去有着诸多的机遇：

一是随着中国的综合国力不断增强，世界给予中国的关注度日益提高，外国政治家、经济家、军事家、文学家、学者及一般民众对于我国社会的方方面面展现出前所未有的了解需求，中国的对外传播迎来了很好的发展机遇。仅以美国为例，不仅几乎每一个政府部门都或者设立关于中国的研究部门，或者与研究中国的智库保持密切联系；而且，大的公司、企业也几乎都非常关注中国的发展，因为中国是一个潜力巨大的市场。

二是如前文所述，中国有着非常丰富的文化资源，有着学术出版走出去的最根本的基础。

三是中国学术水平的迅速提升，为学术出版走出去提供了现实基础。

四是中国政府不断加大的支持力度，为学术出版走出去提供了经济支持与政治保障。

五是恰如前文所述，中国学的发展为中国学术走出去营造了较好的外部环境、创造一定的条件基础。如“中国中心论”的确立为中国学术出版走出去奠定了坚实的观念基础，中国学的勃兴为我国学术出版走出去提供了市场，人才辈出的西方中国学为中国的学术出版走出去提供了人才保障，中国学学科地位的提升为学术出版走出去提供了更加广阔的前景，等等。

正是因此，欧美知名出版公司，如德国的施普林格、德古意特(De Gruyter)，英国的爱思唯尔、劳特利奇（Routledge）等，纷纷在中国设立编辑部门进行组稿，清一色都是学术部门。其中，施普林格出版社目前在中国已有编辑几十人，且学科分类齐全，作者资源强大。这对中国学术出版走出去既是机遇也是挑战。

总之，作为图书版权输出的主体，出版机构要克服“小富即安”的思想，增强机遇意识和忧患意识，提升对文化走出去的认识，提高责任担当，在把握自身特色的基础上，发挥优势，整合资源，探索资本化和国际化的运营模式，可持续地开展国际业务。仅仅依赖国家工程资助不是长久之计，出版单位只有在自身良性发展的基础上，辅借政府资助和支持，才能迅速打造自己的优势业务，提升自己与国外出版集团的竞争力和实力，从而实现“要我走出去”到“我要走出去”的思想转变。[①]

二、找准定位，突出特色

当今世界，随着社会经济尤其是新媒体的发展与挑战，读者的阅读口味会变得越来越严格与挑剔，同时多元化需求也会越来越强烈。面对如此广阔、多元的市场，无论是实力雄厚的大出版社甚至集团，还是中小出版社，要想持久地走出去，都必须找准定位、修炼好内功，注重开发有特色的选题，吸引和培养专业化作者、人才。

综观国际上优秀的出版社，都有比较明确的定位，而且越来越专业，如在《全球出版企业排名报告》中经常位居前三甲的培生集团，专注教育出版；爱思唯尔原本注重教育、商业、学术出版，2007年后通过业务出售和重组，目前只专注于学术出版，形成科学、医学、法律三大高利润板块。即使像施普林格这样巨型的跨国出版企业，也有出版重点，而且内部又细分为学术出版、商业出版等分社。中国目前的近600家出版社，中小出版占了主体，这样，就更不能眉毛胡子一把抓，有什么出版什么，而是要依据自己的地域特点、编辑特色等，找准自己的出版方向，拿出恒心与毅力，慢慢积累，不为一时的眼前利益所吸引，应放眼未来。这可能是图书出版与网络、报纸、电视等媒体最重要的区别之一，后者更重视的是新闻效应，要利用热点事件吸引大家的眼球，赢得关注；前者应更加注重长期的累积与恒久的流传，应该把更多的时间与精力放在出版有特色的精品作品上，与质量相比，时间不是问题。比如世界

① 杨东营：《中国图书对外版权贸易逆差问题研究》，兰州，兰州大学，2011。

著名的博睿学术出版社花费 50 年的时间打造伊斯兰百科全书，一经完成，就成为自己的拳头产品，盈利甚丰，而且，完成之后还注意随着时代的变化不断修订，让这一品牌恒久流传。我们认为，这是在面对很多依托著名大学的学术出版单位（如牛津大学出版社、剑桥大学出版社）的强劲竞争，总部位于荷兰的这家完全商业化的学术出版单位能够生存 300 多年，且已经在美国、德国、新加坡、中国设立分支机构的非常重要的原因。

在中国，民族出版社的走出去工作充分说明了这一点。依据 2017 年 8 月发布的《中国图书海外馆藏影响力研究报告》最新数据，民族出版社出版的图书海外馆藏影响力排名已经上升至第 32 位，排在长江文艺、南京大学、武汉大学、生活·读书·新知三联书店等国内著名出版社前面。①

当然，比起大的出版单位，中小出版社要付出更多的心血才能成功。不过，中小出版社无论在哪个国家都是数量众多的，都是一个国家出版业的基础。以出版强国美国为例，全美约有 2 万多家出版社，其中每年至少出版一种书以上能维持正常出版业务的只有 4000 家，而年销售在 3000 万美元或雇用 150 名以上员工的大型出版社仅 40 家，占能维持正常出版业务出版社的 1%。② 其他诸如英国、法国等出版大国，情况也与此类似。

所以，找准定位，突出特色，打造特色鲜明的品牌，充分发挥自身的比较优势，是提升核心竞争力的有效途径，是出版社走出去的关键所在。中国学术出版社在走出去的过程中也不例外，应找准

① 何明星：《中国图书海外馆藏影响力研究报告》（2017），http：//www.sohu.com/a/166002945_ 267807，2018 年 3 月 1 日访问。

② 崔向东：《中小出版社经营理念琐谈》，载《出版发行研究》，2004（2）。

自己的优势领域，开发重点项目，着力打造一批有国际影响力的核心产品，方能在全球学术出版业的激烈竞争中确立自身的地位。尤其是中小出版社，更应客观地认识和利用自身优势，有目的地策划适合自身特色的选题产品，进行深度开发，以“专、精、特”作为目标，通过提高品牌竞争力来提升核心竞争力。因为只有品牌在市场上有较高的社会信誉度，才能得到相应读者群的高度认同。况且品牌的创立是一个创新和积累的过程，这对于大社和中小社来说没有什么区别，都要从打造自己的图书品牌开始，进而发展成为出版社的品牌，尤其中小出版社因此形成的“小而特”产品，是抗衡大社、逐鹿市场的一种无形的力量。

“中国身份”无疑是中国学术出版社的优势所在，即在中国传统文史哲研究、中国当代经济和社会发展问题研究及中国最新科技成果等领域，中国出版社拥有最全面的内容资源和最优秀的作者资源，这也是国外出版社寻求合作的主要领域。中国学术出版社应立足于国际市场的需求，根据本社的出版定位和专长，开发或二次开发一批高水平的作品，通过与专业对口的国外一流学术出版社合作，实现强强联合，以期在特定学科领域形成一定的品牌认知度。

三、设立专业部门，形成输出常态

目前，除中国人民大学出版社、北京大学出版社、商务印书馆等大的学术出版单位外，绝大部分出版机构并未针对图书的版权引进、输出、开发和保护设立专门的部门或专门的人员，版权的引进任务分散在各个编辑室，而版权的输出工作则集中在各类国际性书展上完成。相对于直接引进海外市场上畅销图书版权所带来的经济利益，图书版权输出是一项周期长见效慢的工作，需要出版单位有足够的耐心和信心持续地投入才能取得收获和回报。图书出版机构要认识到图书版权输出，不仅仅是为了谋取经济利益，更重要的是推动中华优秀的传统文化走向国际舞台，因此各个出版机构需尽快改变观念，不仅要增强版权输出意识，还要设立专业的部门，专门负责学术图书的走出去工作。①

作为图书出版和走出去的主体，出版机构需要树立更强的主体意识，变过去的由政府主导，出版单位被动参与变为政府推动、企业做主导。要形成走出去常态化的工作机制，并不能只关注图书版权输出这一单独环节，而需要使整个出版环节形成常态化运转。

而且，仅就图书版权输出而言，虽然它是实现文化走出去战略的重要途径，具有社会和经济双重效益，在文化走出去战略实施以后也取得了不错的成绩，与主要图书贸易国家的贸易逆差逐渐缩小，但是在顶层设计及实施主体的各个层面依然存在着各种问题，图书版权输出还没有成为一项市场化、常态化的工作。衡量走出去的评价指标绝不仅仅在于数量和顺差，而在于博大精深的中华文明，能依托图书的载体，突破语言的壁垒，通过资本输出的方式实现全球多语种出版和运营。政府部门、出版机构、版权代理机构三者之间只有分工明确，各取所长、默契合作，才能真正使我国的图书“走进去”“走上去”，实现文化上的“顺差”。

四、追求学术理想与经济效益的平衡

学术出版走出去不仅仅是为了扩大作者、作品的国际影响力，以及从海外市场赢得应有的经济利益，也是对出版者和作者的尊

① 李昕岳：《“走出去”背景下我国图书版权输出的对策研究》，哈尔滨，黑龙江大学，2014。

重，也才能符合市场规律，使走出去长久持续。目前，在与国外出版社合作过程中，往往会出现国外出版社引进我国出版社图书给出的版税不高，甚至没有预付金的现象，主要依靠国家支持，而我们引进同一合作方的图书，对方开出的价格却往往非常高。在这种情况下，我国出版社一方面要坚定信心，相信真正优秀的学术精品是经得起海内外市场考验的，也能引起不止一家国际名社的关注，要据理力争；另一方面，国内出版社应加强联合，争取贸易对等。

五、学习先进的国际经验

发达国家的学术出版机构大都有着悠久的出版历史，如牛津大学出版社建于 1478 年，剑桥大学出版社成立于 1543 年，爱思唯尔集团始建于 1880 年，它们在长期的发展中已经形成相对科学的学术出版观念和相对完善的学术出版运行机制。认真学习国际一流出版商先进的经营理念和运作方式，不断增强自身的核心竞争力，是保证我们与国际同行同场竞技时不落下风的关键，也是学术出版走出去的关键。

具体讲，就是学习和模仿成功者的先进理念和经验，并在此基础上结合自身实际情况进行改进和完善。我们可以从以下几个方面进行努力：(1) 加强对国际一流学术出版社发展规划、产品定位和市场拓展等方面的了解和研究。(2) 迅速准确掌握与本社出版业务密切相关的国际学术出版业的最新动态。(3) 在国际合作的实践过程中学习先进的管理经验，了解国际市场需求，从而找准走出去的定位和路径。(4) 学习技术细节。如在相关网站、社交平台上发布组稿启示及详尽的投稿流程等。

第二节　学术出版“走出去”的路径

一、选题方向

谈到出版走出去，很多人的第一个问题是拿什么走出去？除了大家热捧的武术、烹饪、四书五经等古代经典外，外国人喜欢什么即什么样的图书有卖点是出版人第一头痛的问题，也是一些专家经常讨论的问题，总体的感觉是出版的外向型选题建设薄弱，没有组建针对国外读者的选题策划团队。① 其实，对于很多外国人来讲，比选题方向更重要的是选题的质量，只要是富有中国特色、研究水平能与国际学者对话，就一定是有市场的好选题。因为，自苏格拉底开始，上问天、下问地、反思自身，以“追问”为生活的传统，深深地影响了一代又一代的西方人，可以说，他们对所有的问题都感兴趣。尤其是当今中国的综合国力不断提升，越来越多的人关心中国的方方面面，国外中国学的迅速发展、学科地位的提升充分说明了这一点。因此，社会科学学术成果外译一直在不断地增长，只要是专业的、学术水平高的，即使是压箱底的也没有关系。② 所以，与选题的方向相比，选题的质量更加重要。

---

① 提文静：《中国出版“走出去”的问题与对策》，载《科技与出版》，2011(2)，18页。也参考张宏：《中国出版走出去的话语权和传播力构建》，61页，苏州，苏州大学出版社，2015。

② 高靖：《中国出版“走出去”的学术之路》，载《出版广角》，2014(17)。

二、选题定位

充分利用中国学的出版物、机构、组织、活动信息等，拓展信息渠道，精准定位选题。虽然说西方人对中国的政治、经济、文化、社会方方面面都非常有兴趣，但这是从大的方向上看，具体到外国人对其中的哪一点有兴趣，是需要大量的调查研究的。因此，应依据出版社自身的出版特色，在广泛搜集、充分利用相关中国学的出版物、机构、组织、活动信息等基础上，进一步与相关的中国学者交流、沟通，精准定位选题。另外，也可以借助大量的汉学图书馆等，反馈图书借阅、阅读信息，调整、完善选题。此外，随着全球化的深入，不少外国人在我国工作，他们中有公司高层管理人员，也有教授、专家，还有很多志愿者、记者和留学生等。有实力的出版社可以聘请这些外籍人士，依靠他们的资源和经验，为走出去的图书在选题内容方面进行把关。当然，我国驻外人士、留学讲学者、华裔等，也是了解国外出版机构动态以及对我国出版物的需求的重要窗口。

三、选题规模

考虑目前中国学术出版的实际情况以及文化走出去的长期性特点，推出国门的出版物在开始阶段并非多多益善，而应贯彻“少而精”的原则。推出去的产品只有精益求精，才能树立品牌形象，赢得信任，为进一步占领国外图书市场做好准备。为此，精中选优才是理智的选择。

不过，这不意味着单本书的推出为重点，相反，应注重丛书整套输出，突出项目合作。因为，与单本图书版权输出相比，整套丛书版权输出可以有效扩大版权输出的规模，而项目合作方式，则可以使走出去工作更具可持续性。如前面第二章所述，上海交通大学出版社在走出去实践中，特别注重这一点，为我们树立了很好的榜样。

四、作者挖掘

出版社在推动学术出版走出去的过程中，优质的作品是关键，而优秀的作者则是质量的保证。当今世界，英语文化具有压倒性优势，在学术出版领域，英语语言拥有的强势地位是不可否认的客观事实。拥有英语出版能力是成为国际学术出版社的必备条件。中国学术出版社在走出去的过程中，必须重视提升英语出版能力。对此，我国国内能用英文写作的学者虽然越来越多，海外的一些优秀的华人学者因为与中国的密切联系，也是中国学术出版社的作者资源。但是，我们也必须看到，一方面，大多数科研机构，在奖励制度、职称评审、科研评价等方面，对在国际学术期刊发表论文都有较大的支持力度。很多的论文在国内发表，不算成功，如果在国外出版，可能是两三倍的加分。① 这使得中国优秀的学术论文约 95% 在国外期刊上发表。而且，依据国外的版权法，文章发表后，版权即属发表单位，使得中国的学术出版单位流失了很大一部分出版资源。另一方面，我国的科研政策对英文版学术专著重视不够，这在一定程度上制约了优秀学者著书立说的动力。撰写英文版学术专著显然需要学者花费更多的时间、精力，但尚未纳入大部分科研机构

① 李英整理：《学术出版“走出去”，任重道远》，载《出版广角》，2013（1）。

的评价体系，客观上形成了重论文、轻著作的情况。① 虽然我们可以建议国家层面出台相关的政策，也可以建议一些有条件的科研机构先行鼓励自己的科研工作者考虑国际知名出版社与国内出版社联合出版学术专著，改变原创英文版学术精品仍十分缺乏的现状，但是，在短期内似乎都难以见到成效。况且，如前所述，由于不存在语言障碍，这部分作者资源已经被国际学术出版社所关注，与中国出版社形成了直接竞争关系。

在这种情况下，中国学术出版社要想打造好的国际性的学术出版平台，在全球作者资源的竞争中赢得主动，借力海外中国研究者对于中国的浓厚情感，积极联系争取他们的支持，加大英文原创作品的出版比重，或许可以有效缓解作者资源稀缺以及翻译困难的问题。《当中国统治世界：西方世界的终结与新全球秩序的诞生》的作者马丁·雅克，曾在TED网上发布过一个题为《理解中国的崛起》的讲座，告诫西方人不要用西方的眼睛看中国。他提供了三个“理解”点：中国不是民族—国家，而是文明—国家；中国的种族观念，完全不同于西方；中国政府与社会的关系，完全不同于西方。这样的讲解，西方人更容易接受。因此，这是我们重要的资源，应引起高度的关注。在条件允许的情况下，可以邀请这样一些对中国、中国文化怀有同情，有一定号召力的国际学者、作家，来中国居住、考察、研究，来写中国，表现中国。②

---

① 李旦、赵斌玮：《打造中国学术出版“走出去”桥头堡——以上海交通大学出版社为例》，载《出版广角》，2015（7）。

② 刘锋：《中国文化“走出去”：为什么？如何“走”？》，载《民主》，2011（7）。

五、精准翻译

学术出版要想走出去，语言关是必须克服的关键问题。学术出版走出去的最终目的，在于让国外潜在的目标读者能够读懂出版物中所蕴含的学术思想和学术成果，可是由于不同国家和地区之间存在语言、文化差异，使得学术出版要想真正走出去，就必须高水平地完成对学术著作的翻译工作，其翻译目标不仅在于让读者理解著作的字面意思，还要让翻译出来的作品符合读者的阅读习惯和知识背景。

科学出版社原总编辑、科学出版社东京公司总经理向安全认为，译者必须本土化，即使是从小生活在日本的中国人翻译出来的东西，都不是日本味。[①] 在这种情况下，海外中国学家对翻译的支持就显得尤为重要。

六、遵行国际规范

走出去就是参与国际竞争与交流，就要符合国际通行的规则与规范。中国学术著作要国际化就必须标准化，这涉及学术著作的引文、注释、索引、版式、流程管理等方面。在此方面，即使一些国内著名的学术出版单位也有过教训。如北京大学出版社社长王明舟认为，我们的学术出版规范行为制约着版权输出和商务谈判。前述北京大学出版社在与剑桥大学出版社合作出版《中华文明史》的过程是一个前车之鉴，即在双方即将签约之际，剑桥出版社的学术总监到北大出版社谈了一个很委婉的希望，说这个书可不可以不要进

① 李英整理：《学术出版“走出去”，任重道远》，载《出版广角》，2013（1）。

入剑桥文库，其原因之一即学术规范问题。[①] 社会科学文献出版社也有类似的经历，就是该社在与博睿学术出版合作出版皮书的过程中，第一批翻译好的稿件被全部退了回来，因为不符合国际学术出版规范。为此，该社的社长谢寿光先生后来亲自率团访问了芝加哥大学，因为《芝加哥手册》是目前国际上比较通用的学术出版标准，并决心据此研究中国与国际接轨的学术出版规范。

七、借船出海

出版物直接出口、版权输出、合作出版、在海外建立分支机构，是中国出版走出去的主要方式。出版物直接出口是最为传统的方式。中国每年以中文和英、法、德、日、西、阿等近 20 种文字出版政治、经济、文化、艺术、历史以及汉语教学和儿童读物等方面的图书，发行到世界 100 多个国家和地区，不过主要是中文出版物，海外受众非常有限，主要是懂中文的华人、某些地区的公共图书馆、有汉学研究的大学与研究机构图书馆等。[②] 在海外建立分支机构是最新的出版走出去的方式，但是，诚如社会科学文献出版社谢寿光社长所说，在全球布局的过程中，在发达国家，特别是学术的主流国家设立分社基本上无效，因为，西方发达国家在学术及出版方面占领着话语的主导权。不与著名的学术出版公司进行合作，所有的产品出来都得不到承认，进不了主流的传播渠道，更进不了大学的课堂和图书馆。[③] 国际上成功的跨国出版集团，都是经历了

① 李英整理：《学术出版“走出去”，任重道远》，载《出版广角》，2013（1）。

② 张书勤：《中国出版“走出去”的路径选择》，载《出版发行研究》，2011（12）。

③ 《国际出版二十年——社科文献学术出版的国际化历程》，中国网，http://fangtan.china.com.cn/2017-09/20/content_41618114.htm。谢社长的观点是国内很多家学术出版单位负责人的共识，他们在各种场合多次表达过这一看法。

上百年，甚至几百年的发展，在本土发展起来以后，实力强大时才开始在全球建渠道，所以渠道是关键。

经过几年的探索努力，目前我们在日本东京已经建立了自己的公司。建出版社很容易，建渠道很难。这个过程非常艰苦。[①] 这是在中国大地上赫赫有名的科学出版社的日本分社社长的感触，并认为需要借助施普林格、爱思唯尔等跨国出版商的力量让自己的图书得以在世界流动。从事出版工作三十余年，与国外很多出版社都有交往和合作的上海外语教育出版社社长庄智象也认为，按目前的出版状况，比较有效的方式是与海外出版社合作出版。由海外出版社做市场调研，确定主题、出版方式等，再与中国出版社共同策划、组织选题，制订详细的撰写方案或者编写方式，可能会有更好的效果和效益。若有条件的话，可以与合作方共同建立专门的编辑、营销机构，专门从事中国学术出版。反观海外产品进入中国，也大多与中国的品牌或名牌公司合作，尤其是借助中国公司的销售渠道获得效益和成功的。[②]

所以，以版权输出或者合作出版的方式，与国际知名的出版机构合作，借船出海，使图书以最快和最有影响力的方式进入国际主流图书渠道，是目前图书走出去的最好方式。其中，国际合作出版是指双方共同策划选题，共同组稿，出版后分别在海内外发行。国际合作出版要求中外双方在发展战略、选题方向、运作方式等方面具备很强的默契，在合作出版过程中，要在选题上做大中国原创，

---

① 李英整理：《学术出版“走出去”，任重道远》，载《出版广角》，2013（1）。

② 庄智象：《学术出版与学术走出去的若干问题》，载《编辑学刊》，2014（1）。

注重普适性，选择当今世界学术界最关注的主题，同时注重独特性。[1] 与单纯买卖关系的版权贸易相较，国际合作出版更为复杂，双方不仅有货币上的往来，更需要在选题策划、内容加工、印刷制作及宣传推广诸环节中进行协同或者互补，因此需要的时间较长，成本支出和利润分配的形式也更为复杂。不过，这是我国出版界学习国外先进出版经验的良好机会。

另外，进入 21 世纪后，为进一步实现专业化、精简化、集中化，许多国际出版集团纷纷出售一些游离于主流业务之外的出版公司。此类公司往往被一些私募基金购买，由于长期附属于某国际出版巨头，此类公司在资源整合、管理流程、编辑力量和市场开拓等方面都胜于一般的独立中小出版机构，也可以成为我国中小出版社寻求国际合作的对象。

八、数字出版

施普林格出版集团编辑总监潘万和曾说过：数字化改变了人们的生活，也改变了人们获取资料的方式。过去，学术著作的读者喜欢到图书馆看书，现在的读者更喜欢用电脑、手机，不受时间、空间限制地随时阅读，比如电子书的出现，导致过去以纸质图书为主的出版模式逐渐转变为纸质图书和电子出版物同时出版的媒体融合模式。目前，在全世界的任何一个图书馆，只要有数字化产品就可以链接到希望得到的图书资源。学术出版走出去也面临着数字化的

---

① 李旦、赵斌玮：《打造中国学术出版“走出去”桥头堡——以上海交通大学出版社为例》，载《出版广角》，2015（7）。

挑战与机遇。[①] 面对数字化带来的阅读改变及时调整版权策略，已经成为全球出版人的共识。让世界认识和了解中国，不仅需要高水平和高质量的内容，也需要充分利用日新月异的技术手段，用最高效的方式达到走出去的战略意图。[②] 而且，在版权输出谈判中，国外的学术出版商基本上都要求拿到图书数字版权的全球发行权，这样他们可以将这些书的电子版放入他们强大的数字化产品或平台中，打包后高价授权给全球的科研机构及图书馆，从而获取可观的利润。[③]

况且，鉴于纸质本图书占用空间，查阅不便等实际问题，很多国外图书馆都在大量削减纸质版图书的收藏量，电子出版物应成为学术出版走出去的主要形式。例如，据加拿大大不列颠哥伦比亚大学东亚图书馆（全校共有 22 个分馆）馆员刘静介绍，早在 2010 年，该馆纸质图书的使用率就只有 10% 了。出现这种情况的原因是多方面的，其中，与购买图书时的选择性不强有关。这主要是因为别的图书馆馆员都是按学科分类的，东亚图书馆的馆员是按语言分类的，要他们了解各学科的动态是不可能的。所以，一直是通过图书进出口公司购买图书，只要是新出版的图书就全部购买。现在购买图书的途径一般是教授要求，他们才购买。图书馆还经常会卖一些旧书，卖不掉的就放在楼道里，供大家随便取阅。另外，依据

---

① 《提升学术出版“走出去”水平　增强中华学术国际影响力——第二届中国学术出版“走出去”高端论坛专家发言要点摘编》，载《中国新闻出版报》，2014 年 8 月 25 日。

② 李永强：《促进学术出版国际化　推动中国经验“走出去”》，载《出版发行研究》，2015（8）。

③ 李旦、赵斌玮：《打造中国学术出版“走出去”桥头堡——以上海交通大学出版社为例》，载《出版广角》，2015（7）。

2017年《中国图书海外馆藏影响力研究报告》，2014—2016年，除个别图书馆纸质藏书数量有少量增加外，几乎所有图书馆的年收藏量都大幅下降，很多图书馆2016年的收藏量都只有2014年的20%左右。所以，电子图书的出版势在必行。[①] 按需印刷是今后出版业发展的方向所在。[②]

总之，全球出版业正处于从传统出版向数字化出版转型的重要时期。数字化技术极大提高了出版内容的传播速度，扩大了传播范围，同时，具有容量大、更新快和易搜索的特点，契合现代学术出版的要求，为学术出版的全球化发展提供了直接动力。可以说，加快学术出版的数字化转型，是实现中国学术出版走出去的题中应有之义。

欧美学术出版机构作为数字出版的先行者，在技术开发、产品形态、经营模式和流程管理等各方面，已经基本完成了数字化转型，初步形成了一定的规则和模式。

中国学术出版社应抓住数字化带来的机遇，一方面，在走出去的合作过程中充分利用欧美学术出版社的数字出版平台、技术和渠道，以多种形式将中国优秀学术成果推向国际市场；另一方面，中国学术出版社也应吸收和利用欧美的先进技术和经验，开发出优质的数字出版产品，建立起与国际接轨的数字出版平台，开辟中国学术出版走出去的新路径。

需要说明的是，数字出版早就引起了中国出版界的重视。如在

---

① 《2017中国图书海外馆藏影响力研究报告》，http：//www.sohu.com/a/166002945_267807，20170820。

② 张高里、苏伶俐：《按需印刷：基于Lightning Source In.的个案研究》，见中国出版集团公司战略发展部：《文化“走出去”与出版创新》，北京，中国对外翻译出版公司，2010。

2008年法兰克福书展期间，就举办了“数字出版：中国学术出版新出路”特别论坛。各大出版集团及一些有实力的出版社，如清华大学出版社、高等教育出版社等都投入了大量人力、物力进行数字化转型。从技术支持的角度看，除方正集团在按需印刷方面为出版社提供国际标准的出版平台外，南京的扫扫看数字科技有限公司也为此做出了很多努力。截至2014年，已有30家国内出版社、2家国际出版社的内容在扫扫看数字平台上运行。①

不过，数字出版转型需要投入的物质与人力资本等都是巨大的，非一般的出版单位能承担，需要假以时日。当前我国学术出版物的载体形式仍然比较单一，学术出版物能够进行数字化处理和数字化阅读的数量还十分有限。因此，学术出版要走出去，创新出版形式，实现多元化的载体，是其必由之路。

九、多元化营销

我国学术出版走出去，需要多层次多渠道的立体营销网络支撑。除图书出口公司拓展营销网点、建立海外营销网络等方式外，近年来，国家为宣传我国传统文化而在国外开办的孔子学院也可以成为很好的营销平台。截至2017年12月31日，全球146个国家（地区）建立525所孔子学院和1113个孔子课堂。孔子学院正逐渐成为世界各国人民学习汉语和了解中华文化的园地以及文化交流与合作的场所，是推介图书的良好桥梁，也是深入开发国际出版资源的基地。此外，还可以通过国际书展等重大活动使走出去的影响最大化。如上海交通大学出版社的“钱学森文集”在2012年伦敦书

① 严琨：《从细分领域看版权输出惑与解》，载《中国新闻出版报》，2014年8月27日。

展上举办了首发式，向全球展示了我国科学家的学术风范，介绍我国科技工作的杰出成就。该活动被列为伦敦书展中国主宾国重大活动之一。

当然，数字传播也是非常重要的推销方式。目前，学术出版社利用数字传播方式走出去的方式有：授权国际第三方平台销售、自建跨境电子商务平台。第一种渠道的优点在于成本投入小、覆盖面大、见效快，使用比较普遍。选择授权第三方平台销售，还可以依据不同国家的消费水平，实施不同的价格策略，以利于经济效益的最大化。第二种渠道的优点在于自主性强，但需要比较大的投入与长期的建设、维护。

十、“融合”的盈利模式

目前，我国学术出版走出去最重要的考虑是社会效益，前提是有国家的大力支持。但从长远看，要保证学术出版社业务在国外的可持续发展，出版人不仅要努力开拓国际市场，更要借鉴国际上一些学术出版机构的做法，采用“融合”的盈利模式。主要有：

（1）化整为零的销售模式。如施普林格出版社将纸质图书和电子书同步销售，电子书主要采用的是化整为零的销售模式，即读者可以单独购买某个章节。

（2）阶梯版本策略。如剑桥大学出版社、牛津大学出版社等，对一些受众范围较小的学术专著，采取阶梯版本策略进行出版和销售。所谓阶梯版本策略，是在专著的销售早期，先推出一些定价较高的精装本，销售一段周期后再先后推出半精装本、平装本和廉价本。精装本主要面向经费预算宽裕的大学图书馆等，可以基本收回出版成本。之后的半精装本和平装本，一方面是出于经济利润的考虑，另一方面主要是考虑社会效益。

(3) 成本价格策略。相对于普通图书来说，学术出版物的专业性、原创性会更高，伴随而来的是对学术类出版物的审核、校对和出版管理等方面的工作更加复杂繁重，因此，牛津和剑桥两家大学出版社等出版单位在学术出版物的定价上，都充分考虑学术出版物在创作过程中心智方面的投入成本。这提醒我们：对于那些受众范围十分狭窄的小印数学术出版物，可以按照物质投入+心智投入的综合成本计算方式来定价。①

(4) 创新服务读者方式实现盈利。诚如德古意特出版社执行总裁冯守望所说，学术出版目前面临许多困境，如纸质书业务每年流失 10%~15%的销售量，是电子书无法弥补的。因此，出版社需要更积极地创建和采用新型商业模式。②

近年来，“融合”已经成为理解媒介变化的一种新范式。“出版融合”是传统出版延伸至互联网技术或多种内容传输技术，是传统出版与新兴出版共享技术平台以及出版内容，以实现出版内容、技术应用、平台终端、人才队伍的共享通融。传统学术出版机构应突破传统学术著作产品销售的简单模式，将经营产品转向经营用户，对学术内容进行精细化运营和数据挖掘，实现“学术内容和知识服务平台”的融合，为用户提供相关系列产品和服务。如思唯尔通过建设大数据知识服务平台，以大数据技术为支撑，为用户提供知识信息、知识挖掘手段及问题解决方案的服务。德古意特在

① 关燕云：《对高校出版社“走出去”模式的探究》，载《新闻传播》，2017 (6)。

② 《提升学术出版“走出去”水平　增强中华学术国际影响力——第二届中国学术出版“走出去”高端论坛专家发言要点摘编》，载《中国新闻出版报》，2014 年 8 月 25 日。

2010—2013 年的 4 年里执行了 6 个新商业模式，对客户需求的出版服务进行了大量投资，取得了一定的成效。我国学术出版走出去的盈利模式，在借鉴西方学术出版的模式中探索前行，正在形成有特色的盈利模式。如中国建筑工业出版社通过建设“中国建筑全媒体资源库与信息服务平台”，实现了图书资源与建筑知识与信息服务平台的无缝连接。目前已有支持安卓和苹果系统的移动阅读“建筑文库”电子书 162 种。①

当然，在商业化的同时不能在残酷的市场环境中迷失自我，丧失自主性，否则就失去了学术出版的根基。

此外，多年来，在探讨我国出版业走出去的问题时，往往将注意力集中在如何在国外销售图书、让外国人了解我国的文化和思想上，却忽略了国内也有大量的外国人。目前在华常住外国人达到百万之众，他们大多接受过良好的高等教育，具有一定的学术研究思维，通过向他们销售翻译成外文的我国学术专著，同样也能达到让外国人了解与传播我国学术思想和学术成果的目的。

① 宋嘉庚、郝振省：《出版融合背景下学术出版“走出去”的路径选择》，载《出版参考》，2015（8）。

第六章　结　语

学术出版走出去，崇洋吗？似乎有这一层，但仔细想想，我同意某位前辈的观点：崇洋媚外其实是自说自话的海市蜃楼，是一个假命题，因为无论是洋还是外，不仅不会因你的崇和媚而将你视作手足，而且会感到厌恶和恶心，比如，哪一个汉奸有好下场？反观自己，崇洋媚外带来的只能是虚假的自我满足，自以为自己洋了外了，比周围的人高了，实际只是土包上面画了一幅西洋景，顶多又插了一面洋旗，十足的不伦不类，因为崇媚心态下学来的只能是皮毛的皮毛。因为匍匐在别人的脚下，看到的就只有脚和走后留下的烟尘。况且，如果真的想崇洋媚外，却在学术著作上大费周章，一定是缘木求鱼了，因为能够看得懂这样作品的人少之又少，而且大多是些连标点符号的全角半角都要计较的刻板人士，虚头巴脑的东西如何入得了他们的法眼？

追根究底，我们寻求的是交流，是相互的理解与学习。交流是理解与学习的基础，是听别人的说法，也告诉别人自己的想法。这个世界很大，开放自己，对外部世界逐渐知己知彼后，面对外部世界，就不再感到紧张。这是很关键的一步。曾经的过度自卑和自尊，是源于对世界的陌生。为此，我们首先要做的是站起来，走出去，或许我们暂时还是瘦弱的，但这不可怕，也完全不必把自己的脸打肿。

在人类漫长的历史上，各民族是靠高山大川和沙漠海洋阻隔、分离开来的。如今，在喷气式飞机的作用下，人几乎可以像鸟一样自由飞翔，在互联网的作用下，人们可以瞬间了解世界每一个角落的“鸡毛蒜皮”，这当然是好事，但有一个前提，各种文化背景的人要相互理解与包容。

马丁·路德·金在其最著名的演讲《我有一个梦想》中，描绘了种族融合生活的美好图景。应该说，这个梦的大部分在今天都已经实现。只是，这个梦实现得还远非完美。在人类步入 21 世纪之后，我们仍然可以看到，大大小小的国家内外，民族矛盾、种族差异、文化对抗顽固地存在着。如何面对人与人之间、地区与地区之间、民族与民族之间宗教信仰、文化遗产、政治理念乃至风俗习惯的差别、矛盾与冲突，是每个个人、团体、地区、国家乃至全人类不得不面对的最大挑战。没有人能够回避。

一部部学术著作，凝聚着人类最深沉的思想结晶，在人类交流的历史上，犹如刺破重重阻隔的锐利冰峰的一角，在水面之下，是沉沉稳稳的一个个山座。

从国家的层面看，学术出版走出去是科教兴国与出版强国的重要标志。观察一个国家、一个民族人文社会科学、自然科学技术是否发达，一个简单易行的方法就是看其学术著作的质量和数量，就是看其学术著作被其他国家引进、购买的品种和数量。我们要实现科教兴国的战略，要实现出版强国之梦，就要做好学术出版，就是要使我们的学术出版走出去，走向世界。①

我国的学术和学术出版走出去，经过几十年尤其是近十年的不懈奋斗，取得了令人瞩目的可喜成绩，有效地促进了学术交流、学术繁荣和学术出版水平的提高，积极推动了学术走出去的进程，为我国的改革开放、经济和社会各项事业的发展和进步做出了积极的贡献，增强了我国参与国际事务、国际合作、国际交流和国际竞争的能力。

然而，面对新的时代、新的任务和新的要求，无论是学术交流、学术繁荣和学术出版，还是学术规范的建立与遵守、学术声誉的提升、学术品牌的打造和学术走出国门、走向世界，加强与国际学术出版界的沟通与交流，更好地服务于我国学术研究水平的提高、优秀学术成果的创造，这一切都任重而道远。

中国新闻出版研究院原院长郝振省指出，中国学术出版走出去主要存在以下问题：学术成果评价缺乏科学依据和标准，学术出版缺乏规范标准、更重经济效益、低水平重复。② 而且，复旦大学葛剑雄教授等人也多次指出，以为中国文化在世界上有重大影响是一种误解。由于地理环境的影响与生产力的限制，中国古代文化的影响范围，主要还是在中国东部和中部的本土、朝鲜半岛、越南北部和中部及日本岛。在这种情况下，我们走出去，首先是让别人对中国有了解，是人家要，而不是我们硬要给。

这就要求我们不仅对国外读者的关注点、思想观念、思维方式

① 魏玉山：《关于“走出去”的六点建议》，载《中华读书报》，2013 年 8 月 28 日。

② 《第四届中国学术出版走出去高端论坛在上海交大举办：不断提升走出去专业化水平和影响力》，载《中国新闻出版广电报》，2017 年 8 月 24 日。

等有比较准确的把握，还要将我们的学术作品用对方能够理解且习惯的语言，以符合国际规范的方式传达出去。对此，西方中国学家几百年的辛勤耕耘，西方中国学几百年的积淀，为西方社会了解中国奠定了文化基础。从理论层面看，从西方中心论到中国中心论，从区域研究到专业融入，也就是从中国例外论到中国研究正在真正融入西方的专业研究中去，比如经济学人在建立理论范式的时候，也开始考虑中国的情况，也就是对中国的适用性问题，而不是将中国作为例外，另眼相看，当然，这一进程才刚刚起步，还有很长的路要走。从实践层面看，中国学家本身即学术出版走出去不可或缺的桥梁与纽带，从选题的确立、精准的翻译，到出版之后的推介，没有一个环节是中国学家可以缺位的，他们是学术出版走出去的人才保障。况且，中国学对于学术出版“走出去”内容质量的提升、市场空间的扩大以及意识形态方面分歧的克服等，也都能起到无可替代的作用。目前，虽然全国各家学术出版机构的每一部作品的走出去，都离不开中国学家的付出与努力，但是，从总体上看，无论是中国学还是中国学家在中国学术出版走出去过程中的作用，都还没有引起出版人的充分关注，相关的理论研究更是付之阙如，是今后工作中应引起关注的。

要让中国学术出版真正地、持久地走出去，走向世界，进入国际市场，学术出版人除了要有文化人的担当和头脑外，还应勇敢地承担起国家的使命和出版人的职责。既要开拓创新、勇往直前，又要对走出去的文化、学术产品进行严谨的筛选，不能不顾一切地去迎合某种需求，甚至放下某些自尊而仅追求走出去。只有将先进的、一流的科研文化成果不失时机地推介出去，才能架起与世界学人的沟通的桥梁，才能进行有效的交流与合作，促进中国学术的健康发展，塑造中国学术出版人的形象和奠定学术地位。

放眼未来，诚如爱思唯尔出版集团科技图书高级副总裁 Temmy DeyIe 所说，国际学术出版业正在经历着令人兴奋的变革。如电子书的交互性越来越强，像 Referencetree 一样的租借和部分所有权模式的不断涌现等。未来出版社出版的图书会越来越少，而更倾向于成为一个内容的解决方案提供商，帮助研究者在研究过程中节省时间，成为他们工作流程的一部分。这需要把内容和技术充分结合在一起，甚至改变出版的形式，为读者提供更多有价值的新型知识数据库。[①] 目前，我国走出去产品虽然已从过去的纸质出版物为主，逐渐实现了向纸质、电子出版物同时出版的过渡，但缺乏真正服务经济社会发展的大型数字出版项目，载体形式过于单一。[②] 如 2016 年，在出版物对外版权贸易中，电子出版物输出 1264 种，图书输出 8328 种。[③] 对此，出版人需以宽广的胸怀，不断学习国际先进经验。同时，更要以时不我待的精神，不断开拓进取。

中国学术走向世界，中国图书走向世界，是国家之大事，涉及方方面面，需要协调多方，凝聚综合实力，其中出版行业是龙头，高校为中坚。因为，高校无论是学术资源还是翻译人才都具有无可替代的独特优势。[④] 从时间方面看，提升一个国家的学术出版的水

① 《众议学术出版“走出去”》，载《中华读书报》，2013 年 8 月 28 日。程洁：《学术出版“走出去”任重道远》，载《社会科学报》，2013 年 8 月 29 日。

② 姜小玲：《学术出版“走出去”大有可为：越来越多国际书商看上中国学术富矿》，载《解放日报》，2015 年 8 月 20 日。

③ 2016 年新闻出版产业分析报告（摘要版）. http：//www. chinaxwcb. com/2017-07/26/content_ 358767. htm？from=timeline.

④ 杨庆存：《中国学术出版“走出去”还缺些什么》，载《社会科学报》，2014 年 11 月 20 日。

平，要以50年、100年为周期去规划。[①]

当然，要实现任何一种规划，人才团队建设都是基础与核心，同时也是对中国学术出版走出去的一项挑战。因为，国际化路径的选择就是国际化模式和国际化市场的选择，要求编辑不仅要熟知国内产业状况，还要具备全球视野和国际眼光；因为，出版走出去的过程即文化交流的过程，人与人之间的交流不仅限于工作和业务层面，能够维系稳定的合作状态和良好的朋友关系也是持续推进走出去的重要因素。所以，除了技能的培养与经验的积攒，思想和意识等感性能力的提升也很关键。[②] 我国古人有言：十年树木，百年树人。

① 也有人认为中国出版“走出去”已经迈入了2.0时代：内容从以介绍传统文化为主，到以展现当代中国发展成就、传播当代中国价值理念为主；地域从以东南亚、欧美地区为主，拓展到包括“一带一路”沿线及周边国家和地区在内的全球范围；在社会信息化时代，“走出去”更加注重媒介融合发展，数字出版成为“走出去”2.0时代的显著标志和高效路径；“走出去”从国内若干家出版社的先知先觉，发展到众多出版社全面发力、满园芬芳；“走出去”从借船出海，到造船出海、购船出海为主，开始注重建设中国人自己的国际出版平台、渠道和品牌。参见颜维琦、曹继军：《中国出版“走出去”迈入2.0时代》，载《光明日报》，2017年8月17日。不过，从总体上看，这样的估计有些过于乐观。

② 杜都：《“十三五”时期出版“走出去”新常态》，载《出版广角》，2016（6）。

主要参考文献

一、著　作

［1］陈少明．汉宋学术与现代思想．广州：广东人民出版社，1995.

［2］邓洪波．中国企业“走出去”的产业分析．北京：人民出版社，2004.

［3］范存忠．中国文化在启蒙时期的欧洲．上海：上海外语教育出版社，1991.

［4］方豪．中西交通史．长沙：岳麓书社，1987.

［5］费赖之．在华耶稣会士列传及书目．冯承钧，译．北京：中华书局，1995.

［6］费正清．费正清对华回忆录．陆惠勤，陈祖怀，译．上海：知识出版社，1991.

［7］福井康顺，等．道教：第 3 卷．朱越利，冯佐哲，等，译．毛良鸿，校．上海：上海古籍出版社，1992.

［8］格拉耐．中国古代的祭礼与歌谣．张铭远，译．上海：上海文艺出版社，1989.

[9] 柏朗嘉宾蒙古行记·鲁布鲁克东行记. 耿昇，何高济，译. 北京：中华书局，1985.

[10] 何培忠. 当代国外中国学研究. 北京：商务印书馆，2006.

[11] 何寅，许光华. 国外汉学史. 上海：上海外语教育出版社，2002.

[12] 胡文彬. “红楼梦”在国外：十一. 北京：中华书局，1993.

[13] 金尼阁. 西儒耳目资. 北京：文字改革出版社，1957.

[14] 柯文. 在中国发现历史. 林同奇，译. 北京：中华书局，1989.

[15] 勒内·格鲁塞. 草原帝国. 刘霞，译. 北京：商务印书馆，1998.

[16] 李兰琴. 南怀仁传. 北京：东方出版社，1995.

[17] 利玛窦. 明末罗马字注音文章. 北京：文字改革出版社，1957.

[18] 利玛窦，金尼阁. 利玛窦中国札记. 何高济，王遵仲，李申，等，译. 北京：中华书局，1983.

[19] 李广良. 专业出版“走出去”：越走越宽——上海交通大学出版社的国际化之路. 出版广角，2011（4）.

[20] 李学勤. 国际汉学漫步. 石家庄：河北教育出版社，1997.

[21] 李约瑟. 中国科技史：第5卷. 北京：科学出版社，1990.

[22] 林金水. 利玛窦与中国. 北京：中国社会科学出版，1996.

[23] 刘英奎．中国企业实施“走出去”战略研究．沈阳：辽海出版社，2005.

[24] 刘增泉．汉学研究在法国//林徐典．汉学研究之回顾与前瞻：下册．北京：中华书局，1995.

[25] 卢汉林．国际投资学．武汉：武汉大学出版社，2005.

[26] 罗紫初．比较出版学．武汉：武汉大学出版社，2006.

[27] 马克思恩格斯全集：第3卷．北京：人民出版社，1971.

[28] 门多萨．中华大帝国史．何高济，译．北京：中华书局，1998.

[29] 莫东寅．汉学发达史．郑州：大象出版社，2006.

[30] 裴化行．利玛窦神父传．管震湖，译．北京：商务印书馆，1993.

[31] 彭光玺．中外文化交流博览．北京：中国旅游出版社，1994.

[32] 钱树森．中国文学在法国．广州：花城出版社，1990.

[33] 荣振华．在华耶稣会士列传及书目补编．耿昇，译．北京：中华书局，1995.

[34] 荣新江．海外敦煌吐鲁番文献知见录．南昌：江西人民出版社，1996.

[35] 沈福伟．中西文化交流史．上海：上海人民出版社，1985.

[36] 石田干之助．中西文化之交流．上海：商务印书馆，1941.

[37] 孙尚扬．基督教与明末儒学．北京：东方出版社，1994.

[38] 孙越生，陈书梅．美国中国学手册：增订本．北京：中

国社会科学出版社，1993.

［39］唐晓华，丁伟光．现代国际化经营．北京：经济管理出版社，2006.

［40］王力达．汉语研究小史．北京：商务印书馆，1963.

［41］王丽娜．中国古典小说戏剧名著在国外．上海：学林出版社，1988.

［42］肖东发，杨虎．中国出版史．北京：北京大学出版社，2017.

［43］谢和耐．中国社会史．黄建华，黄迅余，译．南京：江苏人民出版社，2010.

［44］谢和耐．中国与基督教——中西文化的首次撞击．北京：商务印书馆，2013.

［45］忻剑飞．世界的中国观——近二千年来世界对中国的认识史纲．上海：学林出版社，1991.

［46］忻平．王韬评传．上海：华东师范大学出版社，1990.

［47］徐建华．版权贸易新论．苏州：苏州大学出版社，2005.

［48］徐宗泽．中国天主教传教史概论．上海：上海书店，1990.

［49］许明龙．中西文化交流先驱——从利玛窦到郎世宁．北京：东方出版社，1993.

［50］杨宏声．本土与域外——超越的周易文化．上海：上海社会科学出版社，1995.

［51］约翰·B. 亨奇．作为武器的图书．蓝胤淇，译．北京：商务印书馆，2016.

［52］约·罗伯茨．十九世纪西方人眼中的中国．蒋重跃，刘

林海，等，译．北京：时事出版社，1999.

[53] 张文红．出版概论．北京：高等教育出版社，2017.

[54] 张国刚．德国的汉学研究．北京：中华书局，1994.

[55] 张宏．中国出版走出去的话语权和传播力构建．苏州：苏州大学出版社，2015.

[56] 张福海，郝振省．新闻出版业走出去工作指南．北京：高等教育出版社，2014.

[57] 张孟闻．李约瑟博士及其《中国科学技术史》．上海：华东师范大学出版社，1989.

[58] 张书勤．中国出版“走出去”的路径选择．出版发行研究，2011（12）．

[59] 张西平．西方汉学十六讲．北京：外语教学与研究出版社，2011.

[60] 张西平．他乡有夫子：汉学研究导论：上下．北京：外语教学与研究出版社，2005.

[61] 张星烺．中西交通史料汇编：第 1 册．北京：中华书局，1977.

[62] 张志强．现代出版学．苏州：苏州大学出版社，2003.

[63] 朱政惠．海外中国学评论：第 5 辑．上海：上海辞书出版社，2015.

[64] 周燮藩．中国的基督教．北京：商务印书馆，1997.

二、学位论文

[1] 董亚男．文化走出去战略下我国图书版权输出研究．济南：山东大学，2010.

[2] 李昕岳．“走出去”背景下我国图书版权输出的对策研究．哈尔滨：黑龙江大学，2014.

[3] 贾志甜．中美比较视角下中国大学出版社学术出版研究．保定：河北大学，2017.

[4] 路小静．中国出版业“走出去”战略研究．武汉：武汉大学，2010.

[5] 杨东营．中国图书对外版权贸易逆差问题研究．兰州：兰州大学，2011.

三、文　章

[1] 艾恺．当前西方史学界研究中国地方史的趋势．历史研究，1983（4）．

[2] 白乐桑．法国汉语教学历史沿革与现状．张放，译．法语学习，2005（2）．

[3] 曹继军，颜维琦．学术出版“走出去”，绊在哪里？．光明日报，2013-08-23.

[4] 陈杉杉．学术出版“走出去”的目标及路径——以上海交通大学出版社学术图书国际化为例．现代出版，2013（5）．

[5] 陈三井．巴黎汉学研究所的汉学研究．汉学研究通讯，1983，2（1）．

[6] 陈熙涵．邬书林在上海书展“中国学术出版论坛”上表示：中国学术“走出去”“语言”是关键．文汇报，2014-08-14.

[7] 陈怡．书展论坛把脉中国学术出版“走出去”——从“制造”到“创造”需过学术传播关．上海科技报，2014-08-15.

[8] 陈怡．中国学术出版“走出去”空间巨大——语种结构

不够宽广、载体过于单一、盈利能力不强仍是软肋．上海科技报，2015-08-21.

［9］陈跃琴．新媒体助力高校学术出版“走出去”的思考与实践．科技与出版，2016（6）．

［10］陈祚龙．浅评简介法国的汉学研究．书目季刊，23（1）．

［11］程艾蓝．法国汉学研究机构的现状//丁守和，方行．中国文化研究集刊：第 2 辑．上海：复旦大学出版社，1985.

［12］程艾蓝．法国的古代中国研究//《国际汉学》编委会．国际汉学：第一期．北京：商务印书馆，1995.

［13］程洁．学术出版“走出去”任重道远．社会科学报，2013-08-29.

［14］崔向东．中小出版社经营理念琐谈．出版发行研究，2004（2）．

［15］戴密微．法国敦煌学．耿昇，译//阎纯德．汉学研究：第一集．北京：中国和平出版社，1996.

［16］邓惟佳．中国哲学社会科学“走出去”研究现状综述．传播与版权，2015（6）．

［17］第三届中国学术出版“走出去”高端论坛在上海交通大学举办：五十家中外出版机构共同发布《上海共识》．中国新闻出版广电报，2017-08-25.

［18］第四届中国学术出版走出去高端论坛在上海交大举办：不断提升走出去专业化水平和影响力．中国新闻出版广电报，2017-08-24.

［19］杜丙旭．《中国当代建筑大系》叩响海外图书市场．出

版参考，2016（3）.

［20］杜都.“十三五”时期出版“走出去”新常态.出版广角，2016（6）.

［21］杜羽.中国学术出版走出去：要学会“舍得”.光明日报，2014-09-01.

［22］冯文礼.创新增活力　阔步走世界——我国新闻出版业走出去成效显著.中国新闻出版报，2013-11-01.

［23］冯文礼，晋雅芬.打造学术出版走出去“桥头堡”——访上海交通大学出版社社长韩建民.中国新闻出版报，2013-11-06.

［24］傅吾康.德国的中国研究的问题与现状.现代世界，1959.

［25］高靖.中国出版“走出去”的学术之路.出版广角，2014（17）.

［26］高建红.中国图书“走出去”需要更多优秀的版权经理人.出版广角，2016（17）.

［27］葛雷.道教思想与法国现代文学.外国文学研究，1987（1）.

［28］耿昇.法国汉学家谢和耐教授//任继愈.国际汉学：第二辑.郑州：大象出版社，1998.

［29］关山.德国汉学的历史与现状.国外社会科学，2005（2）.

［30］关燕云.对高校出版社“走出去”模式的探究.新闻传播，2017（6）.

［31］郭丽英.法国对汉传佛教的研究//戴仁.法国当代中国

学. 耿昇，译. 北京：中国社会科学出版社，1998.

[32] 韩杨.《魔术笔记》：中国动漫出版“走出去”的范本解剖. 出版广角，2010（11）.

[33] 和龑. 对“中国出版走出去”若干问题的思考. 中国编辑，2010（6）.

[34] 和龑.“中国出版走出去北京责无旁贷”——从法兰克福书展“非遗”活动说起. 北京观察，2010（1）.

[35] 何明星. 中国图书海外馆藏影响力研究报告 2017. http://www.sohu.com/a/166002945_267807.

[36] 何培忠.“国外中国学研究”学科创立初期回顾. 国外社会科学，2013（4）.

[37] 胡建敏. 20 世纪前的德国汉学研究回顾. 文学界：理论版，2012（6）.

[38] 侯且岸. 从学术史看汉学、中国学应有的学科定位//国际汉学：第 10 辑. 郑州：大象出版社，2004.

[39] 黄鸿钊. 澳门和天主教在远东的开端//朱维铮. 基督教与近代文化. 上海：上海人民出版社，1994.

[40] 黄育馥. 20 世纪 80 年代以来美国中国学的几点变化. 国外社会科学，2004（5）.

[41] 霍克斯. 西人管窥《红楼梦》. 红楼梦学刊，1980（1）.

[42] 姜萌.“把汉学中心夺回中国”——20 世纪 20 年代中国现代文史之学的形成历程. 史学月刊，2017（1）.

[43] 姜小玲. 学术出版“走出去”大有可为：越来越多国际书商看上中国学术富矿. 解放日报，2015-08-20.

[44] 焦树安. 莱布尼茨对中国哲学的理解//《国际汉学》编

委会．国际汉学：第一期．北京：商务印书馆，1995.

［45］金重远．拉萼尼使团和中法黄埔条约・三//楼均信，郑德弟，吕一民．中法关系史论．杭州：杭州大学出版社，1996.

［46］居里安．法国对中国当代文学的研究//戴仁．法国当代中国学．耿昇，译．北京：中国社会科学出版社，1998.

［47］贾惠丽．“国际文学战略 2008—2011”——看澳大利亚如何推动文学出版“走出去”．出版参考，2010（5）.

［48］雷威安．法国对中国文学史的研究//戴仁．法国当代中国学．耿昇，译．北京：中国社会科学出版社，1998.

［49］黎白平．推动美国汉学研究的“猪仔”．百科新说，2013（6）.

［50］黎强．谈谈中国出版业“走出去”的难点问题．编辑之友，2007（6）.

［51］李旦，赵斌玮．打造中国学术出版“走出去”桥头堡——以上海交通大学出版社为例．出版广角，2015（7）.

［52］李旦．学术出版“走出去”与对外话语体系建设．出版广角，2017（9）.

［53］李恒平．大学出版“走出去”的影响及发展启示．出版广角，2018（4）.

［54］李建红．做好出版走出去工作需要厘清三个问题．出版参考，2014（9）.

［55］李景端．“走出去”不差钱，差的是内容与翻译．中国版权，2012（5）.

［56］李君娜．学术出版“走出去”核心力量仍在原创．解放日报，2014-08-14.

[57] 李君娜. 中国出版“走出去”正跨入 2.0 时代. 解放日报，2017-08-17.

[58] 李婧璇，张君成. 学术出版走出去：不在于口号而在于行动. 中国新闻出版广电报，2017-08-31.

[59] 李湘萍. 德国汉语教学的现状. 社会科学家，2006 (10).

[60] 李昕. 提倡学术出版规范的实质是以国际规范来要求中国出版. 中国图书评论，2012 (12).

[61] 李雪涛. 德国汉学的滥觞及其在 19、20 世纪之交的发展. 国际汉学，2007 (1).

[62] 李雪涛. 德国汉学史的分期问题及文献举隅. 中国文化研究，2007 (2).

[63] 李延玲. 中国学术出版如何真正“走出去”. 出版参考，2015 (6).

[64] 李永强. 促进学术出版国际化　推动中国经验“走出去”. 出版发行研究，2015 (8).

[65] 李永强. 人民大学出版社：做高端学术国际出版走出去的排头兵. 中国新闻出版广电报，2017-08-31.

[66] 李英. 学术出版“走出去”，任重道远. 出版广角，2013 (1).

[67] 李真. 简论 20 世纪初期至今的英国汉学//魏崇新. 人文丛刊：第三辑. 北京：学苑出版社，2008.

[68] 刘宏. 当代英国的中国研究特征. 国际社会科学，2009 (6).

[69] 刘立群. 最早研究中国文化和中国哲学的德国人——莱

布尼茨//许明龙．中西文化交流先驱．北京：东方出版社，1993.

［70］刘锋．中国文化“走出去”：为什么？如何“走”？．民主，2011（7）．

［71］刘海涛．启蒙时代的中学西传——耶稣会士与中西初识．中国民族报，2011-01-11.

［72］刘宇阳．中国出版走出去论坛亮相北京国际图书节．出版参考，2014（9）．

［73］刘宇阳．融合发展时代　共话新闻出版“走出去”．出版参考，2015（9）．

［74］刘增泉．汉学研究在法国//林徐典．汉学研究之回顾与前瞻：下．北京：中华书局，1995.

［75］陆宏成．20世纪德国汉学概说//李学勤．国际汉学著作提要．南昌：江西教育出版社，1996.

［76］鲁林．法国对20世纪中国史的研究//戴仁．法国当代中国学．耿昇，译．北京：中国社会科学出版社，1998.

［77］罗常培．汉语拼音方案的历史渊源．人民日报，1957-12-18.

［78］罗常培．耶稣会士在音韵学上的贡献．历史语言研究所集刊：第1本（3），1930.

［79］吕其昌．关于美国对华政策的几点看法．现代国际关系，1995（2）．

［80］马伯乐．汉学．马利红，译//阎纯德．汉学研究：第三集．北京：中国和平出版社，1999.

［81］莫里斯·罗宾．近代欧洲“中国神话”//耿龙明，何寅．中国文化与世界：第2辑．上海：上海外语教育出版社，1994.

［82］聂震宁．“文化走出去”：出版人的责任和使命．出版广角，2016（12）．

［83］牛云平．当前英国的中国学研究：现状、特点与思考．河北大学学报：哲学社会科学版，2008（5）．

［84］裴宜理．中华人民共和国和美国的中国学研究：50 年．黄育馥，摘译．国外社会科学，2004（2）．

［85］钱达．对龙的恐惧．现代外国哲学社会科学文摘，1996（8）．

［86］钱风强，刘叶华．“十三五”时期我国图书走出去提质增效路径分析．中国出版，2017（7）．

［87］任继愈．汉学发展前景无限//国际汉学：第八辑．郑州：大象出版社，2003.

［88］史华罗．汉学史文化交流的平台．中国社会科学报，2010-06-01.

［89］宋嘉庚，郝振省．出版融合背景下学术出版“走出去”的路径选择．出版参考，2015（8）．

［90］苏运鸣，戴仁．法国汉学 50 年//戴仁．法国当代中国学．耿昇，译．北京：中国社会科学出版社，1998.

［91］孙玮．传播中国声音：谈学术与主题出版的“走出去”路径．出版广角，2016（1）．

［92］孙玮．三联书店：坚持品牌与市场并重，打造中国学术话语体系．出版参考，2016（5）．

［93］孙钰．学报编辑的“固守”与“转型”．编辑学刊，2013（5）．

［94］田小惠．英国大学当代中国研究综述．黑河学刊，2014

(7).

[95] 田又萌.“一带一路”战略下我国出版产品“走出去”的机遇及策略研究.出版广角，2016(16).

[96] 田园.业界热议学术出版如何“走出去”.新华书目报，2014-08-22.

[97] 提文静.中国出版“走出去”的问题与对策.科技与出版，2011(2).

[98] 提升文化软实力　增强中华文化国际竞争力——中国学术出版走出去高端论坛(上海)专家发言要点摘编.中国新闻出版报，2013-08-21.

[99] 提升学术出版“走出去”水平　增强中华学术国际影响力——第二届中国学术出版“走出去”高端论坛专家发言要点摘编.中国新闻出版报，2014-08-25.

[100] 汪德迈，程艾蓝.法国对中国哲学史和儒教的研究.世界汉学：创刊号，1998.

[101] 王慧，徐淑欣.“一带一路”背景下学术出版的产品策略研究.中国编辑，2018(1).

[102] 王建辉.简介美国大学图书馆中文藏书的发展.图书馆杂志，1983(3).

[103] 王珺.“十二五”上半期新闻出版走出去成就与思考.中国出版，2014(6).

[104] 王珺.加强顶层设计　推动出版走出去——新闻出版走出去政策、项目情况综述.出版参考，2017(8).

[105] 王森洋.当代西方“易经”热：特点、原因及展望//耿龙明，何寅.中国文化与世界：第2辑.上海：上海外语教育出

版社，1994.

［106］王思聪．赖德烈美国中国学的维度、比较与特色．学术界，2014（6）．

［107］王维江．20 世纪德国的汉学研究．史林，2004（5）．

［108］王玉梅．“走出去”面临前所未有的好机遇．中国报业，2014（3）．

［109］韦磊．美国中国学中的西方中心范式——以中国民族主义研究为例．人文杂志，2008（6）．

［110］魏玉山．关于“走出去”的六点建议．中华读书报，2013-08-28.

［111］邬书林．打牢中华民族伟大复兴的知识根基．文汇报，2013-08-16.

［112］邬书林．加强学术出版，打牢中华民族伟大复兴知识根基，中国新闻出版报，2013-08-19.

［113］伍义林，严绍，张西平，等．汉学 400 年．北京日报，2004-11-29.

［114］吴乐思，许洁．中国学术出版国际竞争力几何．中国图书商报，2012-06-15.

［115］肖启明．“走出去”背景下的商务印书馆．出版广角，2016（12）．

［116］晓阳．巴黎东方语言文化学院汉语系概况//何寅．中国文化与世界：第 6 辑．上海：上海外语教育出版社，1998.

［117］谢和耐．法兰西学院的汉学研究//阎纯德．汉学研究：第一集．北京：中国和平出版社，1996.

［118］谢娜．浅谈全球化背景下的中国学术出版“走出去”．

出版广角，2014（10）.

［119］谢千帆．浙江大学出版社秉承高校优势，“走出去”工作攻坚求发展．出版广角，2014（8）.

［120］谢寿光．中国学术出版：现状、问题与机遇．出版发行研究，2013（5）.

［121］谢寿光．加强学术图书出版规范体系建设　努力提升中华学术国际竞争力．中国社会科学报，2012-11-14.

［122］欣闻．广西师范大学出版社集团：不忘初心，做文化“走出去”的躬行者．中国出版传媒商报，2017-11-10.

［123］邢扬．文化“走出去”战略下版权输出策略研究．传播与版权，2015（4）.

［124］许宽华，陈国权．德国汉语教学和汉学研究一瞥．德国研究，1997（1）.

［125］徐明德．论意大利汉学家卫匡国在中意文化交流史上的卓越功绩//陈村富．宗教与文化论丛（1994）．北京：东方出版社，1995.

［126］徐栩．大学出版社“走出去”战略初步研究．中国传媒科技，2014（4）.

［127］许嘉璐．国学·汉学·交流·兴盛．中国社会科学报，2010-06-01.

［128］学术出版走出去：核心话语权争夺战打响．文汇报，2013-08-22.

［129］雅克·布鲁斯．从西方发现中国到国际汉学的缘起．李东日，译//《国际汉学》编委会编．国际汉学：第一期．北京：商务印书馆，1995.

[130] 姚宝权．“一带一路”视域下出版走出去的问题、优势与路径选择．中国出版，2015（9）．

[131] 姚小平．《“汉学”辨》和《国学与汉学》．中华读书报，2010-07-07，2010-08-18.

[132] 姚永春，马清燕．“走出去”战略视域下中国出版业国际化发展研究综述．出版科学，2010（5）．

[133] 阎纯德．汉学之辨——汉学及其研究五题．中国文化研究，2017（3）．

[134] 阎纯德．异名共体之汉学与中国学//汉学研究：第十三集．北京：学苑出版社，2011.

[135] 严绍璗．我对 Sinology 的理解和思考．世界汉学，2006（4）．

[136] 严绍璗．关于“国际中国学”学术的人文本质与“汉学主义”的思考//何培忠．国际视野中的中国研究—— 历史与现在．北京：中国社会科学出版社，2013.

[137] 颜维琦，曹继军．中国出版“走出去”迈入 2.0 时代．光明日报，2017-08-17.

[138] 杨丹．美国东亚图书馆的中文藏书．国外社会科学，2005（6）．

[139] 杨福绵．罗明坚，利玛窦《葡汉辞典》所记录的明代官话．中国语言学报，1995（5）．

[140] 阳海洪，邓娟．“互联网+”时代出版业走出去的新型资本驱动战略．中国出版，2016（9）．

[141] 杨庆存．中国学术出版“走出去”还缺些什么．社会科学报，2014-11-20.

［142］原业伟．浙大社：构建平台推动学术出版“走出去”．出版商务周报，2017-11-16.

［143］尹琨．从细分领域看版权输出惑与解．中国新闻出版报，2014-08-27.

［144］于永湛．关于出版走出去的思考．出版科学，2006（2）．

［145］曾晓渝．《西儒耳目资》音韵系统研究//西南师范大学中文系汉语史研究室编．汉语史论文集．重庆：西南师范大学出版社，1995.

［146］赵冰．清华社：打造“百年老店”，将学术品牌推向全球．出版商务周报，2017.

［147］张晨．“走出去”要融入国际传播体系．编辑学刊，2015（6）．

［148］张高里，苏伶俐．按需印刷：基于 Lightning Source In. 的个案研究//中国出版集团公司战略发展部．文化“走出去”与出版创新．北京：中国对外翻译出版公司，2010.

［149］张倩．中外出版名家首次达成学术出版“走出去”共识．中国出版传媒商报，2015-08-28.

［150］张秋林．“引进来”是为了更好地“走出去”．出版广角，2013（11）．

［151］张利洁，郝乔丽．我国图书版权“走出去”问题初探．编辑之友，2015（3）．

［152］张天蔚．喜看学术传出版走出去．出版广角，2012（12）．

［153］张西平．汉学的历史及其当代特点．中国图书商报，

2005-07-22.

[154] 张西平．17 世纪德国汉学研究———以基歇尔、米勒、门采尔、巴耶尔为中心．中国文化研究，2008（4）．

[155] 张允熠．东学西传、西学东渐和中西融合．光明日报，2015-08-12.

[156] 张志林，孙铁军，包韫慧，等．我国版权代理市场特点及发展．北京印刷学院学报，2008（3）．

[157] 赵欣．英国汉学的萌芽——《珀切斯游记》研究．西安电子科技大学学报：社会科学版，2008（1）．

[158] 浙大社“走出去”：发挥学术优势，突出原创特色．出版参考，2013（3）．

[159] 中国主题图书在主要发达国家出版情况的调研课题组．中国主题图书在主要发达国家出版情况综述．出版广角，2007（9）．

[160] 朱瑜，付国乐，梅进文，等．韩建民：让学术出版照亮“中国梦”．出版广角，2013（5）．

[161] 众议学术出版“走出去”．中华读书报，2013-08-28.

[162] 朱政惠．“北美中国学的历史与现状”国际学术研讨会述评．史学理论研究，2012（1）．

[163] 庄智象．学术出版与学术走出去的若干问题．编辑学刊，2014（1）．

[164] 周蔚华，钟悠天．中国出版走出去要有六个转向．中国出版，2014（7）．

后 记

十五年前，伴随着那场令世界尤其是国人至今胆寒的 SARS 事件终结的曙光，我步入中央民族大学攻读博士学位。未曾想到的是，自此与“民族”结下了不解之缘，毕业后进入民族出版社成为了一名编辑。入社伊始，就在时任社长禹宾熙先生的指导、支持下，着力推动中国学术著作走出去。

坦率地说，最初，信心极为不足。个中原因颇多，其中，最重要的是，作为一名新入行者，承担如此重大的工作甚感力不从心。同时，也认为，中西学术之间，无论是关心的问题，还是写作的角度、方式等，都存在较大的差异，二者之间进行对话的难度较大。

但是，在著名学者牟中鉴教授等诸位专家与各位领导、同事的大力指导、支持下，两年后，《当代中国宗教研究精选丛书》的英文版权顺利输出给世界著名学术出版机构博睿出版社。这，给自己增添信心的同时，也开启了艰难的翻译之旅。十年后，《当代中国宗教研究精选丛书》的英文版终于问世！从英文顾问的介绍、书评以及经济收入等情况综合分析，其在翻译类学术作品中表现颇佳，且合作双方对此次合作均为满意。因此，双方又达成合作出版汉文版总字数近 3000 万的《中国少数民族语言指南丛书》的协议。

在推动中国学术作品走出去的过程中，一直有“摸着石头过河”之感。因为，虽然有国家的大力支持，有其他出版社同行的努力，但国家大力扶持下的中国出版业自觉走出去之历史，毕竟历时甚短，值得反思的问题多多。有些问题，理论上是清楚的，但操作起来是模糊的；有些问题，在理论上也还处于探讨阶段。具体到位于出版业顶端的学术出版的走出去，再至于学术出版中的小众——民族学术出版的走出去，情况就更加不容乐观。于是，萌生了将自己的心得、体会等做一总结，以期抛砖引玉的想法。

但，想想是容易的，做起来却很难。当然，自己的懒惰是最重要的原因，所以一直“久拖未决”。直至《当代中国宗教研究精选丛书》英文版出版完成的2017年，终于决心动笔。

第一项工作自然是系统搜集相关资料。检索中国知网，以“学术出版走出去”为主题的文章只有七八十篇，包括发表在报纸上的二十多篇（其中很大一部分是相关会议综述）。如果将中国知网没有收录的相关文章计算在内的话，总数也不过百篇。而检索国家图书馆所藏图书资源，以此为主题的专著付之阙如，只散见于一些相关图书的部分章节。除会议文集、研究综述外，仔细分析知网及其他来源的讨论中国学术出版走出去的文章，大体可分为以下几类：

其一，介绍推动某一项目走出去的经验、思考；其二，某一出版单位推动学术作品走出去的工作经验总结；其三，讨论某一时间段内我国学术出版走出去取得的成绩以及面临的挑战；其四，从宏观上对学术出版走出去过程中取得的成绩以及存在的问题等进行理论分析；其五，从国家层面思考建构、完善推动学术出版走出去机制。

虽然多数文章都阐释了一些真知灼见，但遗憾的是，所有文献对与中国学术出版走出去密切相关的一门西学——“中国学”均无关注。换言之，从“中国学”的角度讨论其对中国学术出版走出去提出的挑战、提供的机遇及启示的文章，无从找到。

因此，希冀结合自己从事相关工作的体会、从一名普通编辑的视角，对相关问题进行初步探索。从一定意义上讲，这本小册子，也是对自己工作的一次小结！

本书的构思、写作、编辑过程中得到了多位专家、领导、同事的指导、帮助与支持，在此致以诚挚的谢意！

当然，也得益于大量同仁相关成果的巨大启发，在此一并致谢！

由于作者愚钝，书中肯定存在一些不足甚至疏漏之处，万望多多批评指正。

图书在版编目(CIP)数据

学术出版"走出去"研究:基于西方中国学的思考/刘海涛著.—北京:民族出版社,2018.6

ISBN 978-7-105-15402-9

Ⅰ.①学… Ⅱ.①刘… Ⅲ.①学术工作—出版物—图书出版—研究—中国 Ⅳ.①G237

中国版本图书馆 CIP 数据核字(2018)第 124976 号

学术出版"走出去"研究——基于西方中国学的思考

责任编辑:韩继红
封面设计:金 晔
出版发行:民族出版社
地 址:北京市和平里北街 14 号
邮 编:100013
网 址:http://www.mzpub.com
印 刷:北京中石油彩色印刷有限责任公司
经 销:各地新华书店
版 次:2018 年 6 月第 1 版 2018 年 6 月北京第 1 次印刷
开 本:880 毫米×1230 毫米 1/32
字 数:230 千字
印 张:9.5
定 价:45.00 元
ISBN 978-7-105-15402-9/G·2114(汉 1013)

编辑室电话:010-64228001;发行部电话:010-64224782